戦国史をみる目

増補

藤木久志

法蔵館文庫

本書は一九九五年二月二〇日、校倉書房より刊行された。
「付録」として、「戦国安治文書の魅力」を増補した。

目次

増補　戦国史をみる目

I 戦国乱世の女

たった一つのわたくしの女性論である。もう二〇年も前に、気はずかしい思いで書いた習作であるが、いまもよく引用される。褒貶あいなかばしているが、同じ町に住む作家の永井路子さんに、面白かった、といっていただけたのが、忘れられない。

なお、本書に収めるにあたり、章立てを初めの構想にもどして、一　武家の女性像、二　戦国法の女性像、三　民衆の女性像、という順にあらためた。文章はほぼもとのままである。

動乱の世の女たちを、これまでのように、ひたすら悲劇の主人公に仕立てあげ、美しい詞(ことば)で嘆くことは、いまはやめよう。女性の歴史にとって、戦国乱世とはいったいどのような時代であったか。ここでは、何よりもそのことをたしかめながら、やはり、乱世にふさわしく、活力にみちたさまざまな女たちの姿を、歴史の堆積のなかから掘り起こし、その豊かな実像に光を当てることを、たいせつにしていこうと思う。

原始いらいはるかな女性史のつらなりは、南北朝動乱の時代を分水嶺として、暗黒にむかって落ちこんでいく。これは、終生を女性史の研究に捧げつくした高群逸枝(たかむれいつえ)の言葉として、軽がるしくは動かしがたい重みをもっている。とすると、その嶺をくだってほぼ一世紀ほどのところに展開する戦国の社会に、女たちはどのように生きていたのであろうか。

まずは戦国大名家の女性たちがおかれていた地位を見きわめることからはじめよう。乱世の武家の女といえば、わたくしたちはあの美しいお市の方の肖像を思い浮かべ、その端麗な横顔に秘められた、深い悲しみを感じとるというのが、普通であったように思う。しかし、この時代の武将の妻や母の実像にふれてみると、彼女たちからうける印象は、こうした思い込みとは、少し違うのである。

一　武家の女性像――戦国大名毛利家の女たち――

乱世のいけにえとなった悲劇の女たちを偶像としてまつろうというのではなく、戦国武家の女たちのありのままの生きいきとした姿を探ってみようとするなら、毛利家の文書群はほとんど無類の豊かな素材を秘めているように思われる。

ここに毛利元就（もとなり）が息子隆元にあてた一通の手紙がある。

このごろは、なぜか亡き妙玖（みょうきゅう）のことばかりがしきりに思いだされてならぬ。おまえたち息子三人のことはもちろんのこと、娘の身の上についても、いろいろと考えてあげようと思うのだけれど、心底までもくたびれ果て、精根をうしなってしまって……。妙玖がこの世にいてくれたらと、いまは語りかける相手もなく、ただ心ひそかに亡き妻のことばかりを思うのだ。

一代にして中国の覇者となったあの剛毅な元就も、還暦をすぎるころから、すっかり気弱になっていたことはたしかであった。隆元（毛利）・元春（吉川）・隆景（小早川）らの息子たちにあてて、しきりに愚痴めいた手紙を書き送っては、おなじようなことをくりかえしていた。これも、そのような一通なのだが、その繰り言のなかに、いまわたくしが注目したいのは、元就が「妙玖のことのみしのび候」などといって、切々と亡き妻のことを息子たちに語りかけようとしていることである。右の手紙のあとには、さらに

内をば母親をもって治め、外をば父親をもって治め候と申す金言、少しも違わず、

とつづくのだが、

妙玖おられ候わんには。元就にも妙玖にも。妙玖・我等への。妙玖草のかげのことも我等どうぜん。

というように、子どもたちへの手紙に妻の名を記した例は、まだ多い。戦国といわず、中世といわず、息子たちにむかって、これほどまでに深く妻（母）を語った人物があっただろうか。

しかも妙玖の名が語られるとき、それは、ただ老いの日の追憶としてではなかった。めうきう（妙玖）居られ候わば、かようのことは申され候ずるに、

という言葉にもよく表われているが、妙玖という名は、つねに元就から息子たちに毛利家としての結びつきを説くときに語られる、大切な結び目としての母の名なのであった。亡き母によろこばれるように、亡き母への孝養のためにとくりかえすとき、元就が妙玖の名

でほんとうに語りたいのは、息子たちの毛利家への結集、毛利家への目覚めなのであった。
元就は郡山城（広島県高田郡郡山町）の麓、毛利家の吉田館近くに妙玖をまつって、妙玖庵と呼びならわした。その跡はいまに伝えられて、城跡への散策コースを辿れば、たやすく訪れることもできる。息子の隆元もまた、いつも早朝に起き亡き母に念仏百ぺんを唱えている、とみずから語った。妙玖の名はけっして元就だけのものではなかった、とほとんど断定してもよいであろう。妙玖は、妻の名として語りだされ、母の名として毛利家の心の結び目とされた。そして妙玖庵はその象徴となった。稲垣泰子氏も指摘するように、戦国の一女性が、言葉どおり「内をば母親をもっておさめ」る地位に、たしかに位置を占めていたことを、ここでは、はっきりと見定めておきたいと思う。

さきの手紙でも元就は書いていたが、かれには五もじと呼ぶひとりの娘があった。

孫の代までとはいうまい。せめて隆元・隆景・元春・五もじ兄妹一代のあいだは、どうか悪いことの起らぬよう、神・仏に祈りたい。

というふうに、元就はこの娘のことを、しばしば、息子たちの名とともに語った。また、息子たちにむかって、

妹の五もじをふびんと思い、婿の宍戸隆家ともども、兄弟として大切にして欲しい。

ともいった。元就は娘を近在の甲立に勢威を張る在地領主の五竜・宍戸氏に嫁入りさせて

いたのであった。娘を五もじと呼ぶのは、この時代の習わしであったが、あるいはこの五竜にちなんでのことでもあろうか。この娘の縁組みについて、元就はこう語った。

むかし、父弘元が死に臨んで、宍戸方との親交を深めよ、と遺言されたのであった。ところが、家をついだ兄興元は若気にまかせ、この教えに背いて、宍戸方と戦いをかまえ、病死してしまった。わたしは、父の遺訓どおり、宍戸氏と水魚の交わりを結び、娘を嫁がせることにした。

この元就の言葉どおり、五もじの結婚の裏には政略の意味がこめられていた。その意味をかれは息子たちに、むしろはっきりと認識させておこう、とこのような手紙を書いたのであった。

ひとなみすぐれた娘だ、嫁にやるのはまことに惜しいのだけれど。

とか、

五もじは女のことゆえ、分別に欠けるところもあろうが、思いやりをかけてやってほしい。そうすることが、亡き母やわたしへの孝養だと思って。

ともいい、またあるときは、息子隆景が宍戸家を訪れたと聞いては、

定めて五もじ一段うれしがり候べく候。

といって、嫁(とつ)がせた娘のうえを思いやるなど、政略の具に供したという痛みもあってか、

この娘を語るとき、元就はおろおろと父親の真情をむきだしにする。政略結婚をめぐる父と娘との一つの断面がここにはある。

妻によせ娘によせて毛利家のありようを語る、戦国武将としてはまことに特異とも思われるこの語りくちは、いったいどこに根ざしているのであろう。わたくしは何よりもまず、ここに戦国の世の大名権力の不安定な内にこもる狭さと、そこでの女性の地位のたしかさを感じとるのだが、もうしばらく元就の手紙を読み進めていってみよう。

わたしは五歳で母に、一〇歳で父に死に別れ、たった一人の兄とも別れ、孤児となった。そのとき、幼いわたしの余りにふびんな様子を見捨てがたく思われた父の側室が、まだ若いおん身ながら、毛利家にとどまり、母としてわたしを養い育ててくだされたのであった。

還暦をむかえたころから、元就は、その半世紀余りに及ぶ生い立ちの跡を、このように苦渋にみちた言葉で、しきりに語るようになるのだが、ここにもまた、元就が「大かたどの」「大方殿」と呼ぶひとりの女性があった。

「わたしはみなし子」の幼時を、ほとんどこの「大方殿にとりつき申し」て過ごした、と元就は追憶する。このやさしい義母につれられて、旅の僧から念仏を授けられたのは、たしか一一歳ころのことであったが、そのときいらい、朝日を拝んで念仏を唱えるのを怠らないでいる、と懐しさをこめて語り、この母への想いを「ついに両夫にまみえられず、貞女をとげられ候」といって、その献身的ないつくしみに深い感謝をささげる。

乱世を生きながら、母を語るとき、還暦の述懐がこのようにみずみずしいというのは、ほとんど奇蹟とさえ思われるのだが、子らにむかって、母あってこその毛利家と、妙玖の名を語りつづけた元就の想いが、幼い日の義母大方殿とのしあわせな出会いにふかく根ざし、戦国の世の家における女性の生きた姿をあますところなく映しだしていることを、わたくしはほとんど疑わない。

つぎにもうひとり、そのような母の実像を、毛利隆元の妻として、輝元の母として生きた小侍従局（こじじゅうのつぼね）についてみていこう。

小侍従とも尾崎の局ともいわれたこの女性について、しゅうとの元就はつぎのように語る。

> つぼねの御方は屋形様（大内義隆）からとくに給わった貴いお方で、まことに名誉この上ないことであるのに、隆元のうつけ者ぶりは何としたことか。ぬきんでてとはいわぬが、せめて人並な人物になってくれなくては、大内家に申しわけが立たぬ。

この元就のたいへんな気遣いぶりからもわかるように、隆元の妻は中国地方きっての守護家の名門大内義隆の娘（じつは養女、内藤氏の出）であり、この縁組にもまた政略結婚の色はまことに濃い。政略の犠牲として嫁し、三五歳の夫隆元の不慮の死にあい、若くして未亡人となり、遺児輝元の母として生きると書けば、小侍従の生涯はひとえに暗く重いもの、と予定することになる。だが、いまに伝えられる数かずの小侍従自筆の手紙は、意外にも強く明るい。

夫の突然の死を知ったとき、小侍従は毛利家の重臣たちにあてて、こう書いた。

輝元の心がまえは、すべて、わたくしが油断なく申しきかせます。どうぞお気遣いなく。何ごとも、隆元が世にありましたときのままに、変わりなく務めましょう。

遺児輝元の養育は、わが務めと、母の立場を強く断言するこの手紙のおもてに、悲嘆に沈む暗いかげはまったくない。また、やがて元就の死にあったときには、

さてもさても、じいさまのこと、お年寄りとは申しながら、かようにふと(突然)のことは、思いまいらせ候わぬに、不思議におかくれ候て、なかなか力落し、申すもおろかにて候。同じ御事に、さぞさぞと、ご心中推しはかりまいらせ候。輝元の御事、ひとえにひとえに、それさま(吉川元春)と隆景(小早川)さまと、頼み申し候。親におなり候て、御力にもおなり候て、下され候べく候。打ち頼み申候。

と、吉川元春に手紙を送った。父と祖父とを失ったいま、巨大な領国の遺産は、すべて幼い輝元の肩にかかっていた。その母として、ことの重大さをだれよりも知る小侍従のこの

手紙に、頼れるのは叔父の元春・隆景だけといい、親ともなり、力になって、と切々と訴える母の真情があふれている。

また、こののちに、戦場の元春をねぎらっては、

輝元のためばかりに、ご辛労の数かず、まことにまことにもったいなく存じます。まだ幼い輝元のことゆえ、元春さまのご恩も身にはしみないのでは、と気遣われてなりませぬ。輝元にかわり、内々にお礼を申しあげます。

とも書き、輝元が側近の者たちの意見に耳を傾けているだろうか、と気遣いもする。すべて小侍従の手紙は輝元のことばかりでつくされているのである。

この母から戦場にある子への手紙には、

商人はやってきましたか。買物はだれが選んでくれたのでしょう。役にも立たない物など買ってはなりませぬ。

などと、ふと素顔の女らしさがのぞき、また、

わたくしの申すことなどちっとも聞きいれようともしませんね。そなたのことばかりを思って言うのですのに。

と、世の常の母親らしい愚痴をこぼす。

こうして、輝元の母・小侍従の自筆の手紙は、いまに伝わる武家の女性の手紙そのもの

がまことに珍しい戦国の世の女性の、母としての活動的な姿を豊かに伝えて異彩を放つのだが、この小侍従とは義姉妹にあたる、吉川元春の妻の活躍ぶりはさらにきわだっている。

白くも頭にあばた面、歩く姿はがにまた・せむし。

これは中国地方の軍書『陰徳太平記』にみえる、吉川元春夫人評の一部だが、近世に、ほかならぬ吉川家臣の手になった書物であるというのに、「世にまたとなき悪女」ともいい、遠慮もなく無惨であるのは、きっと世評どおりであり、事実でもあったものであろう。「形醜ければ、人これをめとらず、父の歎き、またいかばかりぞや」と噂された醜女を、元春みずから「わが望むところは熊谷信直の嫡女なり」、と進んで妻に迎え、そのことで、元春は名将として世人の徳を集め、夫人もまた「賢女」として世にきこえた、と軍書はめでたく一段を結ぶ。

この縁組が、安芸（広島県）の中枢部・佐東郡三入庄の高松城によって勢威を誇る、在地領主熊谷氏の力を、毛利氏のがわにひきつけるため、元就のたくらんだ政略の一環であったことは、軍書のいう元春求婚説にもかかわらず、ほとんど疑う余地もない。けれども、また、元春が息子元長に便りして、「内とわれら二人のひざもと」などと、その家庭のぬくもりを語っているのをみれば、軍書に「内をたすけ家事を治む」とたたえられた「賢女」像は、いつわりとも思われぬ。

ことに、吉川家にいまも伝えられる文書群のなかにおさめられた、息子経言にあてた元春夫妻連名の手紙は、戦国の女性が夫とならんで書いた手紙、などというものを他に知らないわたくしに息をのませる。また、そうした便りのなかには、

われら二人　親ふたり　二人の親

などという、父と母の連署のかたちにふさわしい言葉がくりかえし語られていて、軍書のいうところよりいっそう親しい、思いもかけず鮮やかな夫と妻の姿を浮きぼりにしてくれる。近世のように権力の組織がふくれあがり、家格とか身分の秩序が固まってしまってからでは、およそ考えることもできないような、個性的な活動の場を、まだ戦国大名家の女性たちはもつことができた。そのことを、大名権力の性格の内にむかう私的な狭さとともに、たしかめておきたいと思う。

二　戦国法の女性像

〝戦国大名「猛妻」を論ず〟などといったら、いささか野次馬ふうにすぎるだろうか。

妻・夫いさかいの事。その妻たけきにより、夫追い出だす。しかるに彼の妻、夫に暇を得たるのよし申し、あらため嫁がんことを思う……

これはまぎれもなく、『塵芥集』と名づけられた、奥羽の戦国大名伊達氏の分国法の第一六七条・夫婦喧嘩の法のはじめの部分である。いったい数ある戦国大名の家法のなかでも、ことさらに夫婦のあいだの喧嘩もめごとにまで立ち入って、こんなふうに掟をこしらえている例を、わたくしは他に知らない。じつに珍しい法といえる。しかも、その喧嘩そのものがまた、意表をついて新鮮なのである。

手ごわい妻に怖れをなした夫が、その猛妻を追いだしにかかる。ところが、女は、これ幸いとばかりにとびだしてしまい、もう離縁されたのだからといって、ほかの男とすぐにも再婚しようとする……。これがこの法の主題だが、問題の主人公はあきらかに猛妻のがわである。おどろくばかりに生きいきと自由な女性の姿がここにはある。

さて、その猛妻の再婚だが、伊達氏の裁きはこうである。はっきり離縁した暇の印があれば、再婚も自由(ここに離婚証明〝三行半〟の源がある)。ただし、気ままに夫をすてて再婚することはならぬ、と。この裁定、じつにすっきり、淡々としている。離婚問題が、まことに軽やかに扱われているのである。このことは女性の法的な地位の高さ、自由さとけっして無縁ではない。

ところで、この裁きには愉しい付録がある。原文の味わいがすてがたい。いったんは猛妻にむかって、おまえなんか離縁だ、と叫んだ気の弱い夫、

しかるに、前の夫、なかばは後悔、なかばは、いまさいあい（最愛）の夫に遺恨あるにより、

離別せざるよし、問答におよぶ……

とびだした妻は新しい男のもとへはしってしまった。この男、後悔の念にかられ、なおも未練たっぷり恨みがましくも、妻の再婚の邪魔だてをしよう、と付きまとう……。だが、離縁だといい切ってしまった以上、これは掟にそむく。この裁き、「前の夫、罪科にのがれがたし」、とそっけなく、筋を通して男に厳しい。

まるで狂言の舞台でもみるかのような、猛妻弱夫のもめごとの活写だが、戦国の法が戦国社会のなまなましい現実を映しだしたものとするなら、このような夫婦喧嘩も、おそらくは戦国農村の日常にどこにでもくりひろげられていた、ありふれた光景だったにちがいないし、この猛き妻は、きっと戦国女性のひとつの典型だった、とほとんど断定してもよいだろう。あるいは、猛妻などと茶化したりせず、戦国の女性の、なお男性に縛りつけられることの少ない生気あふれる行動が、法を通して描き出され、保護されてさえいることに、きちんと注目する必要があるだろう。

猛妻の自由な地位は、ひとつには戦国女性たちの財産権のあり方と密接に関係していた。

猛き妻を登場させた伊達氏の『塵芥集』は、女子に譲られた所帯（所領、土地）は実の親の譲状にまかせよ（一〇四条）という。近江（滋賀県）の大名六角氏は、粧田（化粧田。嫁入りのさい娘に与えられた田畠）の権利は、実の親の与えた証文にまかせよ、証文のないときは、その妻一代かぎりで田地を女の生家に返せ、敷銭（持参金）も証文次第、ただし証文のないときは、女の生家へ返すには及ばぬ（四八条）、と法定した。また周防（山口県）の吉川氏の法（五三条）は、

女房嫁入りの節、金銀諸財持ち来たるというとも、咎をもって離別せしめば、その財すこしも女に遣わすべからず。

と定めながら、もし、女が年久しく辛労・堪忍したのに、男におちどがあって離婚したときは、

女持ち来たるの財宝は申すに及ばず、家内の諸財以下、何程も、女なっとくしだいに持ち運び、退出すべし。

という。さらに女房が子のないうちに死去したときは、女の財産はことごとく親もとへ返せ、というように、妻の財産権について、夫婦別財制ともいうべき、かなりこまかな規定を示している。戦国の妻はあきらかにみずからの所帯をもっていた。

女性（妻）の財産権について定めた戦国家法は、つぎに述べる密懐の法ほどには多くは

ない。だが、右にあげたいくつかの大名法がはっきりと示しているように、女性が結婚するときに自分の親から与えられた財産は、親のきめた証文にしたがって管理されるべきものとされた。女性の死後、子どもがなければ、その財産は実家に返されるほどで、妻の持参した財産がそのまま夫に私物化されることはけっしてなかった。これら化粧田・敷銭が女性のまったき自活を支えるための財産であった、とは言いきれないにせよ、すくなくとも以上の諸例は、あきらかにひとつの夫婦別財のかたちが、まだたしかに社会的に保障されていたことを示すのである。これが戦国女性の猛妻ぶりや、自由な男女関係をその底から支える経済的な基盤であった。

生気にみちた戦国女性の個性的な猛妻像は、もうひとつには、戦国の世にまだ残る中世ふうな男女関係のあり方にふかくかかわっていた。戦国法に特異な位置を占める「密懐（びっかい・みっかい）」の法は、その男女関係の実態とその法の激しい変わりようをつぶさに語る。

これも同じ『塵芥集』の密懐の法をみよう。

〈一六二条〉人の妻を密（ひそ）かに嫁（とつ）ぐこと、男女共にもって、いましめ殺すべきなり。

「密懐」は姦通のことである、とこれでわかる。密通は男女ともに死罪だ、というのである。しかも、この『塵芥集』はさらに

〈一六三条〉強姦・和姦を問わず死罪、仲だち宿をした者も同罪。

〈一六四条〉 密懐の男女をみつけて、女の亭主が討ち殺すさい、女房だけを助けてはならぬ。

〈一六五条〉 婚約ずみのよその娘を奪いとること、密懐と同罪。

と、あくまでも細かい。

密懐の法は伊達氏だけの例ではない。近江の『六角氏式目』（四九条）は、これを「妻敵（めがたき）」といい、

妻敵（めがたき）のこと、件の女・密夫、一同に討つべきこと。

と断定し、土佐（高知県）の『長宗我部氏掟書』は、「他人の女を犯すこと」という条項（三三条）をかかげ、男女ともに自殺せねば死罪といい、周防の『吉川氏法度』（五九条）は、

人の女密懐の儀、何方にても、寝所を去らず討ち果たすべし。おおかた、浮世の取り沙汰ばかりにて、証拠なき儀は、法度も如何。

と注意ぶかい。密通者は寝室で討ち果たせ、浮世のうわさだけでは証拠にならぬ。

こんなふうに、密懐を問題にした戦国法はまことに多く、しかも、きまって異様なまでに苛酷な私刑を科す。このことはいったい何を意味し、何をねらっているのだろうか。

この密懐の法は、しかし、戦国法の創造ではないらしい。周防の『大内氏掟書』（一四

条）に、こんな殺人事件が判例としてとりあげられている。飯田貞家という侍の郎従の石川助五郎が、ある秋の夜、三隅庄の左衛門三郎という男に襲われ、斬り殺されてしまった。犯人をつかまえて調べてみると、殺された助五郎は、この犯人の妻で才松という子どもまである女と密懐していたことがわかった。助五郎は女の亭主から「妻敵討ち」をくらったのであった。しかし、リンチを非とした大内氏の法廷は、『貞永式目』を適用して裁きをくだし、この夫婦をともに流刑とし、ふたりを長門（山口県）の見島という離島に流してしまった。

　このいきさつが示すとおり、大内氏は密懐事件を『貞永式目』によって裁いている。戦国の密懐法の源は、どうやら鎌倉幕府法にあるのだ。『貞永式目』をみよう。第三四条に、「他人の妻を密懐する罪科のこと」とあるのがそれにあたるらしい。内容はこうである。密懐は、強姦・和姦をとわず、男女とも所領（土地財産）の半分を没収し、勤務はくび。財産のないものは遠流（島送り）に処せ、と。さきの大内氏の裁きは、たしかにこの遠流の刑を適用したものであろう。

　つまり密懐は財産没収の刑というのが、鎌倉幕府法の定めであり、免職とか島流しというのは、ほんのつけたりにすぎない。幕府が、のちに追加法（二九二条）で、密通の罪を名主・百姓らの農民にまで及ぼしたときも、刑は過料、男も女も、名主だったら銭二〇貫文、百姓なら五貫文を没収せよ。人妻密懐という、あらぬ噂だけでリンチを加えるような風潮は断じて許さぬ、と定めた。

つまり、鎌倉幕府が密懐の問題にたいしてとりつづけた態度は、密通など財産没収の公刑でよいではないか、かってな私刑を加えて殺しあうなどもってのほか、というのどかにゆるやかなものであった。一五世紀なかばの大内氏の法も、たしかにこの考えかたを受けついでいた。

ところが、一六世紀の戦国法の、さきにみた、あの苛烈さ、くどさは、いったいどうしたことであろう。鎌倉法のおおらかさなどまったく否定され、影さえもない。公刑・財産刑から、私刑・死刑へのきびしい転換である。あまりにも乱世ふうなといえば、まさにそうなのだが、戦国法はその社会の実情を映しだしているとみれば、このはげしい変わりようの背景にも、きっと何ごとかがある。密懐の法の強化をとおして、戦国大名がめざしたのはいったい何であったのか。

もちろん、戦国のあの密懐の法の数かずをみて、当世ふうの一夫一婦のたてまえから、この乱世の男女関係のみだれを大げさに慨嘆してもよい。しかし、それは皮相にすぎまい。たしかに、法をうつろな空文とみぬかぎり、密懐の風習が中世社会のおく深くいきわたっていたことは、ほとんど疑う余地もない。「密懐」といわれる以上、ひそかな男女のひめごとであったにはちがいないが、またそれはある自由な、中世ふうの男女の結びつきかたでもあったことはたしかである。

だからこそ、鎌倉法は、この風習をなにげなく容認して、おおらかに裁いたのであったろうが、戦国法は「妻敵討ち」といい、むきだしの私刑をもって断罪し、さらに、女は来客の前に姿をみせるな（吉川氏、二九条）とか、男の留守に女ばかりの家へ男どもいっさい立ち入るべからず、ただし親兄弟はべつ（長宗我部氏、三四条）などと、あからさまに、こっけいなまでに細ごまと掟をこしらえては、けんめいに女性を家のなかに封じこめ、「奥様」化しようとはかっているのである。

こうなると戦国法のねらいは、もはや明白であろう。かつて、高群逸枝がするどくも指摘したとおり、鎌倉法から戦国法へ、財産刑から死罪への密懐法の強化、苛烈化は、女性中心の母系的な家の時代から、家名・家産に象徴された父系絶対の時代へ、妻が夫に私物化される時代へ、女性敗北への急激な暗転にほかならなかった。

男女関係の自由の抑圧、姦通の極刑化は、あきらかに男性中心的な「家」の確立、女性の地位の崩壊とうらはらにかかわりながら、進められていた。高群逸枝が女性の立場から、日本の家族制のあり方は、南北朝のころを分水嶺として大きく暗転するといったのは、このことであった。

戦国法にこのように描きだされた女性像は、しかし、あくまでも生産から遊離しつつあった武家社会の女性のそれであった。では、直接の生産労働にしたがう民衆の女たちは、いったいどのような法のもとにおかれていたのであろうか。戦国法はなぜか一般農民の女性についてはほとんど語らず、領主・武士たちの私有物だった下人の女についてだけ、じつに強い関心を示した。だから、いまは戦国社会の底で、下女とよばれ下人の女として、法のなかでも差別された女性たちの境涯をたしかめてみることにしよう。

かねてまた他人の下女に嫁す輩(ともがら)、かねてその主人に届けず、または傍輩に知らせず、夜中に入り来たらば、(殺しても)屋敷の者その咎かかるべからず。ただし、からめとり糺明の後、下女に嫁す儀、顕然たるにおいては、分国中を追却すべきなり。

これは、夜中にことわりもなく他人の屋敷に忍びこむ者は殺害してもかまわぬ、と家老侵入罪を定めた『今川仮名目録』第七条のおわりのつけたり部分である。つまり、もしも夜中に屋敷へこっそり忍びこんだ男が、下女のところへ通ってきた輩だとわかったら、殺したりせず、分国追放の処分にしよう、屋敷の主人や傍輩たちが承知のうえの「妻問い」なら、むろん問題はない、というのである。「下女に嫁す」という、下人男女の結婚のかたちが、戦国法のなかで、社会的にも、あきらかに容認されていたのであった。下人の男と女とがたがいに選びかわし、認めあって結びつく、素朴な愛のかたちがこの働く者たちの世界には生きていた。主人に駆使される、一日の重い労働から解き放たれたおそい夜更けに、ようやく妻を訪れて憩う下人の姿を、この戦国法はたしかにとらえているのである。しかし、妻問いの容認といっても、もとよりそれは、下人たちの習俗をただわけもなく大名の法が認めたというのではない。財産としての下人をふやさなければならない。それが戦国法のいちばんの関心であった。

では、そうして生まれてくる下女の子どもは、どのような境遇におかれることになるのだろうか。下総（茨城県）の『結城氏新法度』第一五条は、このことをめぐって、つぎのようにまことに細やかな掟を示している。

たがいにちがう主人につかえる下人の女と男とが出あい、めおとになって子どもをもつ。昔から伝え聞くところでは、女の子は母親がわの主人につけ、男の子は父親がわの主人のもの、という定めだという。けれど、下女の主人の屋敷でも、あるいは下男の主人の屋敷でも、どちらか一方へ女や男が通いあって生まれた子どもを、その屋敷の主人がはぐくみ、一〇歳や一五歳ころまで育てあげたのに、それまで何の「扶持（ふち）」も「恩（おん）」もかけないでおきながら、もう一方の主人が、この古い定めをたてにとって、その子はじぶんが召使うのだ、こっちへよこせ、などと要求するというのは、まるで無茶な話ではないか。

そもそも、「古法」どおりにせよというのなら、子どもが生まれたときからはっきりさせ、ちゃんと仕送りをすべきだろう。そうでなくては済まないことではないか。ただ、女も男も、その主人の屋敷でなく、ふたりとも他の屋敷に間借りして、そこで子どもを生み育てるようなばあいは、「古法」どおり、女の子は母親がたの主人のもの、男の子は父親がわの主人のものと、子どもを分配するがよい。

ここにも下人の女と男とのさまざまな結婚の姿が描きだされている。そこではきっとおたがいに訪ねあう〝通い婚〟が、もっともふつうのかたちであったのだろうが、また、あるじの束縛をはなれ、外にふたりだけの家庭をいとなむ恵まれた例さえも、けっして稀ではなかったことを、この掟書は泥くさく、意外にも生きいきと伝えてくれる。下人たちの結婚生活は、このようにまことに多様であり、その結びつきがかれの主人たちによって無理強いにつくられたような形跡を、これらの法からはおよそ認めがたいことに注目したいと思う。

他人と他人の女の男の出合、めおっとになり……

と描かれる、この〝通い婚〟の思いがけない新鮮さは、下人の女と男の出会いのもつ、〝嫁入り婚〟にはない自由さ、自然さによるものではないだろうか。

しかし、またそれだけに、親子のあいだを引き裂いてしまう、子分けの法の無惨さが目

立つ。さきの結城氏の法が批判している、子分けの「古法」というのは、あきらかに、

奴婢の生むところの男は父につけ、女は母につけよ

と定めた、鎌倉幕府の『貞永式目』第四一条を指している。ただし、批判といっても、みられるとおり、ほんのわずかばかり、実情にふさわしく修正をしたまでで、鎌倉幕府の子分け法を否定してしまったわけではない。そして、あの条文のくどくどと長いのは、子分けをめぐる領主間の紛争の頻発を、何とかおさえたいがためだけのことであった。

ただ、駿河（静岡県）の『今川仮名目録』追加第二一条だけは、おなじく「奴婢・雑人妻子」の子分けをめぐるもめごとについて論じながら、

しょせん、幼少より扶助を加うる方へ、落着すべきなり。互いに扶助せざるにおいては、親が計らいたるべきなり。

と、単純明快に裁断をくだす。つまりは育てた方の主人のものだ、という点はさきの結城のばあいとまったくおなじことだが、そのあと、下人の夫婦が自力で子どもを育てたときは、子どもをどうしようと親たちの自由だ、と下人解放令ともみられる判定をくだしている点が、決定的にちがう。奥羽の『塵芥集』や、四国の『長宗我部氏掟書』は、鎌倉法そのままの子分け法を踏襲している。都から遠隔の地にいくほど、じつに鎌倉期から戦国期の終末にいたるまでの長いあいだ、あの残酷な身分制の古法のもとで、下人たちが破片家

族の悲惨を強いられていることが知られる。それだけに、この東海地方の今川氏の下人にたいする子分け法のゆるやかに開かれかけた明るさは、まことに注目にあたいするものといえるだろう。

それにしても、このように中世社会を通して差別されつづけ、「家」へのみちを峻拒されていた、働く下人たちの世界でのみ、おそらくそれゆえにこそ、〝下女に嫁す〟といわれるような、女性を中心とする女と男の生きいきとした個性的な結びつきが生命を保ちつづけていたという、この逆説的な真実はやはり見逃しがたい。この下人たちの〝妻問い〟を、おくれた俗習だとわらい棄てようとするものは、〝嫁入り婚〟のもとで、親のたくみを強いられ、化粧田・敷銭に飾られて、〝嫁入り〟する武家の女たちが、やがて暗い「家」の奥ふかく閉じこめられ、外界との接触も断たれて、男の私物化されていく道を辿りはじめていたことを知り、〝嫁入り婚〟は女が男に隷属していくはじまりであったという、高群逸枝の痛切な指摘の意味を、あらためてかみしめてみるべきではないだろうか。

三　民衆の女性像——鬼女と鬼がわら——

中世の南北朝という時代は、人としての女の地位の命運を分かつ暗転の分水嶺であった、と高群逸枝はみた。いま、わたくしたちの跡づけてきた分国法は、一面では、このような高群の見通しのたしかさを、他面では、まだのこる中世らしい明るさを、証拠だててくれたといえる。

とすれば、南北朝という分水嶺を越えたところ、下剋上の社会に生まれた能の世界が、ことにも小面（こおもて）と般若（はんにゃ）という、ふたつの女面に結晶させた中世の女の像を、見すごしにはできぬ。いったい分水嶺の彼方に、中世びとは何をみたのか。このことに注目した、馬場あき子『鬼の研究』の語るところをきこう。

中世びとは、ひとつの女面にほほえみを与え、これを小面とした。それは、女のしあわせ、よろこび、あるいはかなしみを伝え、しかも優婉である。ところが、もうひとつの裂けた口もとに修羅を刻む般若の面は、破滅的な怒りと急迫した哀しみをあらわにした、女の鬼であった。能の世界の女の形象はこのふたつの極に、あまりにも遠くはなれすぎているようにみえる。だが、このきわめて演技的な小面のほほえみの内側には、ときに般若が目覚めつつあるのではないか。小面に宿るほのかなほほえみのかげは、女性のふかい傷あとをひめて、悲哀から苦悶までのすべてをとかしこんだ、怖ろしいまでの演技にほかならず、すべての小面のかげにはひとつずつ般若が眠っている。般若の女面は、中世という過酷な時代にいたって、はじめて誕生した女の鬼であったが、それは、時代がもっとも傷つきやすい部分によせた心情的な助力であろう。小面が美しいのは、そのひとつひとつが般若に変貌する刹那をとどめているからであり、この鬼女の変貌に、まことに複雑に屈折せざるをえなかった、中世という時代の苦悶を象徴的にみてとることも可能であろう、と。

ふたつの女面によせてかたちづくられた、このような馬場のするどい心象に、これ以上たちいっていくことはできぬ。ただ、女の鬼は中世の創造であり、小面と般若とに不幸な時代の女の苦しい生きざまをみるという、馬場の言葉は共感をよぶものがある。また、ほほえみから修羅へという、謡曲のなかに定着された、この生きながら鬼となる女面の変貌に、耐えることのみを強いられた日常のなかで屈折する女の内面が、しだいに破滅にむかって追われていく、そのみちすじをみるという。これを破滅へのみちとのみ断定しうるかどうかは措くとしても、そこにまぎれもなく中世社会のひとつの現実があるという提案は、分水嶺を越えた暗転の世という高群の見通しと、あの密懐の法の苛酷さにつらなるがゆえに、軽がるしく読みすてるわけにはいかないのである。分水嶺を越えた能の世界に、この二つの女面に、中世の女の不幸への予感がするどくもつらぬいていた、といわなければならぬ。

能の世界に鬼女を創造した下剋上の時代は、狂言の世界では、またちがう女性の像をつくりあげていたように思われる。ながいあいだ所領の訴訟ごとで在京していた遠国の侍が、ようやくに思いかなって国もとへ帰ろうという日、太郎冠者を伴にして、因幡堂薬師にお礼詣り。めでたく参詣もすませ、お堂を見てまわるうちに、ふと破風の上の鬼がわらを見つけて、泣きだす。そして……

さいぜんから、あの鬼がわらが、だれやらによう似た、よう似たと思うたれば、国もとの女どもにそのままじゃ。

まことに、仰せらるれば、どこやら似ましてござる。

あの目のくるくるとしたところ、また、鼻のいかったところなどは、そのままではないか。

いかさま、よう似ましてござる。

さてまた、あの口の、耳せせまでくわっと切れたところは、つねづね汝を叱るときのつらによう似たではないか。

なるほど、私を叱らせらるるときのお顔に、よう似ましてござる。

ここもとで、身どもが内の者を、だれ見た者もあるまいに、このようにも生き写しにするというは、ふしぎなことじゃなあ。

さようでござる。

身どもはあの鬼がわらを見たれば、しきりに女どもが懐しうなったいやい。

近頃ごもっともでござる。

こうして、この狂言は野次馬どもの嘲りと笑いをさそいながら、観るひとのあいだには、しだいに素朴な共感があたたかくふくらんで伝わっていく。やがて国もとへ帰れば逢えるのだ。何も歎くところではない。

いざ、どっと笑うてもどろう。

ようござりましょう。

爆笑は舞台から客席をつつむ。だれやらによう似た顔の、いいようのない親しさ。明るさ。女の不幸をするどくも先取りしていったかにみえる、能の二つの女面にくらべるなら、この狂言の世界には、まだ健康さをうばわれぬ中世の女の素顔がある（『鬼がわら』）。

また、これは仲のいい百姓の夫婦の痴話げんか。むきになって言いつのっているのは、亭主の右近である。

それならば言おう。それ、先度、地下に寄合があったわ。

それが何と致いた。

まず聞け。身どもも行き、左近も行ったが、身どもが行くと、そのまま何やら用ありそうに、左近が座を立つによって、合点のゆかぬことじゃと思うて、それがしも跡からついて行って見たれば、おのれは左近が所にいたではないか。

あれは、左近殿の茶を飲め、といわれましたによって、茶を飲うでいました。

何じゃ、茶を飲うでいた。

なかなか。

茶を飲うだものが、ふたり共に、鼻の上にしっぽりと汗をかくものか。

のうのう、腹立たや、腹立たや。わらわが恥は誰が恥じゃ。皆こなたの恥ではないか。

ここな男畜生めが、男畜生めが。

どうやらこの口喧嘩、右近のまけと決まったようだ（『おこさこ』）。狂言の男たちは、こうしてみな頼りない。いっぽう女たちは……。夫をつかまえ、
やい、わ男、おのれ憎いやつの。打殺いてのけう。

とさけぶ「わわしい女」（『どもり』）。

そなたのような男は、藪(やぶ)を蹴ても、五人や七人は蹴出そうが、去られたと思えば、身が燃ゆるように腹が立つ。
おのれ何としてくれようぞ。喰い裂こうか、引き裂こうか。

とわめきたてる「口ごわな女」。
また、傍輩たちにいじめられて戻った、ふがいない亭主にむかって、

打(ちょう)ちゃくされて、ただ居らるるものでござるか。命をすつるとも、打ちはたいてござれ、ともうすに。

と叱咤し、

打果いてござらねば、宿へというては寄せませぬぞ。

と励ます「けなげな女」(『契り木』)。
どの顔も、あの鬼がわらそっくりで、わめいている口は耳もとまでくわっと切れてけたたましいが、みな、いかった鼻のうえに、くるくるした目を輝かせた懐かしい顔だ。戦国法に登場したあの猛妻たちも、きっとおなじような顔をしていたにちがいないし、あの未練がましい夫たちも、この狂言の頼りない男どもにじつによく似ているではないか。あの特異な夫婦喧嘩の掟の世界が、狂言の舞台に、みごとに日常化されている。狂言もまたけっして架空の戯画ではなかったのだ。ともに下剋上の世の現実を別々の角度からえぐり出

した、法と諷刺喜劇という、この二つの世界に登場する、たけく、わわしく、口ごわで、けなげな女たちは、戦国の世の民俗の女たちの実像であった、とほとんど断定してもよいだろう。

東京の西の涯、秋川の渓流にふかく刻まれた檜原(ひのはら)谷の奥の村に「大相国秀吉掟」とか「太閤三十三条」という、何とも大げさな題名をもった、じつは中世末ごろの世俗の教訓書が、一冊の綴じ本にまじって伝えられていた。

三三条にわたって処生の心得をこまごまと書きつらねた文章は、いかにも泥くさく歯切れもわるいのだが、また、それだけに中世ふうの印象も濃いものであった。こうしてこの条々は、たまたまこの村を訪れた歴史民俗学者の萩原竜夫の目にとまり、知られることの少ない、中世末の小土豪たちの世わたり観をあけすけに語った珍書として、世に紹介されることとなった。いまは、その女性観だけに注目しよう。

馴れても馴るべきものは婦夫(めおと)の間。油断すまじきものは男女の仲(一二条)。

他人の美女をば大敵と思うべし。その家へ再々出入りすべからざる事(一九条)。

男女の媒(なかだち)、十に七つは斟酌(しんしゃく)すべきなり(二九条)。

おどろくべき女性にたいする警戒ぶりであるが、もはやここには女人のけがれを説く、古い仏教ふうの〝五濁(ごじょく)観〟もみられず、嫁しては夫に従え式の近世からの〝三従の教え〟

は、まだ姿をみせていない。儒教以前だ、と萩原氏は指摘されたが、いかにも中世末らしい、あけすけな女人観が、むしろ男たちのおどろな警句とはうらはらな、戦国農村の女たちのたくましさを、鮮やかに映しだしているではないか。

「馴れても馴るべきものは……」というふうな語りくちには、鬼がわらによく似た妻を恋う、あの遠国侍の心根を想いおこさせる素朴な明るさがあり、だからこそ、それにつづく「油断すまじきものは……」という警句にもまた、きっとこの男たちは「わわしい女」にやりこめられて閉口していたのだろうと、あの伊達領の猛妻と未練がましい気弱な夫を連想させる親しさがある。

似たようなのは他にも多い、と萩原氏はいう。

男ハ十人ノ男子・七人ノ女子ヲ儲(もうけ)タリトモ、妻ニ心ユルスベカラズ。

これまた、おなじ中世末ころらしい、少し上流の教訓書『世鏡抄』の一節だが、さきの檜原谷の掟にくらべたら、いささか深刻さが気にかかる。けれども、後段にみえる、

女ヲ見テハ刀ノ刃ノ如(ごとく)ニ思へ。見ル計(ばかり)ハ大事ナシ。手ヲカクレバ必ズ身ヲ損ズト云ヘリ。

女ハ花ノ如シ。見テハ心イサミ、打取テハ軈(やが)テシボム。

となると、秀逸な女性論というほかはない。

とかく女房というものは、身分の貴賤によらず、およそ火の用心の心がけなどまるでなく、家財・衣裳ばかりを取り散らし、だらしないものゆえ、なにごとも、ゆめ油断して女房まかせにはせぬように。

これも、おなじころにはできあがっていたらしい『早雲寺殿廿一箇条』という、北条早雲の名をかりた家訓の書の一節だが、これなどは、女性蔑視というよりは、家具や衣裳ばかりに熱中し、家事を顧みぬわが女房にほとほと手を焼いている、気のいい男のぼやきではないか、と疑ってかかったほうがいいのかも知れぬ。

このように、狂言の舞台から世俗の教訓書にかけて、民衆の女たちの像を訪ね歩いて、わたくしたちはあの戦国法の〝猛妻〟によく似た〝わわしい女〟たちにいたるところで出会うことになった。このささやかな体験は、ほとんど悲劇のヒロインという固定された戦国女性像しか知らなかったわたしにとって、まことに思いがけないよろこびであった。

客に姿を見せてはならぬとまで強いられて、暗い「家」にしばりつけられはじめていた、支配階級の武家の女たちにくらべたら、自ら農耕に汗する戦国の村むらの女たちは、まだまだ中世の女の活力をいっぱいに発散させて、人間くさく生きていた、とひとまず結論しておいてよいのであろう。

〔『日本女性史』3「彼岸に生きる中世の女」評論社、一九七三年、収載〕

Ⅱ　一向一揆をどうみるか

一九八八年は、加賀の一向一揆が「百姓の持ちたる国」を実現してから、ちょうど五〇〇年にあたっていた。地元の石川県では、いくつもの記念行事がおこなわれ、わたくしも招かれて「一向一揆五〇〇年を考える会」の主催する、一向一揆五〇〇年記念・市民シンポジウム「私にとって一向一揆とは」に参加した。

市民手づくりのシンポジウムは、いかにも一向一揆ふうで、印象ぶかいものであった。その感想をわたくしは、北陸中日新聞（同年十月三日）の文化欄に寄せた。冒頭にのせた小文「市民一揆のシンポジウム」がそれである。

シンポジウムの全記録は、やがて『加賀一向一揆五〇〇年』（能登印刷出版部）に収められた。「わたくしにとっての一向一揆」は、同会でまとめてくださったわたくしの講演記録である。編集委員ご苦心の貴重な脚注ごと、お願いしてここに転載させていただいた。あつくお礼申しあげたい。

さいごの「一向一揆論」は、一向一揆を主題とした、わたくしのたったひとつの論文である。史料のせまく限られた一向一揆を、なんとか広く中世社会論のなかでとらえてみたい。そう願った懸命のこころみではあったが、まだ自由な構想からはほど遠い。

市民一揆のシンポジウム——＊

真夏の「一向一揆五〇〇年記念・市民シンポジウム」の会場は、思いもかけず、二日とも熱気にあふれていた。初めの日、会場は聴衆でいっぱいであったし、「私にとって一向一揆とは」をテーマとした二日目の討論では、地元市民の発言が、司会者もたじろぐほどにあいついだ。

そこには、一揆記念の企てに、歴史の血を探り、地域の自立のエネルギーを求める、市民のあつい期待があった。関西や関東などから、一向一揆に関心をもつ、多くの研究者や学生も顔をみせていた。

この高揚も、じつに「一向一揆五〇〇年を考える会」市民九〇人の手づくりなればこそ、であったろう。それは、大学や市や新聞社など、いかなる団体の援助もうけず、文字どおり市民だけの辛苦の自力で、実現にこぎつけたものであった。

その日、基調講演にかけつけたわたくしが、この企てを「市民一揆のシンポジウム」と呼んだのは、このことであり、まことに加賀一向一揆の記念にふさわしい壮挙であった。

去年の秋、大桑斉さん（大谷大教授）に記念の行事の相談をうけて、即座に、ぜひ地元で市民手づくりの会をと提案したとき、わたくしは、もう二〇年も前の、恩師・故井上鋭夫先生の話を思い出していた。

当時、金沢大学教授であった先生が、折しも開発で破壊にひんした高尾城〈加賀一向一揆の勝利の記念碑〉を守ろうと訴え、「門徒市民（一揆の子孫）が、なぜ百万石（一揆の弾圧者）の祭りを祝うのか」と呼びかけたとき、地元市民の反応は冷やかであった、という。

「蓮如さん」がいまに生き、日ごと念仏の祈りあふれる、加賀の「真宗王国」ぶりを知るよそ者にとって、この話は衝撃であった。加賀一向一揆といえば、当時から「百姓の持ちたる国」といわれ、いまではどの歴史教科書にも特筆される、日本史上の大事件であるが、ふるさと加賀の人びとにとって、一向一揆はいったい何であったのか。もうすべては忘れ去られてしまったのか。この五〇〇年を機に、ぜひとも地元にそくした歴史の検証を始めてほしい。これが、わたくしの切実な期待であり、「いい出しっぺ」として基調講演を求められるハメにもなった。

そのシンポジウムの日、会場でこもごも語られた、地元の年配の方々の証言は、若い参加者につよい衝撃を与えた。戦時中、一向一揆は郷土の恥とされ、一方、金沢第七師団の勇猛さは一揆の伝統だ、ともいわれたというのである。一揆を悪としながら、ときにつごうよく扇動に利用した、権力の手口が、わたくしたちにもはっきりとみえてきた。

だが、それほどに、自立した一揆は権力の脅威だったのだし、だからこそ江戸時代いらい植えつけられた、「一揆・騒動はご法度」という意識の根強さをみれば、加賀一向一揆の風化やアレルギーを、保守の土地柄ゆえなどといって済ますわけにはいかない、と知らされたのである。

自身の一揆アレルギーを克服し、一向一揆の伝統をたしかめ、それを地域の自立のエネルギーにもしたい。そうした会場でのさまざまな期待を受けとめようとするなら、やはり歴史の会らしく、地元市民による、身近な歴史の伝統を掘り起こす、自覚した息の長い取り組みが求められよう。その道と方法は、故人となられた井上先生や浅香年木さんたちの、北陸の地にじっくりと腰をすえた実地踏査の姿勢に、よく示されている。

初めの日、国境の民の末えいといって一向一揆との出合いを語った山本幸子さんの報告と、最後にシンポジウムを総括した木越隆三さんのあつい涙が、忘れられない。「考える会」のこれからの歩みと広がりが楽しみである。

一　わたくしにとっての一向一揆

はじめに

ご紹介いただきました藤木です。「わたくしにとっての一向一揆」ということで、お話をさせていただきたいと思います。

ただいま、主催者側の大桑斉さんがおっしゃいましたように、このシンポジウムはお役所の差し金でできたわけでもないし、さりとて大学とか学会の主催する会でもない。「加賀一向一揆五〇〇年を考える会」に集う、市民だけのまったくの独力で、しかも、こんなにも多くの参加者を迎えて実現されたことに、わたくしは感激しております。そういう意味で、このシンポジウムは、いかにも「加賀一向一揆五〇〇年」の記念事業にふさわしい、現代加賀の市民門徒一揆と言ってもいいんじゃないかと思います。こんな立派なホテルでなく、小学校の体育館みたいなところでやったら、もっと一揆らしい雰囲気の会になったかも知れません。本当に素晴らしいことだと思います。

与えられました課題は、「わたくしにとっての一向一揆」ということですから、まず、なぜわたくしがここへ立つことになったかを、申し上げたいと思います。昨年のいつごろでしたでしょうか、大桑さんが、東京へ学会で出てきたので会いたい、というので、お喋りをしました。そのときに出ましたのが、来年の「加賀一向一揆五〇〇年」に、何か記念事業をやりたいので、相談に乗ってほしいというお話でした。わたくしは、一向一揆論というかぎられた専門家ふうな議論よりも、むしろ、地元からの一向一揆論、地元にとって一向一揆とはいったい何だったのかというように、地元の手で加賀一向一揆の歴史を掘り起こし、それが市民の歴史運動のきっかけになったら素晴らしい、というような話をしたことを覚えています。

そうしましたら、やがて大桑さんからご連絡があって、こんなに見事に皆さんお集まりになるような会ができて、記念事業の方向もあなたの言うとおりになったから、来て話してくれと言うのです。わたくしにも、真宗王国とか、どこを歩いても念仏が聞かれる、などと言われている地元でいろんな話を聞きたい、そういう思いがありましたので、これはもう逃げられないということで、この場に立ったようなわけであります。

お手元に綴じた報告レジュメ（後記）がございますが、今日のお話の要項であります。これを順を追ってご覧いただきながら、お聞きいただければと思います。

先ほどのご紹介にもありましたが、いまから一五年前にお亡くなりになった金沢大学の井上鋭夫先生[※1]が、一九六八年（昭和四十三）まで新潟大学にお勤めで、『一向一揆の研究』という大著を出されました。わたくしはその井上先生の若かりし日の学生でした。新潟県から始まって、北陸各県を、夏休みになると、七月なかばに山の中に入って、山からおりてくると九月になっているというような、かなりハードな調査に、毎年のようにわたくしは先生のお伴して歩

※1井上鋭夫
一九二三年加賀市生、一九七四年没。新潟大学教授などを経て、晩年は金沢大学法文学部教授、今日の一向一揆研究の基礎をつくった一人であり、高尾城跡破壊問題では、行政側の無策を厳しく批

いていました。そのときに、武生の毫摂寺[※2]という大きなお寺で、のちに「呪いの文字瓦」という言葉で表現しましたが、一向一揆の虐殺時の生き残りが瓦にその虐殺ぶりを書き込んだ、と考えられる瓦に出会ったわけです。ちょっとご紹介しますと、レジュメの③の「文字瓦の発見」に書いてございますが、「此の書物、後世にご覧じられ御物がたりあるべく候……前田又左衛門尉殿」、これは前田利家・加賀藩の藩祖でありますが「いき千人はかりいけとりさせられ候也、御せいばいは、はつつけ、かまにいられ、あふられ候哉」こういうような文章が書き込んである。「生けどり千人」「かまいり」「はりつけ」というふうに解読しながら、二〇歳をすぎたばかりのわたくしは、とても強い印象を受けたわけです。

しかしわたくしは、その後、一向一揆を特別に研究しませんでしたが、井上先生が亡くなられたあと、いまから一五年前のころに、一冊の本の書き下しをする機会を与えられまして、五〇歳で亡くなられた先生のとむらい合戦みたいなつもりで、一向一揆を信長期の焦点にすえて、『織田・豊臣政権』という本を書いたわけです。報

判したことでも著名。

※2毫摂寺（ごうしょうじ）　福井県武生市清水頭町にある真宗出雲路派本山。本願寺三世覚如の門弟乗専が京都で開創し、戦国時代に越前に移る。文字瓦の出土した小丸山城跡が近くにある。

告レジュメの④にそのときの執筆のモチーフをまとめておきましたが、やはりこの文字瓦からうけた、一向一揆の虐殺というイメージが非常に強くて、「百姓の持ちたる国」の最後に、加賀藩の藩祖となる前田がこういうことをやった。しかも織田信長が京都にのぼって政権をとってから、本能寺の変で亡くなるまで一五年ぐらいのうち、いわゆる石山合戦は一一年間もつづいている。信長はほとんど全生涯をかけて本願寺と戦ったんじゃないか。秀吉がそのあと、政権をとりますけれども、そのときにまずやらなければならなかったのは紀州雑賀の一向一揆つぶしで、これが終わって、かれは関白になる。また、秀吉は自分の本拠地を、かの石山本願寺の跡に据えて大坂城を築いた。

　こういういくつもの事柄を重ね合わせて、わたくしはほんとうに思い入れたっぷりに、『織田・豊臣政権』を一向一揆のがわから書いてみました。しかし有り体に申しますと、まったくの門前の小僧で、今日ここでも、どこまで稔りあるお話ができるか、自信がありません。けれども、ともかく、なぜ「地元からの一向一揆論」をとわたくしが考えたのか、ということを第一にお話させていただき、しかも折角の機会ですので、第二に、自分自身でつくり上げてきた一向一揆像を、振り返ってみたいと存じます。

1　「地元からの一向一揆論」への期待

大桑さんからは、市民と研究者との対話・交流をこのシンポジウムの中心にしたいということで、考える会の研究成果（『一向一揆通信』『歴史手帳』の論文や討論経過）を逐一送っていただきました。それをふまえて基調報告をやれというご注文ですが、出された疑点というのは、明日ご報告があると思いますが、みんなとても難問ばかりです。それをふまえてと言われても、そんなことはできないので、開き直って今日はここに臨みました。

一の「地元からの一向一揆論への期待」というところへ入らせていただきます。わたくしが地元からの一向一揆論を提案したのは、いったいどういうことだったのかということであります。まずその一番目は、地元の井上先生の「山の民論」、それから浅香[※3]さんの

※3浅香年木

「村堂論」の魅力です。浅香さんはわたくしと同じ年輩で、去年五三歳で亡くなられました。ほんとうに残念です。この井上先生と浅香さんがもしご健在でおられれば、この会もどんなにか充実したものになり、わたくしなど後ろの方でのんびりとお話をうかがっていられたのに、と恨めしいような気持ちもいたします。

井上先生のお仕事はそれまでのような、蓮如さんを中心にして、いったい北陸にどのようにして真宗の教えが拡まったかという、教団のがわ、あるいは宗祖のがわからの見方にたいして、まさに地元からの発想と追究でした。たとえば「太子掘衆（ぼりしゅう）」とか「太子衆」と言われるような、聖徳太子像を信仰の対象にしたような、山に住んでいる人、あるいは渡し舟とか海で暮らしを立てるような人びとによって、真宗の土壌が培われていたと指摘し、真宗のお寺さんになぜ太子像がまつられるのかというようなことを、地元のがわから読み解いてゆく。

浅香さんの方は、平安時代から、各村に「村堂」あるいは「草（そう）堂」と言われるものがたくさんつくられ、村人がそこを公会堂のよ

一九三四年金沢市生、一九八七年没。石川工専教授・金沢女子大教授などを歴任。その間『日本古代手工業史の研究』『治承寿永の内乱論序説』などを著し、北陸古代・中世史研究の第一人者であった。土着の視点、地域の視点を重視した学風は、『北陸の風土と歴史』『百万石の光と影』などの著書によく示されている。

うにして、たとえばそこで講もやり、あるいは集会もやる。そういうものが北陸の各村々にもたくさんできていて、鎌倉以後の仏教が土着する土壌になった、という。その追究を非常に綿密におやりになった。わたくしはこの研究をもっと生かさなければならないと考えてまいりました。

ともかく、加賀にはそのような地元からの土着の発想と研究のすぐれた伝統があるということ、これが一つであります。

二番目は、やはり地元からの眼ということで、先に山城国一揆[※4]の五〇〇年記念シンポジウムで、地元の方々の提起された問題に注目しておきたいと思います。加賀の長享一揆の三年前、一四八五年[※5]（文明十七）に京都府で山城国一揆が起きてからちょうど五〇〇年、地元でシンポジウムが開かれました。そのときに、地元の中津川さんが、自分の地元の一揆を掘り起こして、地域づくりの自覚、エネルギーを手にしたい、と語っておられます。教科書には山城国一揆と出ているけれども、村の人はそんなことさっぱり知らなかった。それから、何よりも一揆というのは騒動や徒党だということで、タ

※4山城国一揆
一四八五年、南山城で起きた著名な国一揆。当時山城国内で対陣中の畠山義就・政長両軍の戦闘停止と両軍の退去を求めて南山城の国人・土豪と民衆が連合して起こしたもの。以後、八年間にわたり守護支配を排除し、国人と民衆による自治体制が維持され、国人たちの集会では、寺社本所領の返還や新関停止などを

ブーだった。一揆を起こした地元などというのは恥だという意識が強かった。そういうふうにも語っておられます。いまから改めて一揆の伝統を掘り起こすことで、民衆だった自分たちの先祖はこんなことがやれたんだという、そういう力を子どもたちに与えたい、というようなことを、こもごも語っておられます。

こういうようなことを学びまして、じゃあ加賀の地元では一揆タブーの意識はどうなんだろうか、という気持ちになりました。

三番目に、「百姓の持ちたる国」の市民(門徒)がなぜ百万石まつり[※6]を祝うのか、ということであります。これはわたくしの言葉ではありません。一九六八年(昭和四十三)、二〇年前に井上先生が、いわば北陸の「百姓の持ちたる国」の本拠地金沢・尾山御坊[※7]にある金沢大学に赴任されて間もないころ、ちょうど加賀一向一揆の勝利の記念碑とも言うべき、高尾城[※8]の破壊問題、保存の問題に直面されたようでした。ここに書いたようなことを、放送で話されたか、書かれたかして、たいへん地元で強い反発を受けた。そういう話を井上先生からうかがったことがあるんです。

定めた。

※5山城国一揆五〇〇年シンポジウム
一九八五年、京都市および宇治市で開催され、日本史研究会・歴史学研究会という学会と地元の研究会とのタイアップによって実行された。その記録は『山城国一揆―自治と平和を求めて―』(一九八六年、東京大学出版会刊)に詳しい。

※6百万石まつり
一九五二年、金沢商工会議所が中心になって始めた町おこしの現代的な祭。敗戦で沈滞していた金沢市に活力を与えた。祭の中心は商工パレードと一五八三年の前田利家金沢城入城を再現する大名行列。明治後期におこなわれた金沢開市三〇〇年祭・藩祖前田利家三〇〇

しかし浅香さんの『百万石の光と影』[※9]や中西さんの「五百年目の六月」[※10]という文章にも明記されておりますように、おそらく井上先生だけでなくて、真宗王国の門徒がなぜ百万石まつりか、というようなこだわりの気持ちは、光と影というようなかたちで、市民の皆さんのなかにも、それぞれにあるのではないかと思うのであります。

じつはわたくしはこの井上先生のお話を聞いてびっくりしたんです。なぜかと言いますと、加賀は真宗王国という先入観のあるわたくしどもから見ますと、一向一揆の伝統というのがありますから、むしろ井上先生の発言は拍手をもって迎えられこそすれ、反発など受けるはずもないと思っておりましたら、いや、じつはそうじゃないんだ、ということでした。わたくしはそれいらいずっと、加賀にとってこの一向一揆は何だったのか、地元の歴史のなかで一向一揆というのはどういう意味をもったのか、地元でいろんな問題を検討し合う機会を得たい、と念じてきたわけです。これが、大桑さんに、地元からの一向一揆ということでやりましょうと申し上げた、一番の根本であります。

〇年祭が源流であり、尾山神社の利家祭祀なども含む。現在ではその行事は多様となり、市立学校では授業カットなどもされている。

※7尾山御坊
一五四六年、本願寺による一揆国加賀の支配強化を目的に創建された金沢御堂の通称。小立野台地先端に位置するこの御堂を「御山」と称したことに由来。「尾山」の称は一五八〇年以前にはみえず、近世初頭に一時使用されたにすぎない。

※8高尾城の破壊問題
一四八八年、一向一揆に攻め滅ぼされた富樫政親が最後に拠った高尾城は金沢市高尾町、旧鶴来道に面する通称城山に位置した。一九七〇年から翌年にかけて北陸自動車道建設のための土取り場

井上先生がなぜ前田又左衛門をお祝いしなければいけないのかと言われるのは、一向一揆というのは、土着の運動であって、前田などというのは、よそからきた征服者じゃないか、というわけでありますｓ。また中世史の研究者としましては、一向一揆というのは、土一揆とか、徳政一揆とか、いっぱい一揆が起きる、その一揆のいわば頂点に位置する。それが前田の力によって、無残にも挫けてしまった。それなのに、なぜその子孫が……、と考えられたと思うんです。

さてそうなりますと、わたくしにとっては、地元の反発という現実をしっかり見きわめてみたい。どうして反発されたのか。まさか加賀の人がみんな前田さんに騙されたわけじゃない。そんなふうに考えたとしたら、それは加賀の人を馬鹿にすることで、もしそれが歴史の現実だとすれば、なぜそうなのかということを、しっかりと考える機会が欲しい、わたくしはそう考えました。

それから、真宗[※11]のお寺の調査をさせていただきますと、どこへ行っても、「あの石山合戦のときに、自分たちの先祖も出かけて行っ

にされ、まったく発掘調査もされないまま大部分破壊された。土取りに反対の声が少数ながら出されたが、道路公団・行政がわに押しきられてしまい、文化財保護行政に大きな禍根をのこした。現在、県教育センターが建てられている。

※9『百万石の光と影』
浅香年木著、一九八八年、能登印刷出版部刊。浅香の加賀の中・近世の小論収録。未発表講演記録「私のみた一向一揆」も収める。

※10「五百年目の六月」
中西国男の論文、『歴史手帖』（一九八八年八月号、名著出版刊）所収。

※11石山合戦

て、こういうことをやった」という石山参戦の伝承は、かなり広くお寺の縁起・由緒書のなかに特筆大書されている。

ところが、不思議なことに、もう一つ、加賀にとってはずっと大事件であったはずの一向一揆の記憶、「百姓の持ちたる国」についての伝承というのが、影が薄い。この二つはどういうふうに絡み合っているんだろうか、という疑問をもちました。つまり、中央の、本山の闘いに参加したということは特筆大書され、地元で一向一揆を闘ったという記憶は、消されている。これは、中央への参戦は誇りであり、地元の一揆は恥であるというような、そういう関係になっているんだろうか。あるいはそういうふうに考えるのは、わたくしの思い過ごしなんだろうか。是非今度のシンポジウムで、そんなことを考える手がかりを、皆様方から教えていただきたいのです。

ただそういう問題を考えますときに、どうしても思い出さなければいけないことは、③のところに書いてございますが、「一揆・徒党は郷土の恥だ」という気持ちであります。つい最近、七月十日付(一九八八)の朝日新聞を見ておりましたら、富山県の「魚津の自

一五七〇年から一五八〇年まで、一一年間にわたる信長と本願寺・一向一揆の決戦。信長政権にとってもっとも危機的な戦争であり、これに勝ち政権を確立することができた。本願寺(顕如)は、浅井・朝倉・武田・毛利・上杉などの戦国大名や、延暦寺・足利義昭などと反信長の共同戦線を結んだ。その間三回講和を結んだが、伊勢長島一向一揆や越前一向一揆などが皆殺しにされ、有力大名も死んでいった。その結果、一五八〇年、天皇の仲介で講和し、石山を退去したが、信長軍団は加賀を攻め、金沢御堂を落とした。

然と文化を守る市民の会」というこのシンポジウムの母胎みたいな市民の組織が、米騒動[※12]発祥の地に記念碑を建てようと、募金運動を起こした。最初は立派な記念の石碑を建てるつもりでスタートしたのに、とうとうその十分の一しかお金が集まらないので、「米騒動発祥の地」という木の柱を建てることで、この運動を打ち切ることにした、という記事があり、その取材の記事が載っておりました。かつて戦時中に、軍隊に行くと、魚津者というのは米騒動を起こした土地の者だということで、白い目で見られ、地元ではいまでも、できればそのことには触れたくないという気持ちがたいへん強い。保守的な土地柄だから、これも止むをえないのか、とありました。

しかし保守的という言葉は、じつは金沢やよそでも、しばしば聞かれる言葉であります。わたくしは一昨年でしたか、群馬の夏の講演で上州は一揆の国だという話をしたことがあります。一揆というのは、大きな大名がドカンと居る国ではなく、群馬県のように大きな大名が育たなかった国で、上州一揆という一揆の横のつながり、戦国大名の国では失いかけていた地域の主体性や横の連帯、そうい

※12米騒動
一九一八年七～九月にわたって、全国的な規模で展開した米価騰貴を契機とする民衆の蜂起。富山県魚津町の漁民の妻女による県外移出米の積み込み拒否に端を発し、全国に波及、七〇万人以上が参加した。この事件で寺内内閣は総辞職、原敬の政党内閣に代わった。

うものが中世の最後まで息づいた国、そういうふうに群馬県を特徴づけることができるんじゃないか。そういう話をしましたら、その後で、「いいことを言ってくれた。われわれは上州一揆なんて言葉を聞くと、何か非常に恥ずかしい思いをしてきた。一揆っていうのは悪いもんだと、ずっとそういうふうに思い込んできた」という話を聞かされました。

おなじように一揆・徒党は郷土の恥だというような気持ちが、上州でも山城でも、加賀でもそうだということになりますと、そういう意識をもった加賀の人たちを、保守的だと決めつけるのは、少し早合点すぎる。むしろ「徒党は御法度」というのは、徳川幕府の基本法であり、近代になってもそうである。そういう国家の政策の影に消えていった一揆の記憶、一向一揆の伝統は、表面からは姿を消したけれども、どこかに生きているかもしれない。生きているからこそ、これだけの大勢の方を集めた市民シンポジウムを実現できた、とも言える。ですから表面だけみて、うちの連中は保守的だという見方は、すこし早手回しすぎるということを感じます。

さてそういう意味で、地元「考える会」の学習会の方々の関心のあり方を、会の中心になられた木越隆三さんの総括によってうかがいますと、一つは「百万石文化への疑問」。これはさっきの「百万石の影」ということだろうと思いますが、自治運動、地域の自治、市民としての反権力と自治という関心と言ってよろしいでしょうか。もう一つは、一揆の伝承あるいは蓮如さんのやられたことについて、いわば門徒として、信仰の伝統を探りたいというご関心かと思います。もし、反権力と自治、あるいは門徒として信仰の伝統を探りたいという、この二つの関心を合わせれば、文字どおり、これは現代における「市民一揆シンポジウム」ではないか。おそらくこの二つの関心で、一向一揆も成り立っていたのではないかと思うわけであります。

なお、後のレジュメのCの(1)から(5)まで、この会の皆さんが提起された問題を、わたくしなりに要約してあげておきましたが、この点は、会の総括が別にあるようですので、省かせていただきます。

2 「一向一揆観」をかえりみて

二つ目の「一向一揆観」をかえりみてというところへ移ります。自分の一向一揆観というものを、もう一度、加賀一揆の資料に即して、振り返ってみたいと思います。ご承知と思いますが、この加賀一揆の直接資料というのはたいへん少ない。よく知られているのは、ほとんどよそからの資料であって、当事者がわの資料が本当に少ない。その割にはわたくしなど大きいことを語ってきた、という反省があるわけです。

レジュメに1「戦国＝同時代の一向一揆観」として一〇ほどの資料をあげてありますが、それによって、どのような加賀一揆像をつくり上げることができるか、を検討してみたいのです。

まず(1)は、加賀一揆の起こる六年前、一四八二年（文明十四）に、真宗と激しい対立関係にあった比叡山の大衆（だいしゅ）たちが一向一揆批判をやった。それが(1)の渋谷（しるたに）の仏光寺[※13]という京都の寺に伝わった文書です。「つらつら本願寺一流の所行を見るに」ということで始まる文

※13 仏光寺
京都市下京区新開町に

章ですが、このなかで「本願寺一流の人々は正法をそしり、仏像や経巻を破壊し、神社や仏閣をうちこわし」それで「無仏の世界をつくろうとしている」。み仏がいないようなふるまいをしている。「この無仏の世界の張行は、前代未聞のことである」「あまつさえ近年加賀の為体（ていたらく）」、ここからが加賀の話になるわけですが、加賀国を「国務の重職を追いふせ、無主の国となし、土民のやから遵行（じゅんぎょう）をいたし」という。本願寺一流、とりわけ「土民」が主体となって無仏の世界、無主の国をつくろうとしている、こういう批難の言葉を浴びせています。これで、「土民」を中心として進行する加賀の状況を、比叡山のがわでいかに深刻に受け止めていたか、ということがじつによくわかります。

(2)の①の「百姓ノ持タル国ノヤウニ」というのは、真宗のがわでつくられた記録であります。ここでは、加賀に「百姓ノ持タル国」と言われる状況をつくり出したのは、「百姓中」のやったことだと明記してありまして、その終わりに「百姓ノウチツヨク成テ、近年ハ百姓ノ持タル国ノヤウニナリ行キ候」という、よく知られた言葉

ある真宗仏光寺派の本山。一三二〇年、荒木の了源によって山科に興正寺という名で開基。一三三〇年存覚らの助力により東山渋谷へ移り、仏光寺と改称。当時本願寺と対立していたが、一三代経豪は本願寺蓮如に帰属。一五八六年、秀吉の命により五条高倉の現在地に移転。

があるわけです。わたくしどもはよく「百姓ノ持タル国」などと、そこで切って読んでいるわけですが、「百姓ノ持タル国ノヤウニ」と言っている。この「ヤウニ」というのが実態として、どうだったのかというのが、シンポジウムの一つの主題にもなろうかと思います。わたくしもふくめて、「百姓ノ持タル国」ここで切って、「ノヤウニナリ行キ」というところは省略して、イメージをつくってきたのが妥当であったのか、「ノヤウニ」にどんなふくみがあるのか、検討の必要を感じます。

(2)の②・③は、ほとんど加賀一揆直後の京都のがわの観察でありますが、一揆衆二〇万人が富樫の城をとりまいて、守護を百姓中として殺した、ということが書いてございます。そのため、北野社[※14]の荘園があったのに、年貢も入らなくなった、というわけであります。それから④は奈良の大乗院[※15]の坊さんの書いたものですが、「一国の一揆は地下人ばかりの所行なり」、これが一揆が起きてから八年後ぐらいの加賀一揆についての観察です。

(4)「加賀の白山もえ候」これは熊本県の南の八代地方を支配して

※14北野社　京都市上京区馬喰町に鎮座。菅原道真を主祭神とする。一〇世紀に成立し、藤原氏・皇室の氏神となり国家的保護をうけた有力神社。平安時代いらい大量の荘園をもち、加賀国内にも、江沼郡富

いた相良氏[16]という小さな大名がおります。一五五五年（天文二十四）という年、長享の一揆からおよそ八〇年後、『相良氏法度』という掟書の三六条に、「一向宗之事いよいよ法度たるべく候、すでに加賀の白山もえ候事」というように明記されている。これは通常こう解釈されております。この一五五五年の前年に加賀の白山が噴火した。白山といえば、言うまでもなく信仰の山であります。その信仰の山が噴火したのは、加賀の一向宗支配にたいする神々の怒りなのだ、という。こういうようなことを九州の奥の方の大名がわざわざ書いているわけですから、これはある種の言いふらされた情報だったんじゃないかと思います。加賀の一向宗支配に白山の神様が怒った。長享一揆からちょうど八〇年後ぐらいに、そういう認識があった。どうもこれは吉田神道[17]あたりで言いふらした説ではないか、という疑いもありますけれども、おなじ戦国時代の生の加賀一揆観として、注目にあたいするものであります。

(6)は、ちょうど前田[18]の加賀入りの前に、三重県で長島一揆[19]、福井県で越前一揆[20]が起きた。そのときに、信長は根切り、あるいはなで

墓荘・福田荘など七カ所の社領があった。

※15大乗院
奈良興福寺の両門跡の一つ。両門跡である一条院と大乗院の両寺が交替で興福寺別当をつとめ、寺領・学侶・堂衆などの支配を双方が分けもっていた。戦国時代には越前河口荘などを支配した。二七代の尋尊は一四五六年に別当となり、「大乗院寺社雑事記」「大乗院日記目録」などの膨大な日記、年譜を残した。

※16相良（さがら）氏
遠江国の御家人だったが、一二〇五年以降肥後国人吉荘の地頭に任ぜられ在地領主として発展。戦国時代には、同国球磨・八代・葦北三郡を支配する大名となり、三回にわたり家法「相良氏法度」を制定した。

切りで、何千人殺したというようなことを書いています。わたくしは、それを丹念に計算してみたら、ちょうど長崎の原爆の被害者とおなじ数になるというような、おかしな比較をしたことがあります。そういうようなことがわたくしの一向一揆像をつくり上げる一つの土台になっていたわけであります。「呪いの文字瓦」に見える前田利家にたいする抵抗と虐殺もその一環、加賀一揆の命運の前触れとして考えられます。

それから(8)にまいりますが、ちょうどその当時、イエズス会[※21]という会に属しているポルトガルの宣教師たちが、日本にたくさん上陸をしますが、そのイエズス会の宣教師たちが、本国に日本の実情を伝えるための通信文をたくさん書いております。そこに、とにかく一向宗というのは、もっとも忌むべき、呪われるべき宗教の一つだ、よく法華・門徒と言いますけれども、日蓮宗と真宗というのは最大の敵である、ということをくりかえし書いている。それほどバイタリティーのある布教活動を日蓮宗と真宗はやっていた。したがって一番強い脅威を感じてか、いろんな悪態をついています。ある部分

※17吉田神道　京都・吉田神社の神主吉田兼倶（一四三五〜一五一一）が、反本地垂迹や神儒仏三道を神の中心に統合することを説いて確立。唯一神道とも呼ぶ。

※18前田の加賀入り　一五八三年、賤ケ岳合戦後、秀吉に降り柴田討滅に功労のあった能登国主前田利家は、北加賀二郡を秀吉より加増され、本拠を七尾小丸山城より金沢御堂のあった金沢城に移した。その月日は不明であるが六月十四日として、現在この日に百万石まつりがおこなわれている。

※19長島一揆　伊勢長島願証寺を中心とする一向宗徒による反信長の一揆闘争。一五七四年、皆殺しによって敗退。

は当たっているんじゃないかと思いますが、たとえば本願寺の法王は、日本の富の大部分をもっているとか、天国か地獄かは贈物次第だと書いています。じつはキリスト教も免罪符などを発行しているのですから、よそのことは言えないわけですけれども、ともかくそういうようなことが書いてある。彼らは西洋風に守護を国王、法主を法王といっていました。

そのなかに加賀一揆についての観察もふくまれており、宗徒が国王を放逐し、国を首長に贈ったという文章がございます。これは、とても意味のある文章だと思うんです。宗徒というのは、加賀門徒、国王というのは、富樫のことでしょうか。それから首長は本願寺、当時で言うと蓮如さんになるでしょうか。つまり、加賀を、「百姓ノ持タル国ノヤウニ」したのは本願寺の仕業だというふうに考えないで、地元の宗徒が一揆を起こして国王を追放し、ついで国を蓮如さんにプレゼントした、こういう地元重視の認識なのであります。こうした理解は、先の(1)や(2)の①~⑤とも一致しますから、けっして特異なものではなく、戦国社会に広く共通する加賀一揆観であっ

※20越前一揆　信長によって越前の戦国大名朝倉氏が滅ぼされた後、一五七三年、一向一揆が蜂起し、信長方守将を滅ぼし越前一国を支配した。しかし、石山本願寺から派遣された坊官と一揆農民が反目するなかで、一五七五年、信長によって潰滅させられた。

※21イエズス会　ゼズス会、耶蘇会ともいう。一五四〇年、スペインのザビエルらによって創設されたカトリックの男子修道会で、非キリスト教世界への布教を使命とした。ザビエルの渡日以来、日本布教を独占した。

たにちがいありません。

そのつぎに(9)のバテレン追放令[※22]であります。この一一カ条という のは、伊勢の神宮文庫[※23]に伝わったものですが、その六条と七条と八条の三カ条にわたって、一向宗あるいは本願寺をバテレン批判の引き合いに出して、一向宗は天下の障りということを言っています。六条の「幷びに加賀一国門徒に成し候て、国主の富樫を追い出し、一向宗の坊主のもとへ知行せしめ」という、この文脈はさっきのキリシタンとおなじであります。これが出ましたのは一五八七年（天正十五）で、長享一揆は一四八八年（長享二）ですから、秀吉が朱印状でこう書いたのは、ちょうど加賀一揆から百年後であります。

以上の(1)〜(9)によって、「百姓ノ持タル国」の百年のあいだを、当時の権力者や世間の人々がどんなふうに見ていたか、ということがわかるわけです。ここでわたくしがもっとも重視したいのは、戦国の社会をつうじて、この加賀一揆は本願寺の仕業だという印象がむしろ薄く、ほぼ一致して、地元の宗徒の主体性というものに重点をおいて加賀一揆をとらえている、という事実であります。

※22バテレン追放令
一五八七年六月に豊臣秀吉が発したキリスト教宣教師の追放令。キリスト教禁止の最初の法令。二種類あって十八日付のものにはキリスト教を一向一揆と同様に見なす文言がある。

※23神宮文庫
伊勢神宮の文庫。奈良時代の内宮文殿、鎌倉時代の外宮神庫を母胎に、江戸時代に、文書・書籍の収集整備がすすんだ。一九〇七年に一つに統合されて成立した。現在伊勢市神田久志本町にある。

なお、もう一つ、信長と本願寺が一五八〇年（天正八）に講和を結びます。そのときの講和の条件のなかに、加賀の江沼・能美二郡を本願寺に返付するという条件が入っていた、という事実も重要です。しかし教如[※24]さんの抵抗だとか、加賀でのさまざまな抵抗があったりして、この約束は反故になりますけれども、加賀の一部に本願寺支配を認めてもいいということが、信長がわの条件として公然と掲げられた。これもやはり見落してはならない同時代の一向一揆の性格で、「百姓ノ持タル国」というものの統一政権期の実態を考えるときに、入れておかなければいけない要素であります。

そのほかに、(5)の「戦国大名の一向宗禁制」ですが、織田とか豊臣だけではなく、戦国の長いあいだをつうじて、いろんな大名、たとえば北条は六〇年ぶりに一向宗禁制を解除して、戦争を優位にするために本願寺と講和を結ぶまで、禁教をしていますし、わたくしの郷里の長尾能景などは一向宗との闘いで戦死しているというようなことで、越後にも一向宗の強い禁制がある。徳川も三河の一揆を経験した。それから播磨の赤松とか、さっきの相良とか島津なども

※24教如
一五五八年生、一六一四年没。本願寺一二世。東本願寺の創設者。一一世顕如の長男で石山合戦を戦い、信長との講和をめぐって顕如と対立、石山開城、のち単独で籠城をつづけ、さらに北陸から飛驒方面に潜んで活動した。一五九二年法主となったが、翌年秀吉から隠退を命ぜられ、以来分派活動をおこない、一六〇二年、東本願寺を別立した。

そうであります。このようなことも、わたくしにとっては、戦国を一向一揆のがわからみるという歴史像をつくり上げるのに、重要な土台になったことを申し添えておきたいと思います。

そのつぎ2の「近代・現代のイメージから」に移りますが、(1)は現代の真宗のあり方からわたくしはどのような影響を受け、一向一揆観をつくり上げたかという問題であります。一つは、日本最大の教団ということです。これは人数的に言いますと、いまは創価学会の方が多い。しかし、寺院数にすればもちろんいまでも真宗教団が圧倒的に大きな教団であり、さらに被差別部落での真宗寺院が九〇パーセントを超える、といわれます。こうした事実は、現代からのわたくしの一向一揆観に、じつに大きな影響を与えてきました。また北陸では、今日でも真宗の寺院に一日何回も門徒の方がお参りになるという、郷里の越後のお寺ではみることができない光景を、しばしばわたくしは目の当りにし、これこそ真宗王国の実態、というイメージを強くもったわけであります。

それから春四月の蓮如忌に、京都の本山お東から吉崎にくりひろげられる「蓮如っさん」という大きなパレード、一昨年ですか、NHKでやっておりましたが、リヤカーにひかれた蓮如さんの御影が、行きは琵琶湖の西岸を吉崎に運ばれ、帰りは東岸を通って東本願寺に帰る、その道中で門徒衆のあつい礼拝を受けるという、いまに生きている大きな行事も、真宗王国ぶりを強く印象づけてくれました。

(2)は戦後の日本中世史の学界からの一揆観の影響についてです。戦後民主主義の時代に、主権在民を体現した一揆という関心が高まった。わたくしどもは、与えられた民主主義ではなくて、自前の民主主義の根っこを探り当てようというような気持ちがたいへん強く、一揆の研究に情熱を燃やしました。今日では管理社会とか、自民党三百何議席というようなことで、むしろ若い方々の研究は権力分析を主題とする方向に大きく変ってきておりますけれども、わたくしなどは敗戦のときが小学校六年生ですので、ずっと戦後民主主義のなかで勉強してきて、それが生き甲斐でもあった。そういうなかで一向一揆というのは、中世の農民たちの土一揆だ、と位置づけるような学界の見方がわたくしの一向一揆の土台だった。

だいたい以上申し上げたことが、わたくしの一向一揆像をつくり上げてきた主な情景であり、パターンであった、ということになります。

つぎに3で、以上のような一向一揆観の反省として、「「キンタローあめ」の自覚」などと書いてみました。ここにある歴史は、最初から直線的にずっとつながっているんだというふうに、つい思いがちであります。わたくしはこれを「キンタローあめ」史観と言うんです。たとえば北陸の真宗王国というのは、すでに蓮如さんのときにできて後世までずっとつながって、最初からおなじ顔をしていた、というふうにとらえてきた。文明・長享といわれる五〇〇年前の時期と、そのあとの元亀・天正という石山戦争期のフィーバーぶりとを一つにしてしまって、あの文明のころもそうだったという思い入れを、無意識のうちにもちこんできたという気がします。

そういう意味で、わたくし自身の反省として、いくつかあげてみたいと思います。一つは「血染の名号」、あるいは「血染の阿弥陀像」というのがございます。「血染の名号」というのは越中五箇山でしたか、道場の南無阿弥陀仏の名号に血痕が付着しているというものです。それから、愛知県知多郡の浄顕寺にあります「血染の阿弥陀像」は、阿弥陀像の表と裏にいっぱい門徒の名前が書いてあって、血判の跡がある。これらは一揆の高揚ぶりを示す素材としてよく使われますが、「血染の名号」というのは、成立があきらかでないのです。それから「血染の阿弥陀像」、これは笠原一男さんがすでに指摘されていますが、なかに書かれている人びとの居住地名は江戸時代の初めのものとみられ、秀吉が長浜に城をつくってからのちにできた町名が出ていることが、その何よりの証明です。

ところがわたくしの『織田・豊臣政権』という本のなかでも、じつはこの画像は、江戸時代初めにつくられたものだけれども、しかしここにびっしりと、表から裏まで血判をすえて門徒の名前を連ねるというのは、まさに一揆のフィーバーぶりをわたくしたちに如実に伝えてくれるというふうに、じつに巧妙な使い方をしてしまうわけです。これは「血染の名号」についても同じです。

それから石山参戦の旗とか遺品というのがございます。その伝承をもつ軍旗は一〇旗ちかくありますでしょうか。そういう聖遺物がずいぶんたくさんあるわけですが、残念ながら、まちがいなく中世のものだという証拠はないのです。このことは、真宗の大きなお寺の由緒類に、石山戦争のときに本山にこういう救援物資を送ったとか、これだけの人数を率いて祖先は闘ったと特筆大書されるということが、教団の歴史のなかでどういう意味があったか、ということの関連で解いていかなければいけないと思います。石山参戦の旗が嘘だというのではありませんが、やはり一つずつ確認をしていきたい。江戸時代につくられたんだろうけれど、それに相当するようなことはあったにちがいない、と「キンタローあめ」ふうにつないでしまうのはよくないことで、やはりこれからの研究のなかでは、もう少し冷静な態度と手順が必要ではないか、ということであります。

もう一つは、先にも申しましたように、根切り・なで切り・皆殺しにするんだと信長が言って、あっちで千、こっちで二千の首を切ったというふうに豪語しています。これを大体真に受けまして、わたくしなどは、真宗の組織というのは、やはり統一政権の組織とは根本から目指している社会がちがっていたんだ、であればこそ、根っ子から立ち枯れにさせなければ、自分たちの権力の大きな脅威になる、そう考えたんじゃないか、いつまでたっても和解できない、異質の二つの権力だったんじゃないか、という読み方をした。

戦国大名の戦争だと、たとえば朝倉義景が腹を切ればそれで戦争は終わりという、ピラミッド型の権力になっていた。高松城の水責めでも、清水宗治が老臣たち何人かと腹を切れば、あとは助けてやる。そういうのにたいして、一向一揆にたいしては、咲いている花だけ摘めばいいんじゃなく、根っ子から全部掘り返してしまう。そういうような闘いをやったんじゃないか、と読んできたわけです。

しかし、信長の手紙というのは、まだ天下統一してないわけですから、言うまでもなく戦果を誇示するのが目的で、まだ自分の恐ろしさを知らない大名にしきりに示威の手紙を書いた。そこに記された数字を全部足してみると四万人、長崎の原爆の犠牲とおなじというふうにわたくしは読んだ。歴史の研究者として、ふだんは厳密にクールに史料を読むけれども、一向一揆のことになると、こんなに犠牲がでたんだ、と読みたくなる傾向が強かったと思います。

　信長のなで切り策の見直しということですが、たとえば信長が越前で朝倉を滅ぼしたあと一揆が起きて、自分がとった国を本願寺門徒に奪われてしまうという衝撃を受けたわけですけれども、そのあとで、信長がとった政策は、転びという政策でした。真宗は真宗でいいけれども、ほかの派、たとえば高田派の門徒になれば許してやるという、キリシタンとおなじような転び政策です。それから秀吉の政策でも、一番最後の一五八五年（天正十三）、雑賀一揆の水責めのあとの戦後処理、これは棟梁のやつばら五〇人ほどの首を切ったが、そのほかの百姓たちは全部許してやる、という政策をとっております。

　このようなことに注目して、もうすでに早くから、信長の皆殺しや根切りも、必ずしも百姓門徒にまでは及ばなかった、侍門徒にかぎられたんじゃないか、という意見も出されております。この「根切り」の実態の追究は、一向一揆論の焦点の一つとして、まだこれからの仕事になると考えます。

最後に(4)ですが、前田支配というのは、一揆のあと、いったいどういう事態のもとで、加賀藩の確立に立ち至ったか、ということであります。井上先生はお若いころ、もっぱら、加賀藩の近世の農村政策のことをゼミでやられました。『改作所旧記』[※25]などを写真版で読む。その当時井上先生が考えておられたのは、いったい一向一揆のあと、加賀の農村支配はどうやって実現していったのか、そういうご関心でした。そういう意味で、近世の研究者の方からお教えいただいて、この一向一揆の伝統と加賀藩の成立とのかかわりをもう一ぺん見直していくのも、近世からの一向一揆論として大切な拠点になる、と期待されます。

※25『改作所旧記』 加賀藩初期藩政改革である改作法（一六五一～一六五六）施行を機に成立した農村統治の役所である改作所に関連した法令集。一六五八～一七二二年の十村（大庄屋）・農村あて法令などを収める。藩政中期改作奉行をつとめた農政家高沢忠順の編で「高沢録」ともいう。

3 「中世社会」論の一環として

最後の三の「中世社会論の一環として」に入らせていただきます。わたくしはここ五年くらい村の研究に熱中しております。村のことにずっとこだわって、そこから戦国時代を改めて見直してみたいというのが、わたくしの念願です。民衆一揆の発掘というのは、この会の皆さんの共通した念願でもあるわけですが、レジュメ(2)に、「自立した村」「連帯する村」と書きました。

中世の村というのはじつは、一つずつ孤立していたのではなく、たとえばAとBの村が山論、山争いをすると、まわりの村むらが入りくんで両方に加勢したり、あるいはそのあいだに仲介に入るというように、近隣のたくさんの村が問題の解決のために主体的に連携し合い、かなり大規模に動いています。また、たとえば、ある村で夜盗が逃げてしまうと、その犯人を探し求めるために、いくつもの村に回覧板をまわす。「牒送り」と言いますが、それでみんなが集まって入札する。村の数が一七カ村、六〇〇人も集まったなどという、一四世紀の大和の例もある。誰が犯人かを投票で決めるというやり方で、越後の一部では「地獄札」と言っています。誰が犯人かわからなくてもいい。その地域で一番鼻つまみになっている人間が当選する。まあ、あいつならやりそうなことだ、というような決着のつけ方ですが、それがときには個別の村を超えておこなわれる。

あるいは高札(たかふだ)で、犯人は誰でこういうことをやって逃げた、もし連れてきたら褒美をいくらやる、というようなことを公示すると、それを聞いたよその村から、その犯人をつかまえて連れてくる、ということもおこなわれていました。あるいは戦争や一揆に備えて、里の村から山の村にふだんから大事なものをあずけておく、というような例もずいぶん知られるようになっています。そういうようなことを考えますと、すくなくとも中世後期の村むらでは、いろんな村がかなり入りくんだかたちで、主体的にもめごとの解決に当っていたことになる。こういう事態を前提にして、広い範囲で一揆ができあがってくる社会的な基盤を改めて見きわめてみたい。一揆の問題を、このような村の幅広い多角的な連帯の土俵の上にのせてみたいのです。

そこで(1)にもどりますが、近年の中世史研究は、中世後期の社会全体が、色濃い一揆性を帯びていたことをあきらかにし、中世は一揆の時代だとまで言われるようになっています。こうした新しい一揆論・中世社会論をふまえて、一向一揆をとらえ直すという視点から、先にわたくしは「一向一揆論」[※26]を書きましたが、ここでは中世

※26「一向一揆論」

一揆の共通の指標をあげて、一向一揆の中世一揆としての原質に触れておきたいと思います。

一つは合議で、多分の儀というのは、成員の意思を多数決で決めるということです。大きな勢力をもっている人も、そうでない人も、成員はだれもが一人一票で、多数決で決める、相談し合って寄合で決めるということです。もう一つは、みんなで一つの目標にむかって共同の行動をしよう、一味同心ということです。それからもう一つは無縁の場、これは自分たち一揆の仲間を大事にして、よそに血縁関係や何かがあっても、外の縁を切って、自分たちだけのあいだで問題を解決していこう。これが一揆のもう一つの要素です。それから四番目は、その約束を誰か偉い人に監視してもらうんじゃなく、真宗門徒の場合ですと、阿弥陀もしくは開山[※27]に保証を求め委ねる。阿弥陀仏に誓う起請文の存在も知られています。これら四つの要素が、一揆というものの基本的な性格だと考えられます。「門徒ハミナ開山ノ門徒ナリ」とか、平座とか同朋とかいう言葉も示すように、門徒の組織にはこの性格がつらぬかれていたとみられますが、大名

藤木の論文。『講座日本歴史』4（一九八五年、東京大学出版会刊）に所収。本書一〇七頁以下。

※27開山　山を開いて寺を建てることを開山ということから、一寺を創建した人を開山という。さらに宗派の創立者を開山という。浄土真宗では、宗祖親鸞

権力などは、何とかしてこの一揆的な体質を克服、否定しようとしています。

組[※28]と講に触れる時間がなくなってしまいました。真宗や一向一揆の講について、かつてわたくしは、近世に入るまで、つまり中世社会では、村レベルの講というものを史料のうえでたしかめることができない、と書いたことがありますが、一方で、真宗にかぎらず、講というものが一般にかなり広く中世の社会に存在していることも、よく知られるようになっています。しかも、自分は村のために犠牲になってもいいが、自分の子どもは講に入れてほしい、お日待ち[※29]にも出してほしい、名字がほしい、こういうような条件をつけている例があります。そうしますと、講というのは誰でも入れる平等な組織だったということそれ自体、もう一度見直してみる必要がある。

このことに関して、このごろほとんど言われなくなりましたが、蓮如[※30]さんの言葉ということで、まず門徒にしたい者が三人いる、一人は坊主で、もう一人は長（乙名）で、あとは年老だ。これをつかまえると、ほかの人たちはみんな門徒になってくれる、という言葉

聖人を御開山とよぶ。親鸞聖人を御開山とよぶのは蓮如上人に始まったようである。

※28組と講
一向一揆の組織名。組は、中世の荘園・公領ぐらいの領域を単位に、その地方の国人・土豪門徒らを中心に形成された。一五世紀末の加賀で成立し、一六世紀に発達。文明・長享一揆段階では衆とか党と呼ばれる。講は、本願寺の事実上の創設者覚如の報恩講式に始まる真宗の宗教的講会。信仰の讃嘆と共に志納金上納という経済的性格をもち、本願寺や一向一揆の基礎構造となったといわれる。村単位のものや数カ村・郡の範囲のものもある。

※29お日待ち
日待講のこと。江戸時代に発達した民間信仰行

があります。改めて村を土台にして一揆あるいは真宗の組織の拡がりを考えていこうというときに、この言葉にもう一度こだわって、一向一揆を「村」から孤立させないで、とらえてみたいのです。

一番最後の(4)に移り、真宗の組織が社会の習俗を土台にして成り立っている側面にも、少し眼をむけておきたいと思います。たとえば①の真宗の教えでは、先祖を大事にする、家を大事にするということで、親不孝の戒めがくりかえし語られている。親の命日には必ずお寺に行って念仏をとなえる。本願寺の前上人夫妻の命日、それから開山の命日、その日にお勤めするのは一番大事な門徒の義務である。親不孝は法敵よりも重罪だ、と言われていることに注目したいのです。

②大桑さんは『寺檀の思想』[※31]で、結婚しても実家と寺が個人を離さなかった、お嫁に行っても自分のお嫁に行った先の宗旨になるんじゃなく、実家の宗旨と寺を引き継いでいく、江戸時代の初めにそういう例がたくさんみられること、激しい門徒の奪いあいが起きていることを、あきらかにされています。これも、社会習俗のなかの

事。特定の日の早朝より日の出を待つ宗教行事。

※30蓮如さんの言葉 蓮如の語録である『栄玄記』に出る。

※31『寺檀の思想』 教育社歴史新書のうちの一冊。一九七〇年刊。大桑斉著。

「家」のあり方をうかがわせる、じつに大切なご指摘だと思います。

つぎに③ですが、真宗のお祭りで、たとえば蓮如忌[※32]・親鸞忌（開山忌）というのはそれぞれに、四月の蓮如忌は泥落とし法要といって、ちょうど田植えの終わった時期であり、十一月の報恩講[※33]は収穫を終えた山の神の祭りと非常に安定したかたちで結びついた、とされているのも重要です。

それから「レンニョッサン」「キョウニョッサン」というような巡り行事というのも、祖先の霊魂が蓑笠を着て家に帰ってくるという考え方を非常に安定した土台にしている、と言われます。それはどこまでさかのぼれるのでしょうか。あるいは念仏をもって一切の病者を祈るというような嘆きの声も、むしろ布教がそういう社会の習俗に根ざしてスタートしていることを示しているわけです。そこからいわば雑行雑多なものを、切り捨て切り離していくという過程を、もう少し丹念に追ってみたいものです。

たいへんとびとびになり、ろくなお話もできませんでした。いま、一向一揆五〇〇年を記念して石川県内各地で展覧会がおこなわれ、

※32蓮如忌
蓮如の命日三月二十五日におこなわれる追悼法会。民間信仰との融合がおこなわれた例が多い。いまは吉崎御坊・二俣本泉寺などで四月二十五日におこなわれている。

※33報恩講（＝親鸞忌）
仏教各派において祖師の命日に法恩に報いるため催される仏事。浄土真宗では開祖親鸞の忌日である十一月二十八日を中心におこなわれる講会。本願寺・一般末寺の他、門徒の家でも勤められる。

数かずの真宗の名宝や一揆関係の資料も展示されています。しかし意外に地元のものが少ないんですね。井上先生が北陸一帯を丹念に歩き回って発掘され、著書で紹介されたような、数多くの素晴らしい真宗関係の資料等は、いま現地でいったいどうなっているのでしょうか。思えば三〇年も前のことですけれども、小さなお堂にいっぱいあった太子像、ああいうものにめぐりあえたら嬉しいことです。

これから先、地元の真宗や一向一揆の関係資料が会場を埋めつくす展覧会が実現できるように、真宗王国の現地から、埋もれた一向一揆の調査をすすめていただければ、一向一揆の研究を活性化する大きなエネルギーになると期待されます。一向一揆の伝承なども、越中にはいろいろあるけれども、加賀にはないと言われます。ほんとうにそうなのかどうか、ぜひたしかめていただきたいと思います。もっと豊かな一向一揆像を地元から、それが地元からの一向一揆論に寄せるわたくしの願いです。たいへん拙い話でしたが、これで終わりにさせていただきます。

［レジュメ］

はじめに

1　自己紹介。

①越後の山間、鍵取念仏（御詠歌、民俗文化財）のなかで育つ。

②井上鋭夫（加賀市大聖寺出身、元金沢大学教授）に従い、夏ごとに越後や北陸を、太子＝山の民を探るお供（先生三〇代のはじめから）。

③「文字瓦の発見」が一向一揆との出合い（越前、武生市で）。

此の書物、後世にご覧じられ、御物がたりあるべく候、……前田又左衛門尉殿、いき千人ばかり、いけどりさせられ候也、御せいばいは、はつつけ、かまにいられ、あぶられ候哉、如此候、一ふで書きとどめ候、

——［前田利家による越前一揆の虐殺」という強い先入観をもつ契機。

④先生の没後、〈門前の小僧〉として「山の民」「一揆虐殺」のイメージで、一向一揆を軸に中世末の時代像を描こうとする（『織田・豊臣政権』）。

＊織田信長政権一五年間のうち、じつに一一年にわたる石山戦争。

＊豊臣秀吉政権も石山（大坂城）を拠点としたうえ、一貫した本願寺対策（雑賀―天満―京六条―東西分裂）を展開。

＊侵略加担か、肥前名護屋城図屏風のど真ん中に本願寺（端坊以下の六坊）あり。

2　報告の趣旨――大桑さんからの宿題と注文。
①市民と研究者の対話・交流を実現したい、研究者よりは市民のために。
②「加賀一向一揆五〇〇年を考える会」の討論と問題提起（『一向一揆通信』『歴史手帖』など）を受け止めて。
――学習会の討論で出された課題は、難問ばかりだが、ここ数年、中世の村のナゾ解きに熱中している。その関心から、自分の一向一揆観を省みながら、明日の討論への素材を出してみたい。

一　「地元からの一向一揆論」への期待

――なぜ大桑氏に「地元からの一向一揆論」を提案したか。
1　一向一揆研究に占める、地元からの目の功績の大きさ。
井上「山の民」論・浅香年木「村堂」論の魅力――もし両氏がご健在なら……
――地元からの発想・土着のまなざし（教祖・教団論からの離陸）。
2　山城国一揆五〇〇年記念シンポジウムと地元（『山城国一揆』中津川氏・栗原氏）。
①国一揆を新たに掘り起こし学ぶことで、地域づくりの主人公としての自覚やエネルギーを手にしたい。
＊教科書にはあっても、自分の村の歴史に位置づいていなかった。
＊もういちど基本史料の読み直しからのスタートを。

②「一揆は徒党・騒動」という押しつけられた偏見の克服のために。
＊一揆にかぎらず、地域の歴史・文化への幅広い勉強のなかで。
＊研究者と地域住民の息の長いつきあいが不可欠。
③歴史教育（民衆の歴史への眼）をつうじて、次代を担う子どもたちに歴史や民衆の力への眼をひらかせたい。

3「百姓ノ持タル国」の市民（門徒）が、なぜ「百万石まつり」を祝うのか。

——「一向一揆勝利のシンボル高尾城を破壊から守れ」という、二〇余年前の井上発言の一環。だが地元の激しい反発にあう。しかし、井上発言の底流は浅香氏『百万石の光と影』・中西国夫氏「五〇〇年目の六月」等に息づいている。

〔A井上発言の背景〕
(1)一向一揆は〔土着〕の〔民衆〕の一揆で、前田利家＝〔統一権力〕は〔外来〕の征服者・抑圧者。
(2)〔加賀の前田化〕は一向一揆＝中世の土一揆（民衆の闘争）の終焉。
——日本中世史＝戦後歴史学のパラダイム・シフト。

〔B地元の反発の現実に学ぶ〕
この反発は「加賀は真宗王国」と聞く「よそ者」には意外なことであった。
(1)近世以後の「真宗王国」＝地元（門徒）にとって、一向一揆「百姓ノ持タル国」とはいったい何であったか。

(2)「石山参戦」は誇り、「一向一揆」は恥、と峻別されてきたのか。

(3)権力による抹殺の結果か、タブー視か。

①郷土の歴史意識・歴史教育における「一向一揆」像の昔は？　いまは？

②一向一揆伝承の偏差（金沢では消され、越中には多いという意味）。

③「一揆・徒党は郷土の恥」という意識は？（近世いらい、広く行きわたった一揆観の存在――一揆徒党の禁止は幕府いらいの権力の基本政策）。

＊「米騒動発祥の地」記念碑作り（魚津の自然と文化財を守る市民の会）に魚津市民の冷たい反応（募金は目標の一〇パーセント、ついに碑は木柱だけ）、かつて軍隊で魚津者は差別扱いされ、いまも地元ではタブー視、保守的な土地柄ゆえ、と報道（一九八八・七・十朝日）。

＊「上州は一揆の国」論に、群馬での反応もおなじ。

＊七尾の海にひるがえった「南無阿弥陀仏」の旗（火力発電所の設置反対運動）に、一向一揆の伝統をみる。

＊南山城の地元一般の意識もおなじ。一揆は徒党・騒動ではなく「一味同心することだ」と納得できたのは、やっと最近。そこから、南山城の小作争議に、山城国一揆の伝統をみる目も（中津川氏）。

(4)「百万石まつり」への視点（久留島氏の提言）――金沢人は殿様のイデオロギー操作に騙されたとか、金沢人は保守的だ、などと断定してよいか。

〔C地元＝学習会の課題意識と問題提起〕

――「加賀一向一揆五〇〇年を考える会」から（木越隆三氏の総括）。

＊会員（一〇〇人近く）の多様な関心と問題意識――市民として自治と反権力、門徒として信仰の伝統への関心。

①「百万石」文化への疑問――井上発言とも共通。

②地域の自治運動と一揆の伝統――山城国一揆の地元の関心と共通。

③一揆と信仰の伝承。

④蓮如の行実――「真宗王国」の地元意識、真宗の信者としての関心、この市民シンポジウムの特徴。

＊「五〇〇年」を機に、県内各地に記念事業の動きが多い（中西氏）。

(1)問題提起①　真宗の僧侶はどうして蓮如と一揆を切り離したがるのか。

蓮如の一揆指導は絶無か、止むを得ない汚点か、納得できない。

――〔門徒がわからみた護法一揆（宗教戦争）への共感の視点〕。

＊この立場（教団の立場）はいつ、どのようにして成立したか。

＊切り離し論は、一揆＝徒党観への迎合と根はおなじか。

＊寺伝などで「石山参戦の伝承」の強調される事情との整合性はどうか。

＊ほかに、鈴木良一氏「別物論」あり。

「本願寺と一向一揆とは明らかに別物である。しかも一向宗徒はなぜ本願寺に従ったのか……農民として生きるためには、本願寺にたよらざるをえない事情があったのではなかろうか」（「戦国の争乱」『岩波講座』一九六二）。

(2)問題提起②　長享一揆の蜂起主体（門徒）を検証したい。

――〔門徒一揆・民衆一揆への視点〕。

＊蓮如・三ケ寺の関与と指導的役割（井上説）を重視する。

＊蓮如の戒め（守護地頭に粗略なく、年貢公事の過怠なく）の反対解釈。

それは領主層への門徒の闘いを反映。

＊将軍の「破門」要請を、蓮如が拒否した事実――叱るが破門せず。

＊蓮如の制止、加賀一向衆の無視と対立（神田説）に注目。

(3)問題提起③　山城一揆との違いはなにか――加賀一揆の固有の特徴への視点。

＊一揆の持続期間の長さ、一揆後に「真宗王国」が現出したこと。

(4)問題提起④　蓮如の布教で本願寺一色の「真宗王国」が一挙に実現した、というのはフィクション。

――〔真宗王国を歴史的プロセスとして検証する視点〕キンタローあめ批判。

＊「蓮如教学の確立は近世」（大桑斉氏）。

＊一揆一〇〇年の宗教状況（例、禅宗との共存の事実、高田実氏）。

(5)問題提起⑤　「百姓ノ持タル国」は加賀藩の形成をどう規定したか。

――〔近世藩政史のがわから一向一揆の達成や遺産を検証する視点〕。

＊加賀藩成立の意義は、一揆にたいする深い理解なしにあきらかになしえない。
＊権力による一揆への報復の歴史（天正十・信濃、慶長五・越後など）。

二 「一向一揆観」をかえりみて

1 戦国＝同時代の一向一揆観――その厳密な点検が必要。

(1)「無仏の世界・無主の国」――山門大衆の牒状（文明十四年八月）。

つらつら本願寺一流の所行を見るに、正法を誹り、仏像・経巻を破滅し、神社・仏閣を顚倒し、無仏の世界の張行、前代未聞の濫吹なり、剰え近年、加州の為体、国務の重職を追伏せ、無主の国となし、土民の族遵行を致し、武将・守護職同輩の所存を挿むの条、下剋上の基、日月を泥土に落とす道理、眼前たるべき者か（仏光寺文書、読下し）

(2)「百姓ノ持タル国ノヤウニ」――「ヤウニ」に注意。

――『実悟記拾遺』（真宗僧先啓の編、蓮如の十男『実悟記』の拾遺）。

①百姓中合戦シ、利運ニシテ二郎政親ヲ討取テ、安高ヲ守護トシテヨリ、百姓トリ立テ富樫ニテ候アヒダ、百姓ノウチツヨク成テ、近年ハ百姓ノ持タル国ノヤウニナリ行キ候コトニテ候

(百姓ト申ハ、御門徒衆・坊主衆)。

②一揆衆二〇万人、富樫城を取巻く（『蔭凉軒日録』長享二・六・二十五）。

③「守護を百姓中として生涯」（『北野社家日記』明応二・四・十一）。

加賀国、正体なく候、結句、近年、守護を百姓中として、上意に背き生涯……雑意に任せ

……一銭も社納する能はず（五年後）。

④「一国の一揆」（『大乗院寺社雑事記』明応五・九・十六）。

一国之一揆は地下人ばかりの所行なり、諸宗の寺々も、侍分もこれあり。

(3)「主を持たじ」——戦国初期、真宗僧の百姓観。

諸国ノ百姓ミナ主ヲ持タジ〳〵トスルモノ多クアリ、……百姓ハ王孫ノ故ナレバナリ、……侍モノノフハ、百姓ヲバサゲシムルゾ（『本福寺跡書』）。

(4)「加賀の白山もえ候」。

一向宗之事、いよ〳〵法度たるべく候、すでに加賀の白山もえ候事、説々顕然候事（天文二十四、「相良氏法度」三六条）——白山の噴火（天文二十三）は、加賀の一向宗支配にたいする白山の神の怒りだ。

(5)戦国諸大名の一向宗禁制（北条・上杉・徳川・赤松・相良・島津）。

(6)長島一揆・越前一揆の抵抗と「根切」「撫切」。

「呪いの文字瓦」前田利家への抵抗と虐殺——加賀一揆の命運の前触れ。

(7)石山合戦、参戦の檄文、長期戦と広い裾野——統一政権との激突。

石山参戦の伝承——遺物・檄文・由緒・記念行事の広い伝存。

(8)キリシタンの敵対意識（イエズス会士の通信）——もっとも忌むべき呪われるべき宗教の一つ。

＊首長は生ける阿弥陀「生き仏」。

＊首長は日本の富の大部分の所有者。
＊天国か地獄かは贈物次第。
＊宗徒が国王を放逐し国を首長に贈った。
＊戦えば充分な免罪を保証、と檄文に明記――免罪が闘いの原動力。

(9)バテレン追放令（一一カ条、神宮文庫蔵）に「一向宗は天下のさわり」と、くりかえし強調（六・七・八条、天正十五）。

＊一向宗、其の国郡に寺内を立て、給人へ年貢を成さず、并びに加賀国一国門徒に成し候て、国主の富樫を追い出し、一向宗の坊主（の）もとへ知行せしめ、其上、越前迄取り候て、天下のさわりに成り候義、其の隠れ無く候事（六条）。

＊大名、其の家中の者共、伴天連門徒に押付け成し候事は、本願寺門徒の寺内を立てしより、太だ不可然候間、天下のさわりに成るべく候（八条）。

――なお、五カ条（バテレン追放令、松浦文書）にはなし。

――ほぼ一〇〇年後の一向一揆観は、どれも一揆宗徒の主体性を重視しており、「本願寺のしわざ」という見方は薄く、本寺（中央）よりは門徒（地方）からの動向だ、というのが都での一般的な見方。

(10)石山の勅命講和も、当初は加賀二郡（＝加賀一揆の拠点）の領有の保障を条件とした事実は重要。教如・加賀一向衆の抵抗を理由に破棄。

2　近代・現代のイメージから。

(1)現代の真宗のイメージ。
＊真宗王国としての北陸。
＊日本最大の教団（寺院数）。
＊被差別部落での真宗寺院の比重の高さ。
＊「蓮如さん」の行事（松崎憲三『巡りのフォークロア』）。
(2)戦後の日本中世史学界の一揆理解のモデル＝通説から。
＊〈荘家の一揆→徳政一揆→国一揆→一向一揆〉という発展図式。
＊一向一揆は土一揆のピークで、中世一揆の発展の最高の形態という一揆観。

3 「キンタローあめ」の自覚、そして課題。
――越後に「上杉謙信＝郷土の英雄」観が拡がるのは、NHK大河ドラマ「天と地と」以後。

――「作られた歴史意識」か「抹殺された歴史意識」の復活か。
(1)「百姓ノ持タル国」の語（全一向一揆の心象の原点）の肥大化の反省を。
(2)文明・長享期と元亀・天正期の混合からの脱却を。
＊天正期のイメージで、長享の「百姓ノ持タル国」を語る傾向。
＊加賀一揆～石山合戦の全体を一かたまりの「一向一揆」とみなす傾向。
(3)情況証拠の冷静な再検討が不可欠。
＊血染めの名号・血染めの阿弥陀像・一揆の軍旗軍配・文字瓦等の史料批判。

＊根切・撫切〈信長の書状・信長公記〉は戦果の誇示か史実か〈転び策をみよ〉。
(4)近世の「真宗王国」と中世の「本願寺領国」の重ね合わせ。
＊「蓮如教学の確立は近世」という指摘（大桑斉氏）の意義。
＊蓮如の布教で本願寺一色の「真宗王国」が一挙に実現したわけでない。
(5)寺院由緒の「石山参戦の伝承」特筆と、「百姓ノ持タル国」像の希薄。
——勅命講和後・近世前期の真宗教団史の具体化、どうすればよいか。

三　中世社会論の一環として

——「一揆としての共通性」と「一向一揆たる所以」と。
＊「一揆と真宗を結びつける論理（回路）は何か」という問いにどう応えるか。
＊民衆一揆の発掘を〈自力＝自立した村、合力・クミ＝連帯する村〉の視座から。
——非日常的な一揆蜂起を、日常的な土台からあきらかに。

1　一揆としての共通基盤——一揆それ自体が権力である（中世一揆論の成果）。
(1)一揆の指標（組織と行動の原理）＝一向一揆の原質。
①合議（多分の儀）——郡組寄合、組連判。
②共同行動（一味同心）——法儀の志、一流ノ儀。
③無縁の場（血縁・地縁・主従によらず）——衆中。
④仏神の保障（起請文）——「門徒ハミナ開山ノ門徒ナリ」（現実の権力による庇護を排し、

開山のもとで連帯する)。

(2)「自立・連帯する村」の特質をふまえて——「村」から「一揆」へ。

＊戦いによってのみ守られる自立性や権利——山野の用益も損免も、自力によってのみ実現される。村の「当知行」＝「ナワバリ」の視点。

＊中世「村請」＝村の能力の視座から。

「長享一向一揆は在地に何をもたらしたか」「門徒百姓は利用されただけか」「門徒百姓は、一〇〇年間損ばかりしていたのか」。

——武家ヲ地頭ニシテ、手ゴハキ仕置ニアハンヨリハ、一向坊主ヲ領主ニシテ、我マ、ヲイヒテ、アヒシラハン事、土民ノ為ニハ、一段ヨキ国守ナリ。

2 組と講——中世社会論の機軸として。

(1)郡について——国・郡のワク組み、地域的な一揆体・郡権力の広範な検証。

(2)組について「土民」＝一揆民衆の検証は、「村」と「クミ」、「クミノ郷」＝複数のムラの共同(ムラ連合)の検証を土台に。

＊軍事・相論・検断・水利・隠物・市場・金融・祭祀・墓地・調停など、多面的な村の共同＝地域連帯、庄域・領域を超えた結合。

——「地域の枠に依存しない、信仰の一致による結束なしに、一揆組織の形成はありえなかった」(神田千里「長享二年の加賀一揆について」)。

(3)講について——「座」は地縁的・階層的、「講」は目的的・同朋的というのは、社会学的・

一般的な理解だが、非歴史的・観念的な説明ではないか。

①真宗の「村講」(村レベルの講)は戦国に検証できるか。

＊懇志請取状の充所の変化――「村」(戦国)から「講」(近世)へ。

②[講]の階層性。

＊村の補償にみる講――「筋目なき者」の身分的排除。

＊村の惣堂にみる講――座と講はしばしば表裏一体、複数のムラ講の共生、村鎮守の座との共生。

――先ず門徒になしたき者＝坊主・オトナ・トシヨリ(蓮如の言葉)の再評価が必要。

(4)宗門の組織原理と社会の習俗――「聖人ハ雑行ヲエラビタマフ」。

①門徒の出仕の体系――先祖供養＝「家」の習俗との習合。

――自身の報恩→両親の命日→先上人夫婦の命日→開山の命日。

「親不孝」の戒め(親不孝は法敵よりも重罪『栄玄記』)。

②家＝同族団＝系譜関係による広がり。

＊御門徒ノ親類・兄弟・従兄弟・ハツコノ縁々ヲモテコソハ、仏法弘マルベケレ(『本福寺跡書』二二三頁)。

＊家の門徒相論の法、だれの勧めによる門徒か、夫の家か妻の家か。

「女房がたの坊主」と「夫の坊主」の峻別。

――女系の家＝同族団による、坊主＝門流関係の継承の現実。

家単位で門徒の掌握をめざす法（長松寺本「九十箇条制法」）。

＊嫁・婿の実家の寺との関係は、子や孫にも継承された（一七世紀中ごろの能登、『旦那取決め覚書』一三箇条）「制法」との共通性。

——婚姻によっても、実家という家が、個人を離さなかった（大桑）。

③真宗の祭り・行事——農事暦・家との習合。

＊蓮如忌（四月、泥落とし法度）——サナブリの祝い。

＊親鸞忌（十一月、報恩講）——山の神祭り。

＊二季の彼岸会（二月・八月）——諸宗派に一般的。

＊レンニョッサン・キョウニョッサン——「お廻り」＝巡回講。

蓑・笠・杖姿の遊行仏＝祖霊巡行＝マレビト＝「来訪神」信仰の投影か、宗主の北国遍歴の史実の祭化（松崎憲三著『巡りのフォークロア』）。

④「ナモ・ワ・ミダ」から「門徒ハミナ開山ノ門徒ナリ」へ。

門徒組織を、開山＝仏（現実には宗主＝「生き仏」）を最高の保証者とする一揆統合へ。

おわりに——「地元からの一向一揆論」これからの課題

⑴この「長享一揆五〇〇年」を出発点として、一向一揆の研究の「成果と課題」を、「真宗王国」の現地に則して（もどして）検証・発見する、息の長い取り組みを——「研究全体の深まりと活性化」の重要なカギ。

①一揆の記憶と伝承の掘り起こし。
②一揆一〇〇年の宗教事情——戦国から近世初期の諸宗派や寺院の分布状況を探る。
③戦国の本願寺領国と村の実像の追究を——浅香氏「村堂」論の視点に学ぶ。
④近世からの目——大桑氏『寺檀の思想』の視角を。

＊「百姓ノ持タル国」から「加賀百万石」へ、その移行過程の実情の追究。
＊「百姓ノ持タル国」から「真宗王国」へ、その成立事情との突き合わせ。

(2)「雲をつかむ」ような展望……。

＊「弥陀一仏」に帰依し「他力を本願」とする宗派＝「本願寺教団」が、中世をつうじて成立してくる過程と、中世をつうじて進行する「自力の抑制」＝喧嘩両成敗法の展開を受けて、惣無事（豊臣の平和）＝統一政権に帰結する過程。
＊「門徒ハミナ開山ノ門徒ナリ」と「百姓はみな公儀の御百姓」との類似。
——中世をつうじて並行して進行した社会事象として、本格的に検討を。

〔『加賀一向一揆五〇〇年』能登印刷出版部、一九八九年、収載〕

二　一向一揆論

1　関心と視角

中世は一揆の時代であり、戦国期はその最後の段階である。これは中世一揆論の高まりがあきらかにした、最新の中世社会像であるが、一向一揆はこの一揆の時代に、とりわけ戦国社会のなかにどのような位置を占めるのであろうか。それがこの章の関心である。

中世史の各分野の研究のなかでも、一向一揆論の蓄積の厚さはきわだっているが、宗教のヴェールに隔てられて近寄りがたい聖域の観を呈し、戦国社会論との接点はなお定かではない。たとえば「本願寺の支配とは、宗教的・歴史的特異性に規定された、あくまで本願寺的性格の支配としかいいようのないもの」（金龍静「加賀一向一揆の構造」）という結論に接して、途方に暮れる思いがするのはわたくしだけであろうか。しかし、いま一向一揆論の動向は、戦国の諸一揆との関連を追究しつつ、この閉塞の状況をのりこえることをめざす惣国一揆論と、本願寺ぬきの一向一揆研究の克服をめざす本願寺権力論との二つの極に分かれて活性化の兆しをみせ、後者の成果はとくに顕著である。そこで、この章では、一揆の法と宗主の法の対立という、戦国大名論と共通する視角を設定することによって、この二つの極の成果を集約し、一向一揆論と戦国社会論を結ぶ道を探ってみることにしたい。

たとえば、いま、本願寺権力と一向一揆の歴史的性格については、その拠点たる加賀支配の基礎をなす、「郡」が一揆として検断権・下地遵行権などを行使している事実をめぐって、守護公権との関係の有無を分岐点として、評価は分かれているが（神田千里「加賀一向一揆の発生」）、右の視角からみるとき、両説ともに、一揆が独自の法をもち検断権を行使しそれ自体として権力であることを系統的にあきらかにした、中世一揆研究の水準（石母田正『中世政治社会思想(上)』解説）にたって、見直される必要のあることに気づく。一揆の時代に、一向一揆のうえに独自の支配体系を打ち立てた法王国というのは、いかにして存立しえたのであろうか。追究の対象は、とくに研究成果のゆたかな一六世紀中ごろの加賀におこう。出典は断らないかぎり本願寺証如の「天文日記」である。

2　一向一揆の原質

一揆の法

一向一揆が一揆体であるとすれば、その核心にはいったいどのような一揆らしい特徴が備わっていたか。また、そのうえに立つ本願寺の宗主権というのは、いったいどのようにして形成されてくるのか。まず、一向衆（坊主・門徒）結合の原質といえるような特徴を、初期一向衆の掟についてたしかめておこう。初期の掟の典型として知られる一連の制法のうち、たとえば鎌倉期の「二十一箇条」（「専修念仏帳文日記」）は「此の制法を用ひざらん輩においては、宜しく衆徒の僉議を経て、衆中を停放せらるべき者也」と明記し、「了智定書」も「モシコノ置文ヲソムカントモガラニオキテハ、ハヤク衆中ヲ停廃セム」といい、「ワタクシニ弟子同行ヲ勘当スベカラズ、咎アラムニオキテハ、門徒ノ僉議ヲヘテ、ソノオモムキニシタガフテ、罪科現在タラバ勘当スベシ」としている。南北朝期のものといわれる仏光寺派の「一流相承系図」（「絵系図」）に、「カタク門徒ノ衆議ヲマモリ、一流ノ儀ヲソムクベカラズ」とか、「惣ノナカニナゲカントキ、評議ヲクハヘテ、ソノユルサレアルベキ」などとあるのもおなじことで、いずれも一向衆の法の本来的な性格をよく示している。

すなわち、(1)初期の一向衆の組織は、衆中・惣として、衆徒の僉議・門徒の僉議・衆議・評議という門徒衆中の合議制、つまり一揆的な意志決定の方式を成立させていた。(2)衆中はその内部における紛争解決に関する裁判権をもち、当事者の主張を聴き審理をつくして裁定すべきものとされた。(3)門徒の違法行為にたいしては、停放・停廃・勘当という、衆中＝一揆からの排除ないし追放の原則、すなわち衆中成敗権を定立していた。(4)衆中の集団的な僉議は、坊主の破門権をも私的なものとして制約する、公的な地位を占めた。(5)邪義とか師の説に背くなど信仰上の違反にたいしては、「ツタウルトコロノ聖教・本尊ヲ悔還シテ、早衆中ヲ停廃スベシ」（「了智定書」、なお「二十一箇条」も所伝の聖教の悔還を明記）というように、下付された聖教や本尊の没収という、門徒身分を剥奪する宗教的な処分を、一揆的な追放処分とともに備えていた。

このような初期一向衆の法の性格は、戦国期の本願寺宗主権の形成を規定した。一四七三年（文明五）の宗主蓮如の「定」（「十一箇条制法」）は「此の制法の儀に背くにおいては、堅く衆中を退出すべき者也」と明記しており、蓮如の法も基本的には衆中＝一揆の法として成立していた。「報恩講中ニヲヒテ、衆中トシテサダメヲクトコロノ義、ヒトツトシテ違変アルベカラズ、コノ衆中ニヲヒテ万一相違セシムル子細コレアラバ、ナガキ世、開山聖人ノ御門徒タルベカラザルモノナリ」という一四八三年（文明十五）の「蓮如御文」も、蓮如がもともと衆中の法の保障者として一向衆の上にのぞんでいたことをよく示している。戦国の成立といわれる「九十箇条制法」も制裁規定として、まず「モシ制法ヲソムカントモガラニヲヒテハ、ナガク衆中ヲ擯出スベシ」といい、さらに「スコシモコレヲソムクトモガラハ、当流上人ノ御門徒タルベカラザルモノナリ」というように、「衆中」からの擯出つまり追放規定（一揆の法）と宗主の宗教的な破門規定（宗門の法）とをあわせて掲げている。

このような事情からみて、一般に本願寺宗主権の核心とされる破門権とは、一揆・宗門からの追放と排除という、一向衆の法がもともと備えていた二重の制裁を取りこむかたちで成立してきたものといえるであろう。本願寺破門権の村八分的な苛酷さはじつにここに根ざしていた。破門された者は在地での日常の生活からも排除され、「里々ヲ厳シク相触れ「村々へ節々ノ使ヲ立テ、責メ」るという追及監察の手は、堕地獄の脅迫を伴って、近隣の門徒ばかりか「他宗・世間マデモ御手ガ届ケバ払ワセラル」という広がりをもち、一族ともに身一つで離散し「路地・海道・堀・セ、ナゲニ倒レ死ヌ」よりほかはなかったという（「本福寺跡書」）。ここに描かれる破門の実体は、本願寺宗主権に固有の特異性というよりは、むしろ中世の惣村や一揆や他宗の法に広くみられる追放刑の一般的な特徴というべきものであり、本願寺の破門権がじつはこの在地の共同体慣行に依拠して成立していることを示唆する。一向衆の一揆的な原質はここにあった。

門徒ハミナ開山ノ門徒ナリ

では、このような「衆中」から自立するために、本願寺はどのようにその独自の門徒支配の原則を示しえたのであろうか。「九十箇条制法」は、本願寺が門徒の帰属をめぐる坊主相互間の「門徒アラソヒ」にたいし、一方に「門徒ヲ御アヅケ候」、他方には「末代御門徒ヲハナサレ候」という裁断を下した例を掲げている。「門徒ヲアヅケ」るとは、門徒は本願寺宗主から坊主（寺）に預けられたものであることを、「門徒ヲハナス」とは、本願寺の掟に従わない門徒・坊主は宗主によって破門されるべきものであることを意味していた。

このとき本願寺はその介入と裁断の根拠として「門徒ハミナ開山ノ門徒ナリ」という立場を、宗主の「御定」として提示していた。それは、すべての門徒（百姓）は開山親鸞の門徒（公儀の百姓）であり個々の坊主（領主）のものではない、という。本願寺宗主（統一政権）の門徒（農民）支配の理念を表明したものであった。カッコ内は、この理念が、あたかもおなじ時期に戦国大名によってうち出され、のち統一政権の農民支配原則となる「公儀の御百姓」論といかによく対比されうるかを示している。「ナガキ世、開山聖人ノ御門徒タルベカラザルモノナリ」という蓮如制法の意味はまさにここにあった。

このような理念がうち出されてくる背後には、固有の坊主・門徒関係と、それに由来する紛争が横たわっていた。問題は、この段階の宗教組織が、まだ宗派という広がりをもたず、門流つまり特定の人物の下に結集する個々の人的集団というかたちをとって存在していたことに根ざしていた（金龍静「中世の宗教と一揆」）。門徒関係は坊主が「ワガクチヨリ弥陀ヲタノマセ」ることによって成立したが、その現実は、タノミ・カクマヒ・奉公・牢人・帰参と表現されたり（「九十箇条制法」）、「念仏スル同行（門徒）、知識（坊主）ニアヒシタカハスンハ、ソノ罰ヲカウフルヘキヨシノ起請文ヲカ、シメテ、数箇条ノ篇目ヲ立テ、、連署ト号スル」（「改邪鈔」）とか、坊主に忠節といわれるような、世俗の主従制的・人格的な従属関係とよく似た一面をもち、門徒は「ちから同朋」「われらが散在の小門徒」つまり坊主の私的な物権とみなされる傾向が強かった（北西弘『一向一揆の研究』）。「コレラノ次第、末代ニオヒテ、国々在々所々ニオホカルベシ」（「九十箇条制法」）といわれたように、坊主・門流相互のあいだでの門徒の帰属をめぐる対立の激化が、本願寺宗主の在地介入を可能にし、その勢力をふかく浸透させる、大きな背景をなしていた。

この状況のなかで、「門徒ハミナ開山ノ門徒ナリ」という理念の本願寺による提示は、対立する門流を解体・吸収し、本願寺の下で門末はすべて同朋・同行として同列とみなすという、集権性をもった単一的な組織体を理念とする宗派が登場したことを意味していた。とくに「開山」の門徒と説かれるのは重要である。それは本願寺宗主がその地位の正当性の根拠を親鸞からの血脈相承におき、諸門流にたいする優位性を、親鸞の墓所留守職の世襲に求めたこと、と深くかかわっていた（金龍静「中世の宗教と一揆」）。

本願寺の収取体制と開山忌

この「門徒ハミナ開山ノ門徒ナリ」の理念は、門徒にたいする開山聖人＝親鸞の絵像の下付や親鸞の命日（十一月二十八日）＝報恩講を宗派の仏事の中心に位置づけること、などをつうじて具体化され、とくに本願寺の収取体制を支える論理として組みあげられていく。

在地において門徒が寺に奉仕する仕組みは、「一月ニ五度ホド出仕」することを基本として成立していた。五度というのは、(1)開山聖人ノ御命日、(2)先上人ノ御命日、(3)父ノ日、(4)母ノ日、(5)ワガ身ノ信心のため、というもので、出仕とは「親ノ命日ニ御鉢ヲソナヘタテマツル」という、寺への物質的な報恩の奉仕を意味した。つまり奉仕の仕組みはたんに自身の報恩にとどまらず、親の命日—先上人の命日—開山の命日という、家の体系を軸とし開山を頂点において編成されていたのである（「九十箇条制法」）。蓮如が他門他宗にたいして当流を「わが宗(家)」と呼び(「蓮如御文」)、「仏法の家に奉公」(「実悟旧記」)という家意識がもちだされ、「親に不孝なるものと邪義を申もの」は「武士の法敵よりもなお重罪」(「栄玄記」)とされるなど、親不孝の戒めという家の倫理が教説の中核に位置づけられるのも、この出仕の体系の展開と不可分の関係をもっていた。

本願寺の仏事と収取体制はこの基礎のうえに成立していた。蓮如の代には、仏事の中心は月ごとの十八日と二十八日の仏事で、それは父存如(ぞんにょ)と母の命日にあたっていた。つぎの実如の代には、三月二十五日と十二月五日が「両親御正忌」で、毎月のその日と正忌日には仏事がおこなわれる定めであった(「本願寺作法之次第」)。「九十箇条制法」が門徒にたいして、親の命日に寺へ出仕すべしと説くのは、宗主の親の命日と開山の命日への出仕を媒介として、本願寺という「わが家」=「仏法の家」に門徒を編成していくための起点をなすものであった。地方寺院の下の門徒団は小地域単位で、ときの宗主の父母の命日に催される念仏講や斎などの番役や費用をになうかたちで編成され、中心になる大寺院を上にもたない地域の門徒衆は、斎の役を勤めるための講を結んでいた、とされるのはこれである(早島有毅「戦国期本願寺における「頭」考」、金龍静「中世の宗教と一揆」)。

とくに報恩講は、すでに蓮如期には毎年の儀・例年の旧儀・昔年よりの流例と呼ばれて、本寺における一七日(ひとなぬか)(二十二〜二十八日)の念仏勤行の仏事として定例化され、末端の門徒もそれぞれに御寄(およ)り・御取り越しの営みをつうじて報恩講に参加すべきものとされた。「聖人の御忌の本懐」は、この「七昼夜の内において、各々に改悔の心」をおこすこと、すなわち「廻心」の機とすることにあると強調された。教説の核心は、門徒はこの機にこそ廻心をとげ、開山への報恩謝徳の懇志を本願寺に運上すべしという点にあった。報恩講は「廻心」＝「報恩」の機として、懇志・志納の納入と不可分のものとして位置づけられていたのであった。「いかなる遠国のものまでも、此志をはこばぬ人はなき」ことが門徒の義務であり、懇志の運上を果たさぬ者は「木石にひとしからんもの」と非難された。「報恩講の志」つまり開山の門徒による開山の命日への捧げものは、「親ノ命日ニ御鉢ヲソナヘタテマツル」という、個々の寺への門徒の奉仕の関係の拡大にほかならなかった。

本願寺は報恩講を廻心（信仰）・懇志（経済）の機として統一することによって、本願寺教団の財政の根幹たる門徒志納の体系を理論的に基礎づけることに成功した。たとえば蓮如の出した懇志の請取状群（概算二一通）をみると、その発行日付は月別には十一月（一七通）に日別には二十八日（一二通、うち十一月二十八日が九通）に集中しており、十一月でも二十八日でもない請取状はわずか一通にすぎない。二十八日は開山の命日であり、十一月はその祥月（御正忌・報恩講）にあたっている。つまり蓮如の懇志請取状はほとんどが開山命日ないし報恩講当日づけで出されていることになる。それらの懇志の名目としては、「報恩講中志とて千疋」というように記されたものが五通あり、懇志と報恩講との一体性をよくうかがわせる（泊清尚「本願寺懇志請取状の成立と展開」）。

さらに、請け取りが報恩講の時期に集中しながらも、毎年約束物（代物・銭・分）とか毎度の志というだけで、その名目を特記しないものがむしろ多く、ときには年貢の分に五千疋・報恩講の志に千疋というように年貢と懇志とが区別されている、という事実がある。これは、遠国の場合、年ごとに定例・定額化した門徒の志納が、代銭納のかたちで、報恩講の時期に報恩講の志と一括して、本願寺に納められていることを示しており、この傾向はしだいに一般化するにいたる（『本願寺史』）。報恩講を機とする廻心＝報謝の懇志は門徒の諸負担をも包みこみ、すべての懇志は開山＝阿弥陀にささげる「仏物（ぶつもつ）」として位置づけられようとしていた。開山の忌日があたかも荘園年貢の納期にあたることも、この体制の実現を支えていた。

3　一向一揆の構造

中世における講の未成熟

一向一揆と本願寺権力の固有の基礎は「講」にある、というのが通説である。講というのは、本願寺を創立した覚如（一三五一年没）の「報恩講式」に始まる、真宗の宗教的講会という本質をもち（柏原祐泉「本願寺教団の東西分立」）、本願寺の末寺・道場・有力門徒の存在するところ、いずれの地にも講がつくられ、それは本願寺の経済的基盤となり、一向一揆の経済的・軍事的負担単位となった（笠原一男『一向一揆の研究』）、というのである。とりわけ、講の組織は村の生活組織の横すべりとみられ、一向一揆の村落的な基盤として注目されてきた。加賀にみられる「組」は各村むらの門徒講を基礎にもつ地域的結合であり、一向衆はこの組と講をもつことによって郡・郷・村を制圧し、広範な郷民蜂起を可能にした（井上鋭夫『一向一揆の研究』）という理解は、ほとんど定説とされてきた。そしていま、講（講的結合）は本願寺の門徒組織の同義語として一向一揆論の自明の前提とされ、村落組織としての惣（惣的結合）と対置さるべき、一揆論のキイワードとしての位置を占めている。

このような通説をふまえるならば、講の追究は一向一揆論の基本課題とされなければならない。しかし、笠原『一向一揆の研究』（一九六二年）ののち、なぜか講は本格的な研究の対象とされたことがないのである。それは近年の一向一揆論が一向衆結合の固有の基礎よりも、非門徒との連合の基盤となった「惣国」の存在に深い関心を寄せていることにもよる。だがむしろ、はたして通説のような実質を備えた講が、広く中世村落をとらえて一般的に成立し展開をとげていたのかどうか、を根本的に疑ってみるべきではないか。以下、通説を支えた講の基本史料をめぐる、問題の要点をあげよう。
(1)講の研究の起点となった笠原一男『真宗教団開展史』の掲げる講の事例は約四〇ほどであるが、そのうちたしかな中世の所見は一五例にすぎず、他はいずれも近世のものである。また同『一向一揆の研究』が講の構造を示す例としてあげる約七〇の講は、すべて近世初頭の宣如(一六〇四〜一六五八)期のものである。
(2)中世の講の例には、村落を超えた郡規模の広い範囲にわたる大規模な講が多く、郡・組などの地域的な一揆組織に依存して懇志を実現している例も目立つ。加賀の四講・六日講、河北郡北方所々九日講をはじめ、尾張の国中(十六日)講、河州五ケ所十二講(笠原『真宗教団開展史』)、近江の西北にわたる三浦衆の海津十日講・北郡十五日講(柏原前掲論文)などがそれである。これにたいし近世の講には、一ないし数村に一講から数講という、道場を単位とした村レベルの小規模な例がはるかに多い(笠原『一向一揆の研究』)。村の生活組織の横すべりという講の理解は、じつはこのような近世の講の姿をつうじて導きだされたものであった。
(3)中世の講には、一般の門徒組織とはいえない道場坊主など坊主衆の講がふくまれている。美濃尾張十六日講・十三日講坊主衆にあてた教如の書状はその一例である(以上、柏原前掲論文)。またたとえば、近江本福寺の門徒衆は堅田十二門徒といわれ、寺の地元の

「地下門徒」九組と周辺の「隣郷門徒」三組によって編成されていた。それは散在する諸道場の地域ごとの連合体であり、本福寺で月ごとにおこなわれる存如の命日（十八日）の頭役を輪番で分担する単位であった。寺を支えた門徒組織というのはこの一二の組を代表する道場の主（道場坊主）たちの連合体であり、長（おとな）・年老（としより）衆などの組織をもち、門徒惣中として寺の管理運営にたいしても強い発言権をもった。周辺への門徒の拡大と道場の進出は、これら道場主の血縁分家や姻戚関係の広がりというかたちが基本となっており、この道場主たちの惣中もまた色濃い血縁的性格をおびていた（峰岸純夫「一向一揆」）。

一般に講としてあらわれてくるのは、この惣中のような道場坊主講ともいうべき組織が多かったとみられるが、これをもって、村の生活組織の横すべりした講と規定するわけにはいかないことはもちろんであろう。これまで当然あるべきものとして想定された、村レベルの講あるいは講的結合というのは、本福寺の例でいえば、おそらく村むらに散在する各道場ごとの門徒小集団がそれにあたる。しかしこのレベルの道場単位の小集団が、主体的な自立した講とよばれる組織として広く成立してくるのを、中世史料上に確認することはむずかしいのである。

(4)石山寺内の講には、北町五日講・毎月十三日講・二十八日講などがあり、本願寺の月ごとの忌日の仏事に非時・汁・菜などの斎（とき）を奉仕する単位として機能し、講の特徴をよく示している（「私心記」・「天文日記」）。しかし、この本願寺膝下の寺内を別にすれば、周辺の畿内・近国の門徒によって支えられるこの斎の頭（とう）役も、ほとんどが河内の小山衆・八尾衆、大和の大和衆・奈良衆・吉野衆、近江の金森衆・高野衆、西美濃衆、参河衆、若狭衆というように、広域的な衆単位もしくは直参寺院単位で奉仕されており、しだいに頭集団の分化する傾向もみられるが、寺単位の講（坊主講）はみられても、村ごとの門徒講単位となるような例はほとんどない（早島前掲論文）。

(5)本願寺軍役の中核となる御堂番衆＝三十日番衆は、直参坊主衆が国別・地域別に編成されて周期的に上番し、毎月二十八日（開山の命日）を交代日として、一カ月間の番役をつとめるが、一般の門徒講を単位としてはいない（金龍静「「卅日番衆」考」）。

(6)しばしば講に関する論証は、「毎月の寄合ということは、いずくにもこれあり」という蓮如の言葉から「信心沙汰をすべき用の会合」の広範な存在を想定し、あるべきはずの寄合を講と見立て、それを史料上の(2)のような大規模な講と読みかえることによって成り立っているが（北西弘「真宗の講・寄合」、遠藤一「加賀一向一揆の歴史的前提」(2)）、この蓮如の言葉をもって、ただちに一揆論がキイワードとするような講の一般的成立の徴証とみなすことは、論証の手続きとして妥当ではない。

(7)かりに講的結合という概念を、「講」という固有の史料的表現の存在にはかかわりなく、中世における一向一揆の結合の特徴をあらわす理念型として設定するにせよ、その具体化にあたっては、第一に講は他の中世の諸宗派や民俗信仰にも広くみられるという周知の事実に深く留意すべきであり、第二に近世初頭に輩出する講との段階差を明確にする必要があり、第三に寺を中心とした従属性の強い坊主・門徒関係と、畿内を中心とした「惣道場」地帯との地域差の存在を考慮しなければなるまい。

とくに近世初期の本願寺教団の構造には、村落の農民たちによって開かれた惣道場の多い畿内・周辺（畿内型）、地方の大寺院と下寺とのあいだに大規模な本末関係の展開する遠隔地（東北九州型）、この二つの型を混在させる中間地帯（北陸型・東海型）という地域差が存在するとされる（大桑斉『寺檀の思想』）。これを参照すれば、加賀における本願寺や一向一揆の固有の組織については、道場坊主たちの連合体（惣中）とともに、地方の大寺院と下寺とのあいだの中規模な本末関係という軸をあわせて想定する必要がある。寺ぬきの一向一揆論の克服は、一向一揆の固有の基礎をあきらかにするための、今後の大きな課題となる。

以上のように、すくなくとも史料的には、一向一揆や本願寺の経済的・軍事的基盤とされた、村の生活組織の横すべりといえるような、村むらの門徒講の一般的な存在を中世においてたしかめることはむずかしい。よく知られる講も、多くは村をはるかに超えた広域的な組織であり、それも加賀では郡・組などの地域の一揆組織に支えられた存在であり、本願寺が自前の基盤として講を確立しえていたとはいいがたいからである。そのため、本願寺による組の掌握の深まりとともに、組が講ほんらいの機能をもはたすようになり、講は形骸化するとみる見解（金龍静「加賀一向一揆の構造」）も出されているほどである。だがむしろ、講が近世初期にかえって顕在化してくる事実を考えるなら、本願寺の自前の主体的な軍事・財政組織としての村落レベルの講というのは、中世をつうじて未成熟であったとみるのが自然であろう。では、講を不可欠の基礎としない一向一揆の一揆的な構造とは、講の未成熟な段階の本願寺の一揆支配とは、どのようなものであったか。この点について、近年の一向一揆論は、大きい一向一揆の蜂起には非門徒との連合が成立しているとして、連合の基盤となった「惣国」の存在に深い関心を寄せている（峰岸前掲論文）。以下、これらの問題について、とくに研究成果のゆたかな加賀一向一揆を例として追究を試みよう。

一向一揆の複合性

一向一揆論を論じようとするときの困難さの一つは、その基本型について共通の理解がないことである。本願寺権力が一般の戦国大名の権力と大きく区別される特徴の一つ（強さと弱さ）は、その基盤である一向衆ないし一向一揆の勢力が、知行制と主従制を伴わず、大名の領国をはるかに超える広がりをもって非領域的に各地に分散し、地域の一揆勢力とも横に結びつつ宗主のもとに求心的に結びついているところにある。したがって地域差を超えて基本型を抽出するのは容易ではないが、まず、一六世紀中ごろに諸大名から本願寺に寄せられた大名領国内外の門徒の動員・統制の要請にたいする本願寺の対応ぶりに手がかりを求めて、一向一揆の地域ごとの存在形態、とくに加賀の地位はどのようなものかをたしかめておこう。

北国の場合に本願寺は「彼の国（越中）門葉の儀は、其の地頭領主に相随うことに候間、申付け難し、また加州の儀は申下すべし」という態度をとった。加賀と越中では、本願寺の一揆にたいする軍事指揮権のあり方がまったく異なっていたことが知られよう。畿内では、越中の場合とおなじように、「紀・和両州一揆の儀、自宗・他宗相起るにおいては、此方として兎角相支うべき事これなく候、門下衆ばかり罷立つにおいては、（中略）申下す事これ有るべし」とし、また紀伊雑賀衆の制止を求める要請を断って、「雑質の事は、国中相催すのよし風聞の条、彼庄の儀は申付けがたく候、彼庄者は各被官百姓のこと候あいだ」といい、「門徒衆ばかりの儀に候わば申付け候といえども、一国の儀に候あいだ是非に及ばず」と説明し、「河内国一揆」の制止についても、「百姓の事は守護の儀に随い候あいだ、此方兎角に及ばざるなり」と理を述べている（「天文日記」）。

このように加賀国について本願寺は領域的な軍勢催促権を掌握していたが、それ以外の諸国の場合、私的には門徒にたいする軍事指揮権を消極的には認めているものの、公にはむしろ門徒百姓も政治的にはそれぞれの守護・地頭・領主・主人などの支配に従うべき存在であり、本願寺にはそれに介入する権限も軍勢催促権もない、という原則的立場を堅持していた。この加賀以外の一向一揆にたいする一般的態度はおそらく一向一揆のあり方と深く関係していた。大名の要請がよく示すように、一般に本願寺下の一向一揆とみられていた一揆には、「門下衆ばかり罷立つ」「門徒衆ばかりの儀」というような、本願寺門徒だけの一揆の軍事行動（いわば純粋な一向一揆）の例を戦国期に広く検証することはかなりむずかしく、むしろ「自宗・他宗相起る」とか「国中相催」「一国の儀」といわれる、門徒一揆と非門徒の一揆をともに包みこんだ、広域的な広がりをもつ国一揆・惣国一揆として展開する例が普通であったとみられるからである（石田晴男「守護畠山氏と紀州「惣国一揆」」）。一向衆が大きい比重を占めながらも、その行動は「一国の儀」など一揆独自の論理によって規制され、必ずしも本願寺の軍事指揮権下にはないような諸一揆との連合を、かりに一向一揆の一類型とみなすとき、もっともよく知られた加賀の一向一揆はどのような型を示すのか、はたして純粋な一向一揆は存在したか、諸一揆との連合の特質はどのように検証できるか、などが問われなければならないことになる。

郡一揆と郡中の成立

加賀におけるはじめての一向一揆として知られる一四七四年（文明六）の一向一揆は、いったいどのような結集であり、どのような階層の要求を秘めていたか。その手がかりとして、ここに、一向衆の中枢に位置していた蓮如が戦後に一揆の立場を擁護して、「道理至極」な抵抗、「私ナラヌ次第」と主張した、一つの証言（「柳本御文集」、神田前掲論文）がある。

その道理の根拠は、つぎの三点から成っていた。(1)「土民百姓」は「有限年貢所当等ヲキントウニ沙汰」しており、したがって領主にたいする中世百姓の抵抗の合法要件を備えているという法的・社会的正当性、つまり一揆百姓を視野においたいわば荘家の一揆的な立場からの主張である。おなじころ越中では「郡内土一揆」が荘園における「地下人・一向衆同心」を基礎として蜂起していた（峰岸前掲論文）。(2)「法敵」打倒の聖戦であるという宗教的正当性、つまり一揆門徒を視野においた宗派的な立場からの正当化の論理である。(3)「上意」により室町幕府奉行人奉書が一揆百姓中に下されたという政治的正当性、すなわち法敵論だけではぬぐいきれない一揆の「ムホン」性も将軍の承認をえて「私ナラヌ次第」つまり公の戦へと完全に合法化されたという、いわば一揆侍を視野においた政治的な立場からの主張である。以上の蓮如の一揆擁護論の構成は、加賀におけるはじめての一向一揆が、たんに法敵のスローガンのもとに結集した本願寺門徒一揆ではなく、百姓（年貢）・門徒（法敵）・侍（上意）という三つの立場からの要求を結集してたたかわれたことをよく示している。

文明一揆後の加賀の支配は、「国方押妨、門徒中同意」とか「国の儀」に「一揆同意せしむ」といわれたように（「十輪院内府記」）、国方＝守護を一向衆＝一揆が支えるというかたちをとって、矛盾をはらみつつ展開される。それをになったのが「郡一揆中」と「郡中」である。郡一揆中というのは、たとえば、「本願寺門徒能美・江沼両郡一揆として、山川参河守（守護被官）を沙汰し居える」とか「一揆中より両使交名忘却をもって避り渡すべし」（「十輪院内府記」）というように、下地遵行つまり幕府の命令を現地に強制執行する権限を行使し、また「地下番頭十員」＝「一向宗十員」による荘園年貢の長期滞納を追及する「召符」が本願寺の加賀支配の中枢である松岡寺（蓮如の三男蓮綱）や「米（江沼）郡一揆中」等に下されるなど（「蔭凉軒日録」）、一揆中として郡ごとに在地を掌握して「郡の一揆」（「実隆公記」）とも呼ばれた、一向衆を主体とする一揆組織であった。それが、ほんらい国郡支配の単位であった四つの郡（南二郡・北二郡）を枠組みとしてあらわれてくるのである。

一方、「郡中」というのは、おなじ時期に、本願寺方の松岡寺に荘園年貢の納入を命ずる幕府の下知を「御屋形様（守護）御じゅんぎょう」として執行したり（「両足院文書」）、荘園領主側から「郡並びに地下として一向宗を逐払う」べきことを要請されている（「蔭凉軒日録」）など、守護の命令を受け一向衆と対立的に権力を行使する郡の組織である。郡一揆中と郡中とをおなじものとみる余地もあるが、むしろ両者の対抗関係や一揆という表現はつねに一向衆を指すことなどからみて、守護方にたつ「郡中」と一向衆方の「郡一揆中」とが、在地における下地遵行権の執行主体として、併存しつつ競合的にその機能をはたしていたと推定するのが妥当であろう（柳千鶴「加賀一向一揆の展開」）。

ただ、この国方の「郡中」も、その呼称からみて、おそらく守護権力そのものというよりは、文明の争乱にさいし「次郎殿（富樫政親）御方ハ山川三州・本折道祖福殿以下国人」（「白山宮荘厳講中記録」）といわれたような、一向衆との共同戦線を実現し、あらたに守護方の中心となった、国人＝在地領主層の一揆的な連合体であった。ここにみえる山川氏をはじめ多くの国方＝郡中の国人層も、のちしだいに本願寺門徒化し、やがて郡中の変質をもたらす一因となる（井上前掲書）。

以上の総体がいわゆる文明の一向一揆である。一向一揆の大蜂起には惣国を基礎とした門徒と非門徒の連合の成立していることが多いとされるが（峰岸前掲論文）、この「郡中」と「郡一揆」の共存と対立という連合の構図こそは、国方と一揆門徒の同意というかたちで成立した、文明段階の加賀一向一揆の構造の特質をあらわしている。先の蓮如の一揆擁護論はあきらかに一揆のこのような成り立ちをふまえた立論であった。ただ、一四八一年（文明十三）、「加（河）北郡一揆中」が郡内の一向宗光徳寺とともに、八坂神社領の下地遵行権をめぐって富樫政親を幕府に告訴している例も示唆するように（「八坂神社文書」）、「郡一揆」はしだいに守護方との対立を深めていく。

一国之一揆＝百姓ノ持タル国の構造

この対立は、やがて一四八八年（長享二）、守護富樫政親を打倒しかいらい守護を擁立した「百姓ノ持タル国」の実現という結果となってあらわれる。いわゆる長享の一向一揆である。その主体は「国一揆」あるいは「一国之一揆」（金龍静「加賀一向一揆の形成過程」）であり、「一国之一揆ハ地下人計之所行也、諸宗之寺々モ、侍分モ有之」（「大乗院寺社雑事記」）といわれる、地下の諸階層が一向衆の主導する「郡中」に結集して領域支配を実現した。その郡中は、富樫没落に伴う国人連合の解体ののち、事実上の国主権を掌握した本願寺の下で、郡一揆を主体として再編されていくものとみられ、両者の区別はみられなくなる。

この時期のかいらい守護と一向衆勢力の断面を一荘園の帳簿がよく示す。石川郡にある臨川寺領の大野荘では、一四九五年（明応四）、年貢の一部を割いて国方（守護）に一三石、若松殿（一向宗寺院）に九石、景山方（守護被官）に三石を贈り、その五年後、国方には五割増の二四石、「両御山ならびに郡中」（一向衆方）には三倍増の二八石の贈り物をし、別に石黒・州崎両氏（有力一向衆）の弔料として九石を支出している（「天竜寺文書」）。一向衆方への贈り物の増加がいちじるしく、その支出の名目も、守護方へは「年始礼」という儀礼的なものであるのに、一向衆方へのそれは、儀礼的な「御訪料」から「所務直々の儀に就いて御礼」つまり荘園の直務保障料へと、大きく変化している。長享の一揆後いっそう形骸化しつつある守護と、荘園の直務の成否を左右する一向衆、という対照があらわである（浅香年木「一向一揆の展開と加賀国大野荘」）。

しかしそれはただちに本願寺による加賀支配の確立を示すものではない。一向衆方といっても、本願寺の加賀の拠点として「両御山」あるいは「両山」と呼ばれた、松岡寺（蓮綱・蓮谷殿、南二郡のうち能美郡波佐谷）・本泉寺（蓮悟・若松殿、北二郡のうち河北郡）の二カ寺が権力を独占しえているわけではなく、長享一揆を指導した石黒・州崎らの有力一向衆を中心とする「郡中」が、両山と併記されつつ独自の地位を占めている。守護にも本願寺両山にも距離をおく「郡中」、これこそが一五世紀末（長享～明応段階）の一向一揆の主体にほかならない。「一国之一揆」の実態はこの「郡中」とみられるが、ただ四郡の連合組織についてはなおあきらかでない。

一六世紀初め、一向衆による「郡中」の掌握が進み、かえって「両山」との対立も顕在化する。一揆と中央権力との対立のあらわれである。一五〇五年（永正二）、畿内における細川・畠山の抗争にからむ本願寺内部の権力闘争を、蓮如の子実如は加賀一向衆を動員して乗りきり権力を確立するが、千人を超えたという動員は、「兄弟中へ申し候処、郡中より合力」つまり両山から「郡中」に協力を要請するという方式で実現された。実如は郡を「法儀」大事と心得た門徒の聖人への報謝の行為と讃えた。また、一五二一年（永正十）には、四郡（南二郡・北二郡）それぞれにたいして、「法敵」打倒のスローガンを掲げる、本願寺の最初の軍勢催促（金龍静「加賀一向一揆の形成過程」）を発令した。永正期の郡・郡中は、本願寺宗主の法儀・法敵の論理とそれにもとづく軍勢催促権によって動かされるなど、在地の両山を介して強い宗教的な統制をうける。

しかも、まさにこの過程で、両山と郡＝一揆との対立が起こり、それをめぐる内部抗争もあらわになっていた。いわゆる永正の錯乱である。「国中在々所々とりあい」を実如が

「同行中にてとりあい」つまり一向衆内部の抗争とみて、「郡中」を「法儀のこゝろざしなきゆえ」と叱責したり、最初の軍勢催促のあと「郡」がとった「若松（本泉寺）にも談合なく、ころ〳〵（こそくカ）にひき候」という行動も「法儀の偽なる心中のあらわれ」とみなされた（以上「六日講四講幷所々御書」）。実如はこの事態に対処するため、「法儀」を説くだけではなく、本泉寺をつうじて具足懸禁令など三カ条の統制令を下し、「郡中」から誓約の請文を取っていたが（「興善寺文書」）それはかえって「法儀」では抑えきれない郡の一揆的な自立性をあらわにする。

組一揆

郡中の一揆性をあらわすのは郡の寄合である。「郡」は「組」によって構成されていた。郡の意志決定は組衆の出席する「郡の寄合」でおこなわれ、寄合の開催は郡から組へ「触」れられた。「組郡寄合」とも呼ばれ、郡は組の合議体であった。組を代表し郡を動かすものは「旗本」と呼ばれ、のちには組ごとに本願寺から任命されるようになったが、その選定はあくまでも「郡より申すに依る」ことを原則とした。組も「組寄合」をもっていた。郡の意志は「組連判」とか「郡中より、紛れなきよし連署」という形式で表現された。連判・連署は寄合をもつ一揆体にふさわしい郡の共同意志の表示の形式であった。寄合＝

合議制こそは郡・組のもつ一揆的性格を象徴する。

組は本願寺のつくりあげた一向衆の組織である、というのが通説であり、疑義もある。もともと組というのは、国役賦課の基礎単位であり荘園を構成する単位でもあった。一四九五年(明応四)、国役の「構堀壁入目等」は大野荘では荘園内の十人衆組・六ケ組・米泉組などの組ごとに割りあてられていた(「天竜寺文書」)。組は「与」とも表記され、荘園領主側からも「石川郡五与百姓中」というように年貢催促の単位としてとらえられ(「守光公記」)、「山かみ組　のみのこをり　八わ田善法寺領」というように、郷・荘・保・村とならぶ所領の単位でもあった(「本願寺文書」)。広域にわたる山内組は山内四組といわれて四つの組に分かれており、山内惣庄三組が連判して他の一組(牛首組、一六カ村)と争論し幕府の裁許をうけるなど、それぞれ自立した地域組織でもあった(井上前掲書)。

一方、郡が公的な機関であるのにたいし、組は私的な一揆組織とみなされていた(柳前掲論文)。一五一九年(永正十六)、幕府指令の下達のさい、「与は一揆中と同じ事也、堅く当時御制禁」という理由で、「石川郡五与百姓中」は下知状の伝達先とされず「石川郡御中」あてとされた(「守光公記」)。組一揆というのは、組が十人衆組とか河原衆と「衆」の名で呼ばれるように、村落の領主・年寄・長衆など、「組長衆(おとな)」の結合がその母体をなしていた(井上前掲書)。それは本願寺の創設した一向衆の一揆組織というよりは、もともと

「地下人・一向衆同心の儀をもって、年々過分に無沙汰」というような、荘園年貢の減免のたたかいを荘・郷・組のレベルで推し進めてきた、一向衆が中心となった荘家の一揆的な百姓結合とみるのが自然であろう。したがって、郡一揆とその基礎をなす組一揆とのあいだには対立もはらまれていた。先にみた石川郡の六ケ組・米泉組が、郡一揆の主導する国（一国之一揆）のかけた国役の一部または全部を「侘事（わびごと）」によって拒否したのはその例である（浅香前掲論文）。組はもともと郡から自立し階層的な利害の対立をはらむ地域の一揆であった。

やがてその組も、本願寺番衆という直参門徒にたいする軍役賦課の単位として編成されるなど、郡中とともに一揆体のままで、しだいに本願寺の組織としての性格を強めていく。一五四三年（天文十二）十月、幕府から本願寺に「国役段銭」が非公式ながらはじめて賦課された事実が示すように、郡も組も実質的に加賀の国主としての地位を占めた本願寺の領域支配に取りこまれていく。先にみた加賀とそれ以外の諸地域での一向一揆の性格のちがいはじつにここに根ざしていた。山上組は「郡の寄合ニ当組衆一人も不出」という行動をとり、ただちに宗主証如から直参身分に固有な番衆の資格の剝奪という制裁をうけた。組はなによりも宗主の直属軍事力の編成の単位として位置づけられていった。よく永正初期の「具足かけ始め」が組成立の契機とされるのはこのためであるが、組の初見はこれよりも古い。この制裁のとき証如は、「寄合の時不出の人数多」という事態を重くみて、「条目」を四郡に下し寄合の維持統制を図るとともに、領主化を指向する有力な国人門徒等の成敗を、郡の寄合つまり一揆に依拠して進めた。ここに一揆を基盤とする加賀国主たる本願寺権力の特質と、一六世紀なかば（天文期）以降の宗主の課題をみることができる。

4　郡一揆の権力と宗主権

郡一揆の権力

郡一揆はどのような地域権力であったか。また、非在地の国主権力たる本願寺の一揆依存の構造とは何か。以下、検断権と裁判権を指標として、その断面を探ってみよう。

郡権力の一揆としての自立性をよくうかがわせるのは、郡が一揆の法として独自に定めていた、郡衆の「具足懸停止」つまり郡内における私戦禁令の存在である。一五三九年（天文八）、本願寺法廷でおこなわれた「郡」（加賀国江沼郡）と「郡衆」の一人（二島某）の対決の場で、原告の郡側は、その郡衆が女を取返すために具足懸を企て、かい・鐘をならし放火するなどの行為を働いたとし、これは「各申合具足懸停止」の取決めに違反すると主張した。被告の郡衆は「具足懸の働これ無し」と事実を否認した。これにたいし宗主は具足懸の実否の追及には消極的で、むしろ郡内部の対立の調整を重くみて、和与つまり和解を命じる裁断を下した。郡側が楯にとった「具足懸停止」の法とは、本願寺の法廷で「各の申合」といわれ、宗主も違法性の追及に消極的である以上、宗主の法ではなく郡一揆の法とみるのが妥当であろう。それも戦場での抜け駆けを禁じた軍陣法度の類ではなく、女を取返すというような郡衆相互の私的な実力行使の日常的な抑制、つまり一揆内部の自検断の抑制をねらいとしていたとみられよう。郡権力はこのような立法をつうじて独自に専制化への方向をのぞかせ、その矛盾の調停役として宗主が固有の地位を占めていたのである。

郡の裁判権と宗主権もおなじ関係をもつ。その前年、能美郡軽海郷と大杉村との材木の「商売相論」について、当事者双方からの提訴をうけた本願寺は、訴状の審査と使者の「引合わせ対談」とをおこなったが、「往古の趣、両方中事の実否、更に分別なし」として実質審理には立ち入らず、双方に「郡中裁許」に従い「是非をいわず商売あるべし」と通告し、あわせて「郡中として中をなおすべし」という和解命令を下し、裁定の執行を郡中に委ねた。郡中は在地に「郡中裁許」権を行使しており、その起源は一揆の仲裁・調停に求めるのが自然であろう（金龍静「加賀一向一揆の構造」）。本願寺の裁判権もこれを前提とし、郡の段階で破綻した紛争を調停するかたちで成立していた。「郡より成敗候あいだ迷惑せしむとて、のぼり侘言」というような例は、二つの裁判権の関係をよくあらわしている。

在地における検断(成敗)権もほんらい郡中の権限であり、「別心跡職」の没収という欠所地処分権を伴う、典型的な検断権の発動であった。郡は郡内に「別心証跡」があれば独自に検断権を行使し、本願寺へは事後に報告をおこなった。成敗の対象は一向衆だけでなく、権門から「守護不入たるの処、国郡として門跡の御被官を成敗」と抗議されているように、権門の代官をふくむ郡内の住民一般にまで及んだ。別心というのは多くの場合宗主への反逆行為を指しているが、本願寺が「別心の事は、国において委細存じ候て成敗候こと候あいだ、此方は子細存ぜず」といっているように、別心の判定も成敗の執行もともに郡の権限に属していた。

たとえば加賀の各郡と北国の有力寺院に下された、河北郡衆の成敗を命ずる大がかりな宗主の指令も、じつは、もともと河北郡側が別心と判定した郡衆に成敗を加えようとしたのを、石川郡衆が犯人をかくまって妨害し郡と郡の対立という事態となったため、河北郡から訴え出たのをうけた宗主の郡相互間相論への対応であり、本願寺の一方的な成敗権の発動ではない(「東光寺文書」)。また本願寺が河北郡の旗本州崎に「組の悪行人のこと成敗すべし」という指令を出したのも、同郡の五番組からの提訴への対処であり、背後に組相互間の抗争があった。本願寺はもっぱら組と組の抗争にたいする郡裁判権の破綻とか郡相互間の紛争という境界領域において、在地矛盾の展開に対応しつつ裁判権を深化させ、在地矛盾の激化がまた本願寺が郡の成敗権への規制を強化する契機となっていた。この事情はけっして本願寺宗主権に固有のものではなく、広く戦国大名裁判権の形成過程に共通する事態であることに留意する必要があろう。

宗主の検断権

本願寺宗主が内衆や門徒にたいして行使する成敗権は、その破門権とあわせて、宗主に固有なきわめて特異な権限とみなされがちである。しかし、宗主の検断権ははたして世法から自立し領域を超えて公的に認められていたのであろうか。

一五三八年（天文七）、本願寺は近江北郡において、先に寺内から追却した内衆（奉行人）の下間筑前の処刑をひそかに断行したあと、現地近江北郡の坊主衆に、成敗は宗主命令であると言明し、その執行を当国の者に申し付けずひそかに他国の輩に命じたのは「守護方に対し機仕（気遣）ある」ためであったと説明し、この事件を知って問い合わせてきた守護六角氏にたいしては「其の由沙汰候、然而たしかには聞かず」と偽りの返事をした（「天文日記」）。あきらかに現地の守護検断権に抵触し対立を生じることを恐れているのであり、たとえ内衆や門下にたいする成敗権をもつとはいっても、加賀以外では公然とその検断権を行使することはできなかった、とみるべきであろう。

また、本願寺に反抗して諸国に逃亡した加賀の一揆（州崎・河合）衆を破門し処刑するため、その検断権の正当性について、(1)「宗体法度」つまり本願寺の宗法にもとづく処分である、(2)「上意」つまり将軍の公認を得たものである、(3)細川・六角両氏へも届けが済んでいる、という三点をあげた。本願寺は成敗権の根拠として寺法の存在を明示するだけでは足りず、犯人が他国に逃れたような場合は、対外的に検断権の行使を合法的なものにするため、将軍・管領・守護などの承認を得る手続きをとらなければならなかった。

事情は本願寺の寺内でも基本的にはおなじであった。寺内で起きた本願寺公文書の偽造（謀書）事件のさい、犯人が「他国人」であると判明したため、本願寺はその主人に「両三度迄申請」をくりかえし了解をとりつけたうえで、尋問をおこない「白状」させ、「式条」（御成敗式目）に謀書の罪は遠流とあることを参照し、さらに幕府の「両奉行」にたいして「京都の様体聞合」せをおこない、判例を確認したのち、ようやく処刑に踏みきるという手順をふんだ。

反対に寺内の外で夜討事件が発生し、その主謀者の共犯として、門徒でない寺内の住民の成敗を、現地の領主から本願寺に名指しで要求されたとき、本願寺はその住民の処分について「京洛奉行」の飯尾彦左衛門に尋ねて「成敗の様体は奉行の申す旨に任す」という手続きをふんだ後、結局は犯人をひそかに「逐電」させ、以後は発見しだい自由に処刑すべしという宣告をおこない、逃亡した犯人の家を欠所とし「門口ヲゆいて置」くというかたちで解決させた。ほかにもこうした措置をめぐって、「先ず隠形候わでは成るべからず」とか「先ず逐電の分にて彼方の儀申し調え」というように、犯人を逃亡(逐電=隠形)させ、その跡に欠所検断権(検封・家壊・揚煙など)だけを執行する、という例がいくつも認められる。中世には隠形(おんぎょう)とか家を焼くという処分が、相手方をも納得させる紛争処理の慣習として、成立しており、宗主の検断権もその枠組みから離れて存立してはいないのである。

以上の諸例から、本願寺検断権はけっして一般のそれと区別されるような特異なものではなく、その発動にあたっても、当然ながら、その領域は限定され、法的・社会的妥当性が要請され、世俗の法の規範に強く制約されていたといえる。

私戦禁令の展開

では、一向一揆はいかにして本願寺一揆としての統一性をもつにいたるのであろうか。その推移をみるうえで重要な指標となるのは、一揆にたいする宗主の軍事指揮権や自検断禁令がいかにして形成されるかである。ときあたかも戦国大名が、一揆的な国人連合からいかに自立して権力を確立するか、を課題としていた段階である。郡一揆がほんらい自立した地域権力である以上、宗主の一揆支配が法敵スローガンや破門権などの宗教的な統制力だけに支えられて成り立っていた、とみなすわけにはいかない。以下、宗主による具足懸禁令の展開ぶりに注目しよう。

その初見としてよく知られるのは、一五二〇年前後に実如が加賀四郡中に指令したとされる「御掟」三カ条の「攻戦防戦具足懸之事」(「今古独語」・「興善寺文書」)である。これは、本願寺最初の軍勢催促を機としてにわかに表面化してきた、郡一揆との対立や一向衆の内部抗争の克服をめざす、本願寺の重要政策として注目される。それは本願寺が北陸の坊主身分の者だけに対象をかぎって武装行動を禁止し、軍事指揮権を一元的に集中しようとした兵僧分離令であり、本願寺の基本法として天正期まで効力をもちつづけた、といわれる(金龍静「戦国期本願寺権力の一考察」)。

おなじころ、一向衆の一僧侶が門徒である在地領主の要請に応じ出陣することの可否の判断を本願寺に求めたとき、本願寺は「宗体之大法」にそむくとして、公然たる参戦を不許可とした(「照蓮寺文書」)。この「宗体之大法」がはたして実如の掟を指すものかどうか、なおたしかではないが、本願寺が政争にまきこまれるのを避けようとして、宗主の許しをえない坊主衆の参戦を私戦として禁止し、坊主衆を本願寺の一元的な軍事指揮権の下におこうとする政策を取りはじめていたことは疑いない（金龍静「越中一向宗教団の成立と構造」）。宗主の軍勢催促権と私戦禁令はほぼ同時に、まず「宗体」の枠内で、宗主の直接支配下にある坊主衆を対象として成立してきたのである。その規制が一般の門徒にまで及ぼされた形跡はない。

これにつぐ具足懸禁令は、一五三七年（天文六）八月、証如が加賀四郡ごとに発令した若松騒動静めの御書といわれる六カ条の条書であり、天文の錯乱後の本願寺の支配機構の強化策として評価される（井上前掲書）。その核心は「少々の儀を以て細々具足懸に及ぶ」ことを禁止し、「事を左右に寄せて兵具を帯びる輩においては、理非をいわず、郡中として成敗せらるべく候」（「明厳寺文書」）という点にあった。加賀の郡衆の自由な軍事力行使にたいする本願寺の厳しい抑制であり、あきらかに各「郡」を領域的に規制対象としていた。ただし、違反者の成敗を郡の自主的な検断権に委ねて、本願寺は私戦禁令を強制し検断権を実現すべき独自の軍事力をもたず、権力の基礎をあくまでも郡一揆そのもののうえにおいているのである。このような本願寺の法の構造は、初期の戦国大名法のそれと酷似していて注目される。したがって私戦禁令とはいっても、郡一揆の自検断権そのものの剝奪をめざすものではなく、郡衆の交戦権の一元化、つまり本願寺権力の基盤たる郡一揆の統制にあったとみられるが、僧侶だけを規制対象とした前段階に比べるとき、天文の錯乱の克服を機として、本願寺が地域権力たる郡一揆の本格的な抑制にむかって道を開くにいたったことはたしかである。

本願寺の対一揆政策としての私戦禁令の重要性は、それがたんなる軍事指揮権の独占にとどまらないねらいを秘めていたところにあった。その本質は本願寺の寺内においてあきらかになる。一五四四年(天文十三)、寺内に在勤していた加賀の番衆が借金の催促に応じないため、金融業を営む木村某が番衆方の者を質取りする措置をとったところ、番衆も報復のため木村方へ「具足懸をもって差向」かう武力襲撃事件を起こし、双方から本願寺に申状が提出された。これにたいし宗主は質取り行為は不問とし、具足懸をした番衆には全員に「折檻」という有罪の判決を下した。その裁断の根拠は、「両方申事に及ばず、具足懸の働、一段曲事」というものであった。すなわち、紛争を申事(もうしごと)つまり本願寺への提訴という公的・平和的な手段によらず、私的に自身の武力で解決しようとした行為が曲事(くせごと)(違法)だ、というのである。またその七年後に、寺内で打擲・刃傷の暴行をうけたがわが報復しようとして制止されるという、寺内町衆のあいだの具足懸未遂事件が起きたときも、宗主は「打擲の儀においては、当分先ずこらえ、申事の上をもって相果すべきの処、上無しに指懸」けたことが曲事であるとして、報復の襲撃を企てたがわの親子五人だけに「折檻」の処分を申し渡した。

裁断の基準は二例ともまったく同一であり、いっさいの紛争の私的な武力による解決の禁止、紛争解決権の宗主による独占、ここに具足懸禁令の本質があった。「うえなし」という表現が示すように、本願寺は私戦禁令の侵犯を下剋上的な重罪とみなしたのである。先の加賀における具足懸事件にたいする消極性とは対照的である。しかも、「加州へ此儀度々堅く申付け候処、寺中において此の如きの儀、言語の限りに非ず」と番衆方を叱責しているところからみて、宗主はその禁令の適用を寺内だけにかぎる寺内法としてではなく、加賀をもその法圏とする、本願寺の基本法として位置づけようとしていたのであった。一揆の軍事的統制をねらいとして進められてきた、具足懸禁令の深化であり、その展開は、郡一揆の具足懸停止の法にはらまれていた、自検断禁令に支えられていた。宗主権の形成の基礎過程は、一揆の法の宗主法への転化の過程であった、ということができよう。

5　展　望

本願寺領国とか法王国といわれる加賀では、郡も組も早くから国主本願寺の支配組織という性格をおびてあらわれ、史料もまた一向衆がわに偏っているだけに、そのなかで一揆と宗主とのほんらい的な関係を検証しようとするのは、むずかしい試みであった。しかし、その法王国でも一向衆だけの一揆（純粋な一向一揆）が成立していたわけではなく、郡も組もほんらい本願寺の創設した自前の支配体系とはみなしがたい。宗主権は自立性の強い地域的な一揆結合のうえに存立し、とくにその公的側面では一揆相互間の境界領域における調停権力という特質をおびていた。

一揆の法と宗主の法という視角からみるかぎり、この加賀一向一揆の構造は成立期の戦国大名権力のあり方に酷似し、本願寺と一向一揆との関係は、権力と一揆の対立という一六世紀なかばの時代に共通する課題をはらんでいたとみることができる。ただ、本願寺の一貫した政策の特徴は、在地にあらわれる領主化の動向を抑制しつつ、むしろ一揆を宗主権の基盤として積極的に維持統制しようとする方向を示す点にみることができるのであり、その性格は石山戦争期まで基本的には変わることがなかったと推測される。井上鋭夫『一向一揆の研究』もあげた、「武家ヲ地頭ニシテ手ゴハキ仕置ニアハンヨリハ、一向坊主ヲ領主ニシテ我マ、ヲイヒテアヒシラハン事、土民ノ為ニハ一段ヨキ国守ナリ」という後世の評が、このような本願寺と大名権力の歴史的な性格のちがいを、よくいいあてているように思われる。

その本願寺と一向一揆の歴史の段階を画する指標は、石山合戦以後における一揆の解体と村講組織の一般的成立である。はじめにみたように、一向一揆や本願寺の経済的・軍事的基盤とされた、村の生活組織の横すべりといえるような、村むらの門徒講の一般的な存在を、中世においてたしかめることはむずかしく、本願寺の直接の基盤としての村レベルでの講というのは、中世をつうじて未成熟であったといわざるをえないのである。これにたいして、笠原のあげた諸例も示唆するが、講の多くはむしろ一五八〇年(天正八)の石山退城を画期として、織豊期から徳川期にかけての教団変質の過程で成立する(柏原前掲論文)。たとえば越後本覚坊にのこる懇志請取の印判状も、顕如期には一〇通のうち村あてが七通、講あては三通であるのに、教如期になると九通のうち講あてが六通、村あてははじめの三通だけというように、村から講へのあきらかな転換が認められ、顕如期の講も石山以後とみられる(泊清尚「本願寺懇志請取状の基礎的考察」)。講への転換は、とりわけ教如=東本願寺がわの教団組織策の特徴とみるべき余地もあるが、いずれにせよ、本願寺が村のレベルでの講の編成を、石山戦争の体制を契機として、いわばようやく本格的に実現するにいたっていることはたしかであろう。加賀でいえば、郡・組など一揆的な組織の解体ののちに、講が一般的に成立してくる、と想定せざるをえない。すべては今後の課題である。

〔文献一覧〕

浅香年木「一向一揆の展開と加賀国大野荘」(『北陸史学』三〇、一九八一年)。

石田晴男「守護畠山氏と紀州「物国一揆」」(『歴史学研究』四四八、一九七七年)。

石母田正「解説」(『日本思想大系21　中世政治社会思想(上)』岩波書店、一九七二年)。

井上鋭夫『一向一揆の研究』(吉川弘文館、一九六八年)。

今井修平「石山本願寺寺内町に関する一考察」(『待兼山論叢』史学篇六、一九七三年)。

遠藤一「加賀一向一揆の歴史的前提」(2)(『国史学研究』七、一九八一年)。

大桑斉『寺檀の思想』(教育社、一九七九年)。

笠原一男『真宗教団開展史』(畝傍書房、一九四二年、再版ピタカ、一九七八年)。

笠原一男『一向一揆の研究』(山川出版社、一九六二年)。

柏原祐泉「本願寺教団の東西分立」(『大谷大学研究年報』一四、一九六六年)。

神田千里「加賀一向一揆の発生」(『史学雑誌』九〇―一一、一九八一年)。

北西弘『一向一揆の研究』(春秋社、一九八一年)。

北西弘「真宗の講・寄合」(水野恭一郎先生頌寿記念『日本宗教社会史論叢』国書刊行会、一九八二年)。

金龍静「加賀一向一揆の形成過程」(『歴史学研究』四三六、一九七六年)。

金龍静「「卅日番衆」考」(『名古屋大学日本史論集』上、吉川弘文館、一九七五年)。

金龍静「加賀一向一揆の構造」(『日本史研究』一七四、一九七七年)。

金龍静「戦国期本願寺権力の一考察」(『年報中世史研究』創刊号、一九七七年)。

金龍静「中世の宗教と一揆」(『一揆4　生活・文化・思想』東京大学出版会、一九八一年)。

金龍静「越中一向宗教団の成立と構造」（『仏教史学研究』六二―一、一九八三年）。

新行紀一「中世末真宗教団の本末関係」（『歴史研究』一四、一九六六年）。

泊清尚「本願寺懇志請取状の基礎的考察」（『仏教史学研究』二七―一、一九八四年）。

泊清尚「本願寺懇志請取状の成立と展開」（『中世仏教と真宗』吉川弘文館、一九八五年）。

早島有毅「戦国期本願寺における「頭」考」（『真宗研究』二六、一九八二年）。

堀大慈「本願寺歴代御消息年表」（『史窓』二九、一九七〇年）。

峰岸純夫「一向一揆」（『岩波講座日本歴史8　中世4』岩波書店、一九七六年）。

柳千鶴「加賀一向一揆の展開」（『日本史研究』一〇六、一九六九年）。


〔『講座日本歴史』4・中世2、東京大学出版会、一九八五年、収載〕

Ⅲ　村からみた戦国大名

ここ数年、わたくしは城のありかたを民衆のがわから見直すことに、こだわってきた。⑴中世の村は城をもっていた、という「村の城」論、⑵大名の城は領域の人びとの避難所だった、という「領域の城」論、⑶城と町はもともと別々に成立していた、という「戦国城下町」論などがそれである。

こうした村の城論や領域の城論、戦国城下町論は、城を権力の象徴とみる通念や、中世城郭を戦国大名の支配のネットワークとみる通念と町場をもともと城の従属物とみる通念などと、まっこうから対立することから、ときに拒絶反応にさらされる。

しかし「村の城」の検証は、名もない小さな城を、村や地域のがわから見直す、よい契機となった。それに、領主の館や城が民衆の避難所だったというのは、ヨーロッパ中世の城については、早くから常識に属していた。もともと領主には領域にたいする危機管理の責務があったにちがいない。戦国大名にたいする、こうした見方を、ここでは「村からみた戦国大名」と呼んでみた。

また、さいごに戦国の両属論にふれた小文を収めた。両属論を提起されたのは、郷里の赤城源三郎さんであったが、戦国の社会変動の実態をとらえる、大切なキーワードとして、私をひきつけた。それは、私じしんの惣無事令論の土台を見直す、よい手がかりにもなりそうである。

一　村からみた戦国大名

はじめに

これまで、わが郷里の越後では、戦国大名といえば、信州の川中島で武田信玄と戦う、上杉謙信の勇ましい姿を想い浮かべ、戦国の民衆といえば、この戦国一の暴れ大名の下で、戦火を逃げまどう、みじめな被害者の姿を連想する、というのが普通だったように思います。

しかしこの〈戦国の暴れ大名VSみじめな民衆〉、または〈圧政と貧困〉という、わたくしたちの歴史の常識は、じつは〈善玉・悪玉〉という、古い浪曲や講談の筋立てと、おかしいほどよく似ています。これでは、歴史学の組み立てとしては、少しお粗末すぎるのではないでしょうか。少し反証をあげてみましょう。

たとえば、上杉謙信がまだその名を輝虎(てるとら)といって、武田信玄との戦いに明け暮れていたころのことです。柏崎の飯塚八幡宮に願をかけて、戦いの勝利とともに、「越後国豊饒・安全・長久」を祈っていました。「神よわが国に豊作と平和と安定を授けたまえ」というのです。とても戦争男の言葉とは思えない、意外性があって心ひかれます（永禄七年＝一五六四、新潟県史資料編中世二三二二）。

謙信の後をついだ養子の景勝も、戦国の終わりに、家来たちに領地を分け与えたとき、こんなきびしい条件をつけていました。

彼の百姓中へ非分の儀を懸け申され、百姓一人も逐電致し、家数なども不足さすにおいては、知行所きつと召し上げらるべし、（慶長二年＝一五九七、県史二四四八）

もし家来の政治が乱暴で、百姓が村から逃げ出すようなことになったら、領地はただちに没収だ、というのです。

やがて江戸時代になると、魚沼地方の人びとは、

①御地頭は当分の儀、私共の儀は所末代の儀、（南魚沼郡、寛永十八年＝一六四一、県史近世）

②御地頭は当分の儀、百姓は永代の者、（津南町、寛文十年＝一六七〇、県史近世）

と冷やかにいい切っていました。①も②もじつによく似ていて、領主はすぐいなくなる転勤族（よそ者）だが、われわれ百姓はゆるぎない土着者だ、というのです。

この言葉のもとは、おそらく天正十五年（一五八七）六月十八日づけ、豊臣秀吉のバテレン追放令です。その第三条にこうみえています。

一、その国郡知行の儀、給人に下され候ことは、当座の儀に候、給人は替り候といえども、百姓は替らざる者に候条、理不尽の儀、何かに付けて、これ有るにおいては、給人を曲事に仰せ出され候あいだ、その意を成さるべく候こと、

（神宮文庫蔵「御朱印師職古格」、「松浦文書」も同趣）

給人（領主）は百姓に理不尽なことをしてはならぬ、もしひどいことをしたら給人を処刑するぞ、よく心得ておけ、というのです。

注目したいのは、「給人は替り候といえども、百姓は替らざる者」という考えは、もともと、領主の非法から村むらを護るという、秀吉の新しい社会づくりの基調をあらわす言葉だった、という事実です。だからこそ、この考えが、江戸時代の魚沼の村むらにもしっかり受け継がれて、領主にむかって自分の権利をいい張る、村人の大事なよりどころになったのです。だからわたくしは、この条文は農民を土地に縛りつけるための法令だ、という通説にとても賛成できません。

このようにみてきますと、戦国一の暴れ大名といえども、自分の国の豊饒・安全・長久を無視することなど、とうていできなかったばかりか、むちゃな家来を押さえて村の平和

を保障しなければ、国の支配も立ちゆかなかったことが、よくわかります。さらに統一政権の時代に入ると、領主なんて所詮はよそ者で、しがない転勤族じゃないか、本気で村の将来を心配するのは、われわれ百姓なんだ、と村人に足もとを見透かされる、というほどにまでなっていくのです。

どうやら〈戦国大名＝圧政VS民衆＝貧困〉という、〈悪玉・善玉〉ふうのわたくしたちの常識は、しっかり村人のがわに立って、あらためて見直してみる必要がありそうです。そこでわたくしはこのお話を、「村からみた戦国大名」と題してみました。

見直しとはいっても、古い常識をそのまま裏返しにして、大名は優しかったとか、戦国はいい時代だった、などと主張するつもりはありません。まずは、戦国の村むらを襲った〈戦争の惨禍〉を、きびしく見つめることからお話を始めましょう。

1　戦争の惨禍

古い歴史の常識といえば、わたくしたちはもう半世紀ものあいだ、戦争や飢饉は遠い海の向こうの出来事、と傍観してきました。そのため、日本の中世は、戦争と飢饉と疫病の連なる、きびしい時代だったらしい、とうすうすは気づいていながら、相次ぐ戦争をみな「〜の乱・〜の変」などと政変扱いして、いっときの事件としてかたづけ、「戦国」とまでいわれた時代についてさえ、つい平和で安穏な歴史像ばかり描いてきたように思います。

少し反証をあげてみましょう。たとえば、戦国争乱たけなわの永禄九年（一五六六）の春、上杉謙信が北関東に遠征して、常陸（ひたち）の小田氏治（おだうじはる）の城（茨城県つくば市）を攻め落としたときのことです。

①小田開城、カゲトラ（上杉謙信）ヨリ、御意（ぎょい）ヲモツテ、春中、人ヲ売買（うりかう）事、二十銭・三十二（銭）程致シ候、
（「別本和光院和漢合運」越佐史料四—五五三頁）

城主が降参（開城）して戦いの終わった戦場の町では、人の売り買いが始まり、奴隷の値段は二〇〜三〇銭ほどしていた。しかもその取引には、景虎（謙信）が自ら介入していた、というのです。戦いに敗れた城下は、たちまち奴隷市場に一変した、という驚くべき証言です。しかも、それは謙信の意向（御意）だったというのですから、小田領の戦場で、戦いに勝った上杉軍による奴隷狩りがおこなわれていたことも、戦場に出入りする人買い商人とのあいだに、春のあいだ奴隷売買がくりひろげられていたことも、まずは疑いないでしょう。

戦場の奴隷狩りといえば、上杉謙信がその晩年に、越後・越中（富山県）の軍勢を率いて、能登（石川県）を攻めたとき、戦場の村にこんな三カ条の制札を与えました。

②一、越後・越中の諸勢、濫妨（らんぼう）の事、

③一、放火の事、
④一、人執(ひとどり)の事、
（天正期（一五七五年ころ）「阿岸本誓寺文書」県史四〇九八）

つまり、ここ阿岸(あぎし)の本誓寺(ほんせいじ)の一帯を〈味方の地〉と認め、上杉軍が②乱暴・③放火・④人執をするのを禁止し、平和を約束したのです。これは、一般に「かばいの制札」と呼ばれた、戦国大名の安全保障書で、戦場の村や寺が、侵攻してくる軍隊に大金を払って、いわば村の生命保険証を買い、けんめいに村を守っていたのでした。

三つの保障条項のうち④の人執こそが、軍隊による奴隷狩りの禁止令です。中世の戦場の奴隷狩りは、ふつう「人取り」「生捕り」などと呼ばれていたのです。この禁制(きんぜい)を裏返せば、この保障書をもたない戦場の村ではどこでも、大名軍による②乱暴・③放火・④人執は野放しだった、ということになります。

しかしこれまで、日本の戦場の奴隷狩りに注目したのは、わたくしの知るかぎり、近世史の高木昭作「乱世」ただ一編です（『歴史学研究』五七四）。戦国史の研究者は、民衆こそは戦争の被害者だったと嘆いてみせるだけで、戦争の惨禍に目をむける、いわば〈戦場の社会史〉への関心が薄かった、といわなければなりません。

戦場で奴隷狩りや人の売り買いをしていたのは、上杉軍だけではありません。謙信のライバルといわれた甲斐の武田信玄も、一六世紀なかばの戦場で、盛んに生捕りをやっていたのです。

⑤天文十五年（一五四六）　男女イケトリ（生捕）被成（なされ）候而、悉甲州（山梨県）へ引越申候、去程（さるほど）ニ、二貫・三貫・五貫・十貫ニテモ、身類（親）アル人ハ承ケ（請）申候、

⑥天文二十一年（一五五二）　打取首五百余人、足弱（あしよわ）取コト、数ヲ不知（しらず）、

（原文のまま、「妙法寺記」富士吉田市史資料叢書10）

⑤男女が生捕られて、みな戦場から甲州へ連行され、そのうち裕福な親類のあるものは、二〜一〇貫文ほどの身代金（みのしろ）を払って、買い戻していた。⑥戦場では五〇〇人余りもの兵が首を取られ、無数の女性や子ども（足弱）が生捕りにされてしまった、というのです。

さらに戦国も終わりの天正十八年（一五九〇）四月、豊臣秀吉の小田原攻めに参加した上杉景勝は、こんな命令を受けていました。

⑦国々の地下人（じげにん）・百姓ら、小田原町中の外、悉く（ことごと）還住（げんじゅう）の事、仰（おお）せ付けられ候条、その意を成すべく候、

⑧然（しか）るところ、人を商売（あきない）つかまつり候よしに候、言悟（語）道断（どうだん）、是非なき次第（しだい）に候、売る者といい買う者といい、共にもって罪科（ざいか）軽からず候、

⑨しょせん、買い置きたる輩（ともがら）、早々、本（もと）の在所（ざいしょ）へ返付すべく候、

⑩自今以後（じこんいご）において、堅く停止せらる……、

（「上杉家文書」県史三一六・八）

⑦敵方の拠点である「小田原町中」は戦場＝敵地だ（から構わない）が、それ以外の旧北条領の国々は、すべて占領地＝味方の地とみなし、敵対した住民が村に帰る（還住）のを保障する。⑧だから、味方の地でおこなわれた奴隷の売り買いは、すべて不法行為とみなし、売った者、買った者ともに処罰する。⑨もしすでに奴隷を買い取った者は、ただちに元の村へ帰してやれ（そうすれば罪は許す）。⑩今後の人の売買はかたく禁止し、背いたものは厳罰とする、というのです。

これは、総司令官の秀吉が出した命令ですから、上杉軍だけでなく、信州の真田軍にも出され、広く関東に展開している豊臣方の全軍に出されたものとみられます。戦場での奴隷狩りや、その売り買いは、おそらく全豊臣軍がやっていたのです。

ところで⑦は、村人よ安心して村に帰れ、といっているのですから、すでに村人は戦場となった村を捨てて、逃亡しているわけです。しかし離村は敵対と見なされます。だからこそ恩赦が必要でした。上杉景勝じしんが天正十一年（一五八三）、北信濃に侵攻したとき、

敵地の村に、

⑪かけを（欠落）ちをいたし候もの共、もと（元）の居屋（いや）（敷）（しき）に返し置け、

⑫他出の地下人（じげにん）等、早々、還住（げんじゅう）せしむべく候、

（黒金等条書、「大古間共有文書」県史四一二一四）

（上杉景勝制札「真貝文書」県史三七八六）

といって、かけおち・他出、つまり戦場の村から逃げ去った人びとの帰村を保障しているのも、おなじことです。「還住せしむべし」というと、一見、いやがる村人を無理やり連れもどせ、といっているようです。しかし、「可令還住」という原文の「令（せしむ）」は、ふつう戦国の用例では「じぶんで何かをする」ことをうながす語で、「可（べし）」も許可を意味し、ひとに無理じいする意味はないのです。

また永禄四年（一五六二）三月、上杉謙信が初めて上越国境を越え、関東に侵攻して小田原城を攻めたとき、地元の人びとの動きを、「小田原記」がこう伝えています。

⑬籠城（ろうじょう）ノ用意セヨトテ、近郷（きんごう）ノ士・民等マデ、悉ク（ことごと）城ニ入、或ハ山入（やまいり）シテ、在々（村々）所々、
不残（のこらず）引払ヒ…、　（越佐史料四―二九三頁）

敵軍に襲われた小田原一帯の人びとは、城入りといって、領域の中心にある〈領主の城〉に避難するか、山入りといって、山あいにある〈村の城〉に逃げこむかして、すべての人びとが村を捨てた、というのです。

これは後世の戦記ですが、同時代の天正十八年（一五九〇）五月、小田原城を攻めていた秀吉は敵城の様子を、

⑭人数（軍勢）二、三万も構内（城）ニ相籠（あいこめ）、其上、百姓・町人、不知其数（そのかずをしらず）、

（原文のまま、「浅野家文書」）

つまり、軍勢のほかに、無数の民衆が〈領主の城〉に避難している、と報じていますから、「小田原記」の記事もまずは信じていいようです。

村が戦場になると、人びとが戦火を避けて村を捨てたことは、よく知られていたのですが、山あいの〈村の城〉も、領域の中心をなす〈領主の城〉も、村や町の人びとに、戦場の奴隷狩りを避けて、身命を保障するための装置であったことに、いまあらためて思い当たります。

敵が攻めてきたら、近くの城に人びとをかくまい、村や地域の平和を保障できなければ、村の名主も地域の領主も、その存在理由を厳しく問われたにちがいないのです。

2　農兵・夫役はタダ働きか

いざ戦争となると、民衆は無理やり戦場にかりだされ、領主に奴隷のようにこき使われていた。そんな〈やらずぶったくり〉論も、わたくしたちの戦国史の常識になっています。これにも、反証があります。

これは天文十九年（一五五〇）ころ、南魚沼郡の中心、六日町の坂戸（さかど）城を本拠とする上田長尾（うえだながお）氏（上杉景勝の実家）が、北魚沼郡広瀬郷の村むらに出した要請です。

①古志（こし）郡敵の間、広瀬上・下中、段銭（たんせん）ご容免（宥免）の事、申し成し候（そろ）、おのおの勇ましく走り廻り候様、お触れ候、（栗林経重書状「穴沢文書」県史三六一八）

山のむこうの古志郡の敵と戦わねばならぬ。もし村人が徴兵に応じ働いてくれたら、今年の税金＝段銭は免除しよう、というのです。

また天正八年（一五八〇）ころ、上杉景勝の部将だった泉沢久秀（いずみさわひさひで）も、おなじ広瀬郷の人びとに、こういっています。

②そこもとに二おゐて、御ばん（番）いたすもの之御だい（台飯）は、とちを（栃尾）にて、くだされ候も、とゝ（調）のいかね候へハ、いかん（如何）之間、屋しき（屋敷）所おもくだされべき……（原文のまま、「穴沢文書」県史三六二〇）

戦場の栃尾（栃尾市）で警護の番をしてくれる、北魚沼の者たちに、現地で台飯（だいは）＝食糧を補給するのが困難になった。その代わり、それぞれの村で屋敷に免税の特権を与えよう、というのです。

もともと、徴兵された人びとには、大名が現地で「台飯」を支給する、というのが世のなかの常識で、もしそれが無理なら、免税や知行など、代わりの措置を講じるのが当然でした。それなしには、村人を強引に徴発することなど、とうていできることではなかったのです。いま学界では、中世の軍隊は兵糧自弁が原則だった、と信じられています。しかしそれは、ふだん大名から知行をもらっている、武士たちだけの話にすぎないのです。

さらに、戦争が終わった中世末のことですが、慶長二年（一五九七）二月、上杉景勝の重臣だった直江兼続は、越後からはるばる京都に上る人夫のために、こんな定めを出していました。

③一、定納五百石ニ付て、詰夫壱人、京着よりは壱升宛、扶持かた出すべく候、その在所の者の外、日りやう（日用＝日当）にて、他所よりやとひ（雇）候儀、相止むべき事、

④一、立帰の儀は、右の領分その外、家数次第、見計らい、用所の時分に頼むべく候、京・田舎（越後）上り下りの台飯、一日壱升宛、その地において、相渡すべき事、

（「徴古存墨」県史三六四二）

③の詰夫は高役、④の立帰は家役で、ともに村むらに割り当てるが、どちらも、現地で〈日に一升飯（イッショメシ）〉を給付する。④村人を出さず、代わりによそから日用（日雇）を雇って出すのは止めよ、というのです。都へ上って、工事現場に詰めて働く人夫が③の詰夫で、都へ物を運んで往復するのが④の立帰でしょうか。折りしも京都では、伏見城の再普請が始まっていました。

③・④とも徴兵の例ではないのですが、徴発した村人に「扶持方」として「台飯」を給付することになっていたのは、②の徴兵の場合とおなじです。ここでも大名は、領民を奴

隷のようにタダ働きさせることなど、できなかったのです。〈日に一升飯（イッショメシ）〉というのが、どれほどの賃金水準だったか、いまは特定できません。しかし、①〜④などの事実が、〈やらずぶったくり〉とか〈圧政と貧困〉というわたくしたちの常識と、大きくかけ離れていることだけは、おわかりいただけるでしょう。

しかも③によれば、それでもなお村人は、大名の夫役（ぶやく）を嫌って、こっそり日雇の人夫を身代わりにだしていた、というのです。それほどに農民たちは農繁期に自分の村つまり生産の場を離れるのを、ひどく嫌ったのです。

ほかの戦国大名でも、事情はおなじだったようです。たとえば小田原の北条氏は、天正十五年（一五八七）七月、戦争の危機を予感して、村人に徴兵を求めたとき、

⑤よき者を撰び残し、夫同前の者（人夫）を申付け候わば、当郷の小代官、何時も聞き出し次第、頸をきるべき事、（『戦国遺文』後北条氏編三三三三〜四八）

とひどく神経質に警告していました。

村人が「よき者」つまり村の優秀な若者を兵にださず、「夫（ぶ）同前の者」つまり日雇い人夫みたいな怠け者ばかり出したら、村役人の首を切るぞ、というのです。また、あの武田軍も、信玄の死後は役立たずの傭兵（夫丸（ぶまる））ばかり、と敵味方がうわさし合っていた、といいます（小稿「村の動員」『中世の発見』吉川弘文館）。

大名が村むらにかける夫役や徴兵は、村ごと家ごとの石高（高役）とか家数（家役）が基準であっても、じっさいには、村人が大名の夫役や徴兵を嫌い、代わりに金で日雇い人夫を雇って、割り当て分の員数合せをするという風潮は、かなりひろがっていた、とみていいようです。

3　村の徳政

民衆を夕ダ働きさせるどころか、災害や戦争など、世のなかの大きな変動が起きれば、大名にはけんめいな徳政策が期待される、というのが普通でした。危機管理は大名の当然の責務だ、とされていたらしいのです。

その一は、凶作の徳政です。永禄三年（一五六〇）五月十三日、まだ上杉謙信が長尾景虎といったころ、その重臣たちが名を連ねた、こんな政令が出されています。

> ①当府（直江津）町人前の事、……おのおの日を逐つて悃窮と云々、これによつて、かつは御哀憐かつは外見、皆とも相宛がせらるべきため、往古よりありきたる諸役、ならびに地子以下、五箇年の間、これを免され畢、（「上杉家文書」県史二七六）

直江津（上越市）の町人たちが日ごとに困窮しているという。その窮状を救うために、古くから決まっている課役や税金を、こんご五年のあいだすべて免除する、というのです。

この文面からは、なぜ直江津町人が困窮しているのか、理由はわかりません。ところが、後世に作られた上杉家の正史「上杉年譜」六は、この措置について、こう解説しています。

②御条書（徳政令）ヲ、国中ニ出サル、去ル元年（永禄）旱魃、去秋（永禄二年）霖雨潦、両年荒亡ニ依テ……（町人には）諸役等、悉ク免除アリ、百姓ニハ、其土地ニ依テ、困窮勝レタル輩ニハ、其賦税三分一ヲ納メ、或ハ所ニヨリ、皆是ヲ赦サル、　（越佐史料四―二四六頁）

おとといはひどい日照り（旱魃）、去年の秋はひどい長雨（霖雨）で、二年つづきの大凶作になってしまった。そこで大名は国中に政令を出して、町人には課役をすべて免除し、百姓には田畠の被害に応じて、年貢の三分の一ないし全額を減免してやった、というのです。

謙信はそのあくる年にも、「上田庄（南魚沼）・妻有庄（中魚沼）・藪神（北魚沼）、去年水損」と、魚沼一帯が大水害に襲われたことを語っています（「上杉家文書」県史一〇一八）。よその地方をみても、永禄元年（一五五八）は「天下大旱」といわれ（「皇年代略記」）、同三年の甲斐（山梨県）でも、

六月十三日、雨降り始め、来る十月まで降り続き候あいだ、耕作以下、何もこれ無く候、　（「妙法寺記」）

と記録されています。みぎの「上杉年譜」のいう、永禄元年からつづいたひどい凶作というのは、越後だけではない、大きなものだったようです。

みぎの徳政の措置は、①によれば、上杉謙信の根拠地であった、越後府内（上越市）の町人だけが対象になっていますが、②は百姓もふくむ国中全域が対象だった、といっています。この②は後世の説で、いまのところ傍証がないのですが、無視できない情報だ、とわたくしは注目しています。領域がひどい凶作に直面したとき、大名が年貢・課役を大幅に減免する、徳政を期待されていたことは、確実とみてよいでしょう。

その二は、災害の徳政です。①につづく永禄四年（一五六一）三月、こんどはこんな謙信の政令が出ています。

上田庄（南魚沼）・妻有庄（中魚沼）・藪神（北魚沼）（庄）、去年水損について、地下（じげ）人等を窕（くつろ）がせらるべきため、御徳政掟（おきて）の事、

③一、しやくせん（借銭）・しやく米（借）、とくせい（徳政）ゆくべき事、

④一、しちおき（質置）男女、同前、但、うりきり（売切）、除之（これをのぞく）、

（「上杉家文書」県史一〇一八）

謙信が語っていたように、去年の夏から秋にかけてつづいたひどい長雨で、上田（うえだ）・妻有（つまり）・藪神（やぶかみ）の三つの荘域（ほぼ現在の南・中・北魚沼三郡の全域）は大水害に襲われていました。そこで、魚沼の村人の難儀を救うため、ここに「徳政」を実施する、というのです。

「御徳政掟」と題された、この政令の主な内容は、③魚沼地方の人びとが借りている米や銭は、徳政の対象とし、債務をすべて破棄（帳消し）する。④借金のカタに取られてい

る男女も破棄の対象にふくめる。ただし売ってしまった男女には適用しない、というのです。④のただし書きからは、「うりきり」という、人身売買の習俗があった様子もうかがわれます。

その三は、戦禍の徳政です。天正八年（一五八〇）三月には、謙信のあとをついだ上杉景勝の朱印状によって、つぎのような措置がとられています。

⑤当地三佐島(みさじま)の郷、去々年錯乱(さくらん)について、百姓ら怠転(たいてん)の由、これによつて、来年まで諸役ご免許の条、この旨、早々に触れらるべきの由、御印判(ごいんばん)をなさるるものなり、

（「上杉年譜」二四）

戦禍をうけた魚沼郡のうち三佐島郷（十日町市か小千谷市か）に、来年まで課役を免除する、というのです。「去々年の錯乱」というのは、天正六年（一五七八）にはじまった御館(おたて)の乱(らん)のことで、上杉謙信が急死したあとの相続争いで、越後の勢力を二分して広がった、越後の内乱を指しています。それから三年目のこの年、激戦を勝ち抜いてライバルの景虎を敗死させ、勝利をほぼ確実にした魚沼出身の景勝は、その地元で、先の①とよく似た免税の措置をとったのです。

さらに天正十一年（一五八三）七月、こんどは、もっと大がかりな「徳政」の令書をだしました。

⑥一、御一乱(天正六年)以来の借物、徳政たるべき事、

付けたり、

⑦あるいは男女、あるいは太刀・かたな、そのほか衣類等、いかがの物に到るまで、珍宝(質草)ことごとく相返すべし、

⑧但し、四、五年このかた、年々の質物(しちもつ)相ながし、徳人も催促に及ばず、借物の人もその沙汰なく、互いに御行き候わば、その分たるべく候、

⑨当春中、借り置き候質物ならびに年季(ねんき)の男女をば、相返すべき事、

(「上松文書」県史三三五二)

その規模は、⑦債務の破棄は、男女・刀剣・衣類などすべての質草をふくむ、という大きなもので、③・④の永禄四年の徳政令とよく似た内容となっています。⑧ただし乱後の貸借でも、貸手(徳人)・借手ともに放ったままになっているものは、そのままでよい。⑨この春に借金のカタに取られたばかりの質物や男女も、こんどの徳政の対象とする、というのです。以上は全五カ条の第一条です。

⑥の御一乱いらいというのは、⑤の去々年の錯乱とおなじで、御館の乱を指しています。このころ景勝は、さいごまで激しく抵抗していた中越全域をついに制圧して、覇権を打ち立てると、いわば民衆にたいする内乱の総決算として、この徳政令を出したのです。⑥で

借金の棒引きが適用されるのは、内乱が始まってから後の貸し借りだけといっているのが、戦禍を償う徳政という、この措置の性格をよくあらわしています。

ところで、⑤の措置がまだ内乱の渦中で、かぎられた地域の徳政だったのにたいして、この⑥は越後に覇権を打ち立てた直後にあたっています。この時期からみてわたくしは、むしろこの徳政は、景勝がついに国主になったことを高らかに告げる、〈代替り徳政〉でもあったのではないか、とみています。

たとえば、謙信のライバルだった小田原の北条氏康が、永禄三年（一五六〇）に家督を息子の氏政に譲ったとき、代替り徳政をやったことは、よく知られています。

⑩一、……分国中諸郷へ徳政をくだし、妻子・下人の券を捨て……ことごとく取り帰し遣わし候、

といっているのがそれで、借金のカタに取られて、債務奴隷になっていた妻子や下人も、その証文を破り棄てて、もとの家に帰してやった、というのです（「安房妙本寺文書」）。この措置は、上杉領の④・⑦とそっくりです。この徳政の裏にも、越後とおなじ大凶作があったのでしょう。

こうした代替り徳政の歴史は、はるかに古いのです。たとえば、源実朝が三代将軍に就いたことを伝える、鎌倉幕府の公式記録は、元久元年（一二〇四）の四月十六日条で、

⑪去年、御代始め故に、撫民の御計ひあるべきによつて、限りある乃貢、なほ、減ぜられをはんぬ、
⑫今年その節（越後など三カ国の内検）を遂げらるるにおいては、民戸定めて休しがたからんか、しからば、善政を行はれざるがごとし、しばらく擱かるべき……、

（『吾妻鏡』貴志正造訳、三―一〇〇頁）

⑪去年は新将軍の代始めとして、減税の徳政をおこなったばかりなのに、⑫こんど越後など三カ国に作柄の調査を強行すれば、民衆の不安を招き、せっかくの代替りの「善政」が、無駄になってしまう、というのです。この「撫民の御計ひあるべき」という文言は、代替りには特別の「善政」つまり徳政があるのは当然という期待が、早くから世のなかに根強くあったことをうかがわせます。

また、ずっと降った江戸時代の貞享元年（一六八四）、美濃の大島村の庄屋だった安藤氏は、その覚書に、村の出す五種類の納め物をあげて、

右の五ケ条、貞享元年子ノ年、御代替に付き、御赦免遊ばされ候、

（安藤周悟氏所蔵『岐阜県史』近世）

と書き留めています。この村でも、殿様の代替りにあたって、さまざまな税の減免がおこなわれた、というのです。古くからの〈代替り徳政〉の習俗が、江戸時代までしっかり持

ち越されたことは、まちがいありません。

4　村の勧農

こうして徳政は、相次ぐ凶作・災害・戦禍を切り抜ける、領主の危機管理策の柱として、世のなかから強く期待されていました。その施策は、徳人とか有徳人などといわれた、民間の商人や有力者に犠牲をしわよせするだけでなく、免税や減税などの措置をとることで、大名自身が犠牲をはらうのも、徳政の大きな焦点だったのです。

そればかりではありません。不作の年に種籾や食料を補給したり、耕地の用排水路を整備する仕事も、勧農と呼ばれて、大名の大きな責務でした。

たとえば、戦国も末の文禄四年（一五九五）二月、そろそろ田畠の仕事がはじまるという時期を迎えて、上杉景勝の重臣だった直江兼続は、新しく開いた柏崎の藤井堰の掟を定めて、こう指示していました。

①一、田畠ならびに屋敷共に、一切（年貢は）五年やすみたるべき事、
②一、彼の地おこし（興）申すにおゐては、作食、当年、利なしに、かし（貸）申すべき事、
（柏崎市田尻の庄屋「酒井文書」県史二二八九）

①この新しい藤井堰の用水系に、田畠や屋敷を作るものは、こんご五年間は免税とする。

②ここで農地を起こすものには、そのための食料（作食）を無利子で貸付ける、というのです。戦国の大名が村人から何を期待されていたかが、じつによくわかります。

さらに、それから二〇年ほどたった、江戸時代初めの元和二年（一六一六）十月、この年の国替で、また長岡・魚沼地方の大名になって、信州から越後にもどってきた堀直寄は、着任するとすぐ、「村むらに申し聞かす置目」という、堂々とした施政方針を発表しました。

③一、在々にこれある永荒の儀、三ケ年、作取りに申し付くべく候間、……右の荒地おこし申すべく候、
④作食ならびに種籾、高拾石に付て、米壱石五斗宛、借（貸）し遣わすべく候事、
⑤一、……罷り（走）はしり候百姓、何方にこれある共、来春の耕作まえに、その村へ、立帰り候ように……
⑥いかようのとが（咎）、くわんたい（緩怠）仕り候共、今度、代替の儀に候あいだ、用捨せしめ候、

（『長岡市史』資料編近世一一六）

つまり、③村むらにある荒れた農地を復興したら、これから三年間、その農地は免税（作取り）にする。④耕作にどうしてもいる食料や種籾は、田畠の高一〇石につき米一石五斗の割りで、貸付ける。⑤よそへ逃げていった村人も、村に戻ることを認めるから、来

春までに帰ってきてほしい。⑥罪を犯して村を出た者も、代替りの徳政として、とくに罪を許す、というのです。

この③・④は、先の①・②とほとんどおなじ措置です。⑤の「村へ立帰り候ように」というのは、前にみた還住の保障とおなじで、領主が替ったとき、必ず領主が村むらに出す、村を安心（安堵）させるための基本策で、⑥はそのための恩赦でした。

戦争や国替になると、とつぜん領主が変わり、得体のしれない〈よそ者の領主〉がやってきます。戦争の惨禍が身にしみている人びとは、村を捨てれば罪になるとわかっていても、警戒して村から逃げ出すのが、習性になっていたらしいのです。

しかし、耕す人のいない農地など、荒れ地とおなじことで、それでは国の支配が成り立たないのです。そこで新しい大名は、「今度、代替の儀に候」といって、③免税・④貸付け・⑤帰住・⑥恩赦など、多彩な〈代替り徳政〉の方針を盛りこんだ、「村むらに申し聞かす置目」を発表して、村人たちの協力を求めたのでした。

これと同文の文書は、長岡周辺の村むらにいくつものこっていますし、二年後の元和四年（一六一八）に村上へ転勤になったときも、堀直寄は村上でほとんど同文の〈代替り徳政〉を実施しています（長岡市立中央図書館所蔵文書）。そうしなければ、〈よそ者の領主〉が〈土着の村人〉たちに受入れてもらうことなど、とうていできなかったのだ、とわたくしは思うのです。

傍証を一つあげましょう。天正十八年（一五九〇）の春のことです。徳川家康の軍が小田原攻めの先がけとなった伊豆（静岡県）を占領し、豊臣秀吉からこの国をもらうと、すばやく村むらにこんな施策を出しました。

⑦当成ケ（なりか）の事、前々のごとく仰せ付けられ候……、
⑧田地荒れざる様に、開発するにおいては、先ざき定めの成ケの内をも、少し御宥免（ゆうめん）これあるべく……
⑨散憐（逃散）いたし候百姓ら、何れもめしかえし、指南（しなん）を仕らるべく候、
⑩種公用これなきにおいては、入り次第、借（貸）し申すべく候、
（伊奈熊蔵郷村法度『伊奈忠次文書集成』）

⑦ことしの村の年貢（当成ケ（なりか））はいままでどおりとする。⑧荒れた農地をおこせば減税する。⑨村を捨てて逃げた村人は召返し、庇護することを認める。⑩種籾がなければ、必要なだけ貸付ける、というのです。

これを、長岡領に出した堀氏の施政方針③～⑥とくらべますと、⑧は③と、⑨は⑤と、⑩は④と、それぞれじつによく似ているのです。国替の初めに「今度、代替の儀に候」といって、堀氏のやった免税・貸付け・還住・恩赦など、一連の〈代替り徳政〉は、かれの

独創などではなく、新入りの領主なら必ずとるべき措置だった、ということがわかります。

こうして領主の代替は、世の人びとからは、〈村の世直し〉として、大きな期待をよせられてもいたのでした。いいかえれば、これら③や⑧の免税、④や⑩の貸付け、⑤や⑨の還住、⑥の恩赦など、多彩な民衆の救済策こそは、領主が世のなかから負わされた職責、つまり勧農の核心だったのです。

なお代替りの恩赦といえば、昭和から平成へ、天皇代替りのときの恩赦を思いだされる方もあるでしょう。いまは、汚れた政治家たちの選挙違反を救うのがねらいの、政令恩赦だけですが、もともとは、長岡での堀氏の施策のように、免税・貸付け・還住・恩赦など、多彩な民衆の救済策の講じられるのが、〈代替り徳政〉のほんらいの姿だったのです。

5　大名の法

戦争のほかに、戦国大名のやったことといえば、分国法を定めたというのが、どの日本史教科書にも必ず書かれていて、よく知られています。問題は、その分国法で大名が何をめざしたかです。その裏には、大名という地域権力がどうやってできあがってきたか、その秘密を解く大きなカギが隠されていそうです。上杉氏の法を探ってみましょう。

たとえば、天正五年（一五七七）十月、上杉謙信はこんな法を定めています。

①一、喧嘩口論これあるに至らば、理非もいらず、双方共に成敗の事、
②一、境論と号して、御意を請わず、間のおうりょう（押領）・公事さた（沙汰）、これ有るまじき事、
（能登あてか「上杉家文書」県史二六八）

①かってに喧嘩口論をする者は、理由のいかんを問わず、両成敗とする、②お互いの境界争いといえども、大名を無視したかってな実力行使はみとめない、というのです。これは喧嘩両成敗の法と呼ばれて、どの戦国大名の法にも共通していたことが知られています。つまり、モメゴトの処理は、実力に訴えず、すべて大名の裁き（御意）に一任せよ、というのです。

そのねらいがもっともよくわかるのは、上杉景勝が柏崎の町にだした「掟」です。謙信のあとを継いで間もない、天正八年（一五八〇）二月のことです。

③一、町中の公事沙汰、私として落着あるべからず候、細事の儀に候とも、奉行中へ相達し、大途の是非を成すべき事、
④一、喧嘩口論、理非を謂わせず、双方共に罪科に処すべき事、
⑤一……付、器物（ます）の儀、私を以て致すの由、甚だ曲の子細に候、所詮、売買ともに同前たるべく候、権（はかり）の儀、これまた同篇たるべき事、
（「柏崎市立図書館所蔵文書」県史二二七七）

③町中のモメゴト（公事沙汰）は、町人だけ（私）で処理せず、どんなささいな事件（細事）でも、奉行に届けて大名（大途）の裁きを待て。④かってな喧嘩は、理由のいかんを問わず両成敗とする。⑤町中の取り引きに使う度量衡も、かって（私）にきめてはならぬ、というのです。

またその翌年の暮にも、柏崎むけの制札で、景勝はこういっています。

⑥一、公事沙汰の儀は申すに及ばず、何事においても、代官を指置き、別人に付いて
訴訟を致すべからざる事、　（「柏崎市立図書館所蔵文書」県史二二七九）

⑥モメゴトを大名に訴えるとき、きまった代官（奉行）をさしおいて、私的なコネをつかうな、というのです。国内のモメゴトはすべて大名が集中して処理する、という紛争処理の仕組みを徹底させよう、というのでしょう。これは柏崎の町場でのことです。

村むらのモメゴトについても、天正十六年（一五八八）三月、景勝の重臣だった直江兼続は、こんな保障を与えています。

⑦今度、山公事を企て、西海の百姓と相対に、神慮に任せて、火災（鉄火）に及び、理運たる
の条、落着せしむるの状、件のごとし、　（「糸魚川市御前山区有文書」県史二二一九）

もともと隣合った村どうしの山のナワバリ争い（山公事）は、地域の自力で解決する、というのが中世の村むらの習いでした。⑦でも、御前山村と西海村の山争いがこじれたあ

げく、代表を出し神前で火の塊をつかんで、取り勝った方の主張を神の裁き（神慮・理運）としよう、と話がまとまりました。やがて鉄火（火災）による神裁がおこなわれ、争いは落着したのでした。

ところが大名は、古くからあった、こうした村どうしの自主的な決着にまで口を出して、裁判の結果は自分が保障するといって、神様の裁きまでも、なんとか大名の裁きに取り込んでしまおう、としているのです。

景勝が③で「私（わたくし）として落着（らくちゃく）あるべからず」と明言したとおり、モメゴトの処理は、私（個人・自力・戦争）で解決するのをやめて、公（おおやけ）（大名・法・裁判）にすべてをまかせよう、というのが大名の主張だったのです。戦争から平和へ、という呼びかけでもありました。

もともとモメゴトは自力で解決すべきもの、復讐は正義だ、というのが中世の習わしで、くりかえされる戦争の惨禍も、あきらかにその結果でした。だから、分国内のあらゆるモメゴトは大名が公に解決する、私の解決はいっさい認めない、と大名が宣言したのは、実力行使や戦争の惨禍をなくしたいという、中世の人びとの切実な願いに応えるためだった、とわたくしは考えるのです。

おわりに

戦国大名は民衆のために何をすべきだったのか、実際に何をしたか、と村のがわから大名の役割を問うのが、このお話の主題でした。

江戸時代の初めに、魚沼の村人たちが「地頭は替るもの、百姓は末代」と語っていたのを、初めて知ったとき、わたくしはとても驚きました。領主と民衆を〈圧政と貧困〉というワクにはめてみる、わが業界の常識とは、あまりに大きく隔たっていたからです。しかしこの言葉は、あの秀吉のバテレン追放令のあと、天正十八年（一五九〇）いらい広く各地の村文書にもみえているほどですから、領主を〈油断できないよそ者〉・〈しがない転勤族〉とみる、村人たちの徹底して冷やかな領主観は、江戸時代のすべての庶民のものになっていた、といえそうです。この考えのおこりは、もっと古いのでしょう。

そういえば、戦国の初めの和泉の日根野庄（大阪府泉佐野市）近くの村でも、粉河寺軍の「猛勢」に襲われたとき、わたくしたちは、「草のなびく様なる御百姓」だから、けっして敵対する気はありませんと強調し、

①何れ（いず）の御方（おんかた）たりといえども、ただ強き方（かた）へ随い（したが）申すべきなり、

（永正元年＝一五〇四「政基公旅引付」）

といっていたのを思いだします。百姓というのは、風になびく草のようなもので、領主などだれだってかまわない、ただ強くて頼りになる方につくだけさ、というのです。

越後でも上杉景勝が、部下を戒めて、こう語っていました。天正六年（一五七八）七月、まだお館の乱がはじまったばかりのころのことです。

②無人数に候あいだ、……地の者どもに申し付くるよし候、万事咲止（しょうし）に候、大なみの時は、必々うちあけ（打明）べく候に、なまじいに地下人（村人）ばかりに持たせ、けっく（結句）、敵のす（巣）に成るべき事、咲止（しょうし）に候、（「徴古存墨」県史三六二八）

いくら軍勢の手が足りないからといって、村むらの百姓（地の者ども・地下人）だけに、前線の城を任せるのは危険だ。イザというときはきっと逃げ出されて、敵の巣にされてしまうぞ、というのです。

戦争のとき村人をあまり頼りにするな、というのです。大名の心にひそむこうした百姓への不信感は、大名が百姓を無能の役立たずとみていたからではなく、じつは村人を「草のなびく様なる御百姓」と知って、いつも警戒していたからではないか、とわたくしは推測しています。①は百姓たちの言葉で、②は大名の言葉と、立場はまるで逆なのですが、相手に距離をおいて、お互いを突き放してみる見方が、とてもよく似ているからです。

「地頭は替るもの、百姓は末代」という見方も、きっとこれとおなじことで、〈兵〉と

〈農〉、つまり、世間に出て平和を守るのは領主のつとめで、村に土着して物を作るのは百姓のしごとと、おたがいの職能をはっきりちがうものとみる。そういう〈兵農分離〉の意識は、すでに戦国の初めには、越後の村人たちのあいだにも、たしかに生まれていた、とわたくしは考えています。このことを今日の結論にして、つたないお話を終わらせていただきます。

〈この話は、一九九三年八月末、新潟県十日町市博物館での講演「戦国大名の役割を問う――大名は世のために何をしたか、すべきだったか」を、改題してまとめ直したものです。〉

〔『長岡市史研究』5、一九九四年、収載〕

二　戦国の村と城——大宮の戦国をしのぶ——

1　戦う村の面影

この春、いまも埼玉県大宮市に伝わる大和田村古文書を読んでいたわたくしは、ふとこんな記事にであい、とても驚きました。

大和田村の者共、大勢にて、奉行に名主（を）さきだ（先立）て、鑓・熊手・おの（斧）を持ち、時のこゑ（声）あげ、右の原（高井原）を残らずろうぜき（狼藉）、きりをこ（切起）し申し候えども、中丸村は小村にてござ候ゆえ、是非に及ばず、出合い申さず、（大宮市文化財調査報告二四、古文書27）

一七世紀の中ごろ、万治三年（一六六〇）の春、村境にある馬草場（馬の飼料にする草を刈る野原）を争って、中丸村が北隣の大和田村を告発した、訴状の一節です。中丸も大和田も、戦国の寿能城のほぼ対岸にあたり、いまはともに大宮の市域です。

その春のある日、大和田の村から、名主が先頭にたって指揮をとり、農民たちが大挙して、手に手に槍・熊手・斧などをもって、鬨の声をあげ、わが中丸村の馬草場（まぐさば）高井原に押しかけて、乱暴のかぎりをつくしました。しかし中丸は小さな村なので、応戦のしようもありませんでした、というのです。

また中丸村は、大和田がわがこの野原をかってに「入相（いりあい）の原」つまり共有の入会地だと主張し、村境の大切な目印になっていた、境木（さかいぎ）を折ったり、引き抜いたりし、境堀（さかいぼり）まで埋めてしまった、とも訴えています。

これを読んでわたくしはとても意外でした。たとえ誇張があるにせよ、ときはすでに江戸時代、それも半世紀あまりたつというのに、ここ大宮市域の大勢の村人が、隣村との山野の争いで、名主みずから指揮をとって、槍・熊手・斧などで武装し、鬨の声をあげて、まるで中世の一揆か戦国の軍隊さながらに、現場に押しよせ相手をやっつけた、というのです。

槍といえば、あの豊臣秀吉の刀狩令でご禁制になったはずの、れっきとした武器ですし、斧は農具といっても恐ろしい刃物です。もしかすると熊手も、農具ではなく武器だったかもしれません。

なお、それから一八〇年ほどたった、天保七年（一八三六）の地境いの争いでは、この大和田村が、こんどは「およそ八、九十人ほど、めいめい鳶口・鋤・鍬等を携え、まかり出た」と、相手の猿ケ谷戸村から、きびしく訴えられています（大和田村古文書34）。村の武装といっても、いかにも戦国ふうな「鑓・熊手・斧」から、平和な江戸らしい「鳶口・鋤・鍬」などの農具へと、村のもちだす武器は大きく変っているのですが、実力行使であることに変りはありません。

こうして、大宮市域にのこされた江戸時代の一連の古文書から、思いもかけず中世の「武装する村」の面影が、くっきりと浮かびあがってきます。おそらく戦国いらい、村むらはさまざまなもめごとに備えて、みずから武装し、村として実力行使で問題を解決する、組織された村の軍事力をもち伝えていたにちがいないのです。

2　誓約の鐘

大和田の古文書でわたくしが驚いたのは、それだけではありません。訴えられた大和田村は、中丸村の主張を「偽にてござ候」とまっこうから否定したばかりか、むしろ中丸村の方こそ、村の南境にある堀の土手を、「入相の原」だといって、かってに埋め崩してしまったではないか、と逆に告発し、さらには、奉行所にむかって、

両（村）百姓のこらず起請文（きしょうもん）を取り替（かわ）し、三滝の権現の御前にて、鐘をつき、その上、

絵図の表をもって、御さいきょう（裁許）仰せ付けらるべく候、（同古文書32）

と、裁判のやり方にまで注文をつけ、もしそれがだめなら、「鉄火」を命じてほしい、と要求したのです。つまり、

(1)両村の百姓はのこらず、三滝（御岳？）権現に集まって、

(2)互いの言い分を記した文書に、全員が署名して、取りかわし、

(3)神社の鐘を鳴らして、主張にウソのないことを誓い、

(4)奉行はそれをもとに裁き、判決を絵図面で示してほしい、

(5)さもなくば、最後に「鉄火」の神裁をやらせてほしい、

というのです。

起請文といえば、大和田に伝わる誓約の控えをみますと、名主・惣百姓たちが、数多くの神や仏の名を書きつらねて「今世（この世）にては、白癩・黒癩・変病、来世（あの世）にては、無間地獄に堕つべし」と、誓いを立てています（古文書30）。誓いがウソなら、その罰にどんな業病も底なし地獄もいとわない、というわけです。

また「鉄火」は、双方の代表が神前に出て、灼熱した鉄の塊をつかみ、手のやけどのひどい方を負けとする、神意の占いの一つです。鉄火をつかめば、勝ち負けにかかわらず、手は大やけどで使えなくなってしまうという、残酷なさいごの手段でした。

こうして神前で村人の交わす起請文も、そのとき神を呼ぶために打ち鳴らす誓約の鐘も、鉄火の裁きも、ともに中世ではよく知られた紛争解決の呪術・習俗です。それが、江戸初期の大宮の村むらで、いまだに生々しく語られているのが、ひときわ目をひきます。

3　近所の「扱い」

しかし、もっと注目したいのは、どうやら大宮の村人たちが、あまり領主の権威をあてにせず、奉行所の裁きよりは、むしろ昔からの村むらの習わしに頼ろうとしていた、という事実です。村人たちは、お殿様の天下り的な裁判を嫌い、奉行所を土着の村のペースに引きずりこんで、なんとか自分たちに納得のいく判決をかちとろうとし、領主を牽制するために、あえて古い神裁の習俗をもちだしてきたのではないか、とも疑われます。

じじつ、村むらの頑固なねばりに、奉行所もほとほと手を焼いたようで、結局は、奉行所の頼みもあってか、近くの中野・新井・大谷の三カ村（大和田・中丸とともに旧南部領のうち）から、村の代表やお寺の坊さんたち六人が、「扱い」に乗り出しました。

そして双方に説得をかさねた結果、その秋の終わり、ついに一件落着にこぎつけたのです。条件は、問題の野原を「大和田村へ六分、中丸村へ四分」という比率で分割し、「六分・四分の境」に「永代に堅く境を立て」る、というものでした（古文書33）。調停の原案はおそらく「中分」の線だったのでしょうが、大きな村の大和田の顔をちょっぴり立てた、というかたちでしょうか。

この調停を受けいれた中丸村は、「もし、大和田分へかま（鎌）なりと持ち、中丸村の者入り候わば、かま御取りなさるべく候」といい、もし調停に背いて境を侵せば、鎌を取り上げられても、「かたわ」にされても殺されても、文句はいわない、と誓った「手形」を交わしています（古文書31）。

こうした近隣の村むらの「扱い」もまた、「近所の儀」などといって、戦国の世には広くみられた、もめごと解決の習俗の一つで、もしこの土着の調停に背けば、「中違（なかたがい）」という、「つき合いはずし」の制裁をうけたのです。それほどに、村どうしの連帯と共同は進んでいたのでした。

すなわち、戦国におこなわれた山野河海のもめごとの解決の習俗は、

(1)村むらはいつも自分たちの山野や河海のナワバリを監視し、もし侵入する者があれば、実力で排除するのが常で、

(2)境を侵す者を見つけたら、鎌や魚網などの道具を没収するのが「大法」とされ、

(3)もしも、一方が奉行所に訴え出ると、裁判にもちこまれますが、領主側が権柄ずくで強引に裁こうとしても、なかなか村人たちの納得は得られず、

(4)村人たちは奉行所の天下りの裁きよりは、むしろ土着の神裁や調停の方を重んじ、(5)結局は、近隣の村むらやお坊さんたちが「扱い」に乗りだし、その説得が実る、というのが通例でした。めったに領主の力をあてにしない、村むらの自主的な紛争解決の力量が光ります。

みぎの大宮の例は、世が平和になった江戸の初めのことですが、もし戦国の世なら、武装する村の力は、「みじめな民衆」「おろかな農民」どころか、じつはもっと強かったにちがいない、とわたくしは思うのです。

4 城主の説得

では、こうした戦国の村むらと、領主の城の間柄は、どのようなものだったのでしょうか。

累年、当宿(しゅく)にあって進退をおくり候筋目、さりとては、此度、走り廻らずして叶わず候、

(『埼玉県史』資料編中世一五四七)

これは、一六世紀も終わりに近い天正十八年(一五九〇)、いまから四〇〇年ほど前の春、豊臣秀吉の大軍が関東に押しよせ始めたころ、松山城(いま比企郡吉見町)の城主だった上田憲定が、松山宿(いま東松山市の市街地)の町人衆・わきの者あてに、戦いへの協

力をもとめて送った、手紙の一節です。

松山の町人衆・わきの者たちよ、諸君はわが松山城のおかげで、長いことこの宿で暮しを立ててこられたのだ。その筋目＝恩義を思えば、いまこの非常時に、松山城のために奔走するのは、当然のことではないか、というのです（本書二〇六頁参照）。

いかに危機に瀕しているとはいえ、城主が城下の町人たちに書いた手紙とは、とても思えないほどの、哀願めいた口調に、わたくしは心ひかれます。なんとか義理や一体感にうったえようという、こんな説得が必要なのは、もともと、お城のために働くかどうかは、町人たちの自由だったからではないでしょうか。

この城主は、別に村むらにあてて「百姓・わきの者、ならびに出家以下までも、ぶさたなく、はしりめぐり肝要」と命じていますが、指令の裏には、思いがけない説得が秘められていたのでした。

意外にも、城主と城下の町人たちの間柄は、「力ずく」よりは、むしろ「筋目」によって結ばれていたらしいのです。なお、この松山城も、一時は岩付城（岩槻市）の太田氏の拠点だったのですが、ここ大宮の寿能城主と大宮宿の人びととの関係も、この松山の場合とよく似ていたのではないか、とわたくしは想像するのです。

5　城は村の避難所

さて、いざ秀吉の大軍に襲われると、関東各地の多くの城は、戦わずあっけなく落城するのですが、岩付城ではたいへんな激戦でした。その落城直後の様子を、秀吉の家来はこう報じました。

何れも役に立ち候者は、はや皆討死いたし候。城のうちには、町人・百姓・女以下より外は、ござなく候、命の儀、お助けなされ候様と申すについて、百姓・町人・女以下、一定においては、助くべきために、責衆(せめしゅう)より検使を遣わし、たすけ、城を請け取り候、

(『埼玉県史』資料編中世一五五四)

戦力になるほどの侍はみな戦死してしまった、いま城内に残っているのは、町人・百姓・女性ばかりだから、命だけは助けてほしいというので、城に検使をやってよく調べ、町人・百姓・女性はみな解放したうえで、城を占領した、というのです。岩付城には、町人・百姓・女性など、大勢の非戦闘員が籠っていたことになります。

大宮に近い成田氏の忍(おし)城(行田市)でも、のちの『忍城戦記』は、ここに五〇〇〇人の侍・足軽のほか、雑兵・百姓・町人・法師・神官・女・子どもなど、三〇〇〇人あまりが籠っていた、と伝えています。寿能城でも、きっとおなじだったにちがいありません。

ただ、こうした大がかりな民衆の籠城ぶりは、これまでは、秀吉の大軍に攻められ、滅亡の危機に瀕した北条方が、分国をあげて決死の総力戦の構えをとって、民衆にまで総動員をかけたのだ、と説かれ、わたくしもそう考えてきました。

ところが、戦争で百姓・町人から法師・神官・女性・子どもまでが城に籠った例は、何もこのときだけのことではないのです。いまわたくしは、戦国の日本を実地にみた一外国人の、

日本での戦争の仕方は、いっさいのものを火と武器（の犠牲）に供するから、……住民は近くのもっとも安全な堅固な城塞にひきこもる以外に、救われる道はなかった、

（『十六・七世紀イエズス会日本報告集』1）

という観察に注目しています。

領主の城は、戦いのときには、領域の民衆の避難所になった、というのです。いいかえれば、それぞれの地域の領主には、領域の民衆の生命・財産を保全する責務があった、ということになります。戦国の領主たちが城の惣構えや曲輪（くるわ）などを、しだいに大きく拡張していったのも、そのためだったのではないでしょうか。

大宮の寿能城跡を歩いたとき、こんなだだっ広い城が、いったい何のために必要だったのだろうと、わたくしは不思議でならなかったのですが、もし、この城が大宮宿はじめ一

帯の人びとの避難所でもあったとすれば、納得がいきます。

6　村の義務、領主の義務

そういえば、太田氏の岩付領では、それぞれの村ごとに、岩付城の修理の持ち場がきまっていたようです。たとえば、

＊何時も、破損については、請け取り候所を、修復いたすべし、（浦和市の太田窪あて、塀＝二間二尺八寸の分担）

＊何時も、請け取り候所、破損については、修復いたすべし、（比企郡川島町の井草あて、塀＝六間の分担）

というように、ふだんから村はそれぞれ城の持ち場の補修に気を配るよう、責任をもたされていたのでした。つまり、城主は戦時には領民の安全を守り（領主の義務）、領民はふだん城の補修につとめる（村人の義務）、という緊密な関係にあったことになります。とすれば、村人にも城は自分たちのものという意識が芽ばえ、いざ戦争というときは、そろって城に避難したとしても、少しも不思議はないわけです。「結城氏新法度」三三条もこうした事情をよく伝えています。

本格的な城の修復は、大きな河川の工事とならんで、「大普請（おおぶしん）」と呼ばれ、村ごとに、

村高二〇貫文につき、一年に一人・一〇日、つとめは夜明けから日没まで、と「惣国の法」で決められていました。もし、村がそれをごまかしたりすれば、「咎普請」といって五倍の罰労働を科されますが、領主の方にも、どうしても一度に多くの人足が必要なら、村からつぎの年度分を「先借り」するという、きびしいワクがはめられていたのです。

城普請の労働といえば、村むらから大勢の農民たちが、いやおうなしに駆り出され、奴隷のように働かされる、とばかり思いこんでいたわたくしには、城に村の持ち場のあることも、村と領主をともに制約する「惣国の法」があることも、じつに意外でした。「みじめな民衆」に同情をよせるよりは、こうして、いかにも戦国の世らしい、生きいきした村の力量を見つけ出し、そのうえで、戦国の村と領主と大名の力わざの応酬ぶりを見きわめようと、わたくしはいま新鮮な村のナゾ解きに熱中しています。

〔特別展図録『寿能城と戦国時代の大宮』大宮市立博物館、一九九〇年、収載〕

三　戦国の城と町——戦国城下町論の再検討のために——

はじめに

城下町といえば、ひとは領主の城のまわりに計画的に作り出された従属的な町場、つまり城郭と一体となった軍事都市を思い浮かべ、城を中心とする同心円的な景観を連想するのが普通であろう。たしかに一六世紀末以降に創られた近世城下町にはこの型が多い。問題は、それ以前のいわゆる戦国城下町もはたしてこの型で説明しきれるか、戦国の城と町の関係ははたして近世城下町とおなじ性格のものかどうか、にある。この点については、まだ充分な検討が加えられたことがない。

以下、ここでは、北関東に戦国城郭の典型として知られる武蔵松山城と、その城下町といわれ、戦国の「町人さばき」の自治都市としても知られる、松山町の関係を例として、戦国期の城下町像の検討を試みよう。なお、史料と分析は『東松山市史』（資料編2・本編

1、拙稿）による。

いま松山城は、埼玉県比企郡吉見町の農村地帯にその中心部の遺構をよくのこし、松山町は埼玉県東松山市となって、比企地方の中心都市としての地位を占めている。地理的にみると、城は比企丘陵先端の山地を割きとって築かれており、その下を市の川が流れ、城郭のある小字「城山」の麓には大字「根小屋」をはじめ小字「山の根」・小字「村中」などの集落が広がる。いっぽう松山の町場は、これら城まわりの集落とはまったく離れて、市の川の氾濫原の広い湿地帯（海抜約一六メートル）を隔てた対岸の台地（海抜三〜三八メートル）上にひらけている。また歴史的にみても、戦国以前には、城は横見郡で、町は比企郡というように、市の川を境に所属する郡域が分かれており、両者の文献上のたしかな初見も、松山（町域）のほうが室町期にはあらわれ、「松山本郷」というこの地域の中心集落の呼称で呼ばれるのにたいし、城のほうはいまのところ戦国以前にさかのぼることはできない。

以上の諸点からみて、この城と町とは、もともと時間的・空間的にも、たがいに異なった条件のもとに成立し、それぞれ別個に存在していた、とみるのが妥当であろう。

1　城領と町場

室町期以降、松山城域は関東管領扇谷上杉方の勢力圏に属し、その家宰で相模を本拠とする上田氏の番城となっていた。だが、天文十五年（一五四六）四月、相模の戦国大名北条氏がここに扇谷上杉氏を滅ぼした後は、一転して北条方に服属した上田氏とともに、北条氏北進の前線拠点として、領国支城網の一環に編成され、松山衆とよばれる北条軍団の統轄下に置かれることになる。

永禄二年（一五五九）に集成された『小田原衆所領役帳』は、北条氏の支配下に松山の城と町の一帯で所領＝知行の配分がどのようにおこなわれたかを具体的に示す。すなわち、ここ松山城に配備された松山衆とよばれる軍団の構成は、主将の狩野介をはじめ一五名であるが、かれらはすべて、北条氏が伊豆から相模へと領国を拡大する過程で家臣となって活躍した、重臣たちとその一族・被官であり、松山城の掌握のために新たに編成された、北条の直属軍団であった。

これを現地松山のがわからみれば、松山衆はいわば外人部隊であり、地元勢力をまったく排除して乗り込んできた占領軍であった。たとえば、そのうち知行総高八二〇貫文余の狩野介、知行総高五〇〇貫文余の太田豊後守などは、その四五パーセントほどを、このとき松山近辺に新たに与えられて、知行をほぼ倍増させている。すなわち、所領役帳は完全に北条氏に接収された松山領の姿を示す。

まず、松山城のある現在の吉見町域で、所領役帳に登録された所領の総額は、一〇カ村・四五一貫四〇〇文にのぼる。そのうち、松山衆の知行方は一〇カ村・四二〇貫文で、全体の約九三パーセントと、ほとんどすべてを占める。このほかには、旧城主一族である上田氏が久米田村にもつ、二三貫文の所領のほか一件があるにすぎない。つまり、松山城の周辺一帯の村むらと所領は、ほぼ完全に占領軍の知行として接収されたことになる。

一方、町がわの現松山市域で、所領役帳に登録された所領の総額は、一〇二六貫九六〇文である（これには、所付けの不明な松山筋五〇〇貫文＝松田左馬助知行をふくむ）。このうち松山衆の知行となったのは三カ村・六七貫五〇〇文で、その内訳は、狩野介＝青鳥四五貫文、狩野左近＝岩殿九貫五〇〇文、吉村助五郎＝松山本郷一三貫文である。つまり、松山衆一五人のうちわずか三人が、この地域全体の七パーセント弱（松山筋五〇〇貫文を除いても一三パーセント弱）を所領とするだけであり、松山衆だけで城下の吉見町域の九三パーセントを掌握するのと、きわだった対照を示す。とくに町場にあたる松山本郷だけにかぎれば、松山衆はただ一人が一カ所・一三貫文を知行するにすぎないのである。

以上のような知行の編成は、松山城まわりの現吉見町一帯の所領が、松山衆という新たな軍団の駐留に伴う知行の配分に充てるため、もとの領主からほとんど没収されて、松山城付きのいわば城領に組み込まれてしまったことを意味する。外来勢力たる松山衆の駐留は、この地域の領主・農民関係に大きな変動をもたらしたのである。このような吉見町域一帯の全面的な城領化にたいし、町場がわの現東松山市域の所領は、そのごく一部が松山衆の知行の補充とされただけで、全体としては城領に編入されることなく、あきらかに別扱いを受けていることになる。

城まわり＝城領地帯と町場＝非城領地帯という、この対照的な領域編成は、たまたま戦国の一史料のみせた、この地域の歴史の一つの断面にすぎないにせよ、すくなくとも戦国大名北条氏が、松山の町場を松山城に付属する城領とはみなしていなかったことを明確に示す。この事実は、ややもすればこの二つの区域を城と城下町の関係で一体としてとらえがちな、従来の通念にたいする重要な反証といわなければならない。

その特徴は、とくに町場の松山本郷の知行配分状況に集約的にあらわれる。所領役帳に登録された松山本郷の知行高は、意外に少なく、全部でわずかに七八貫文にすぎず、大部分は松山左馬助の知行する松山筋五〇〇貫文にふくまれている、ともみられるが明証はない。この点は後に述べよう。ともかくもこの七八貫文のうち、松山衆の一人の知行する一三貫文（約一七パーセント）を除く六〇貫文（約七七パーセント）が、北条氏の直臣で足軽大将たる多米・富島の二人に、寄子（よりこ）衆つまりそれぞれの率いる足軽軍団の給田分として給与されている。この足軽軍団は北条氏の軍事力の機動性を支える大名直属の軍団であって、松山駐留軍たる松山衆とはまったく別個の組織である。この寄子給田の集団知行ともいうべき特徴は、じつは、松山衆でただ一人だけ松山本郷に知行一三貫文をえた、吉村助五郎の給分にも共通していて、松山本郷の知行編成をみるうえでとくに注目される。役帳に「一三貫文　松山本郷の内　吉村寄子給田に下さる」とあるのがそれで、これもまた本人の所領ではなく、配下の複数の寄子たちの給田に充てるよう定められていたのである。

このほかに松山本郷を知行するのは、北条氏の馬廻といわれる吉田勘解由のわずか五貫文（約六パーセント）だけで、これはふつうに単独知行のかたちをとっている。ただ、かれはここ以外には所領をもたない新たな出世組であるところからみて、知行の性格はみぎの寄子給田に近いものであったようである。

すなわち、松山本郷の知行の仕組みは、知られるかぎりほぼ全面的に、寄子給田・足軽軍団の給分、つまり多数の下級兵士たちの集団知行という、城領地域とはあきらかにちがう、知行主＝領主を特定しない（単一の領主に帰属しない）特異な知行形態をとっていたことになる。知行編成における城下地域と町場地域との画然たる区別は、ここからも明白であろう。この相違はおそらく松山本郷の町場としての特性に根ざしていた。以下、この点についてみよう。

2 本郷の市と宿

松山城の支配領域は松山領と呼ばれた。ほぼいまの東松山市・吉見町から西の比企郡域がこれにあたるが、比企郡東部には岩付領（いまの岩槻市を中心とする岩付城主太田氏の支配領域）が松山領と複雑に入り組んでいた。松山領の中心は、「山の根その外松山領」といわれたように、松山城のある字城山の東の麓に、字村上・羽黒・山ノ根・村中と連なる松山城の外郭にあたる城下集落である。その隣の城山北麓にある字根古屋は「松山根小屋足かる衆」の集住する区域であった。

これら松山領の政治中枢たるこの城山＝軍事区域にたいし、松山本郷はこの一帯とは市の川で隔てられた、対岸の台地の上に立地していた。その中心をなすのは、本郷の宿・本郷の市とも呼ばれた、宿場＝宿駅区域・町場＝商業区域であり、松山領の交通と経済の中枢の地位を与えられた。

この町場の特別扱いぶりをうかがわせるものに、この本郷宿に土着して、代官とか中次と呼ばれ、城主と町人衆のあいだに介在した、岡部越中守の特異な存在がある。この岡部氏は、高麗郡日影郷（いま飯能市）に土着し、この一帯を知行する松田氏の被官となっていたが、天文十八年（一五四九）に松田氏が松山筋五〇〇貫文の知行を得て、この地方の大名直轄領を管理する任を兼ねたのに伴い、その代官として松山本郷に派遣されたものと推定される。つまり、岡部越中守は、もともと松山城に駐留する松山衆には従属せず、松山城とは直接の関係をもたない存在であったわけである。

のちに永禄六年（一五六三）以降、上田氏が松山衆に代わって松山城主となり松山領を統轄するようになってからも、岡部越中守はひきつづき松山本郷の町代官の地位を維持し、城と町をつなぐ役割をはたしたから、町は上田氏の直臣による直接支配下に組込まれることはなかった。城と町の非一体性は、この代官岡部越中守の存在にもはっきりとあらわれている。元亀二年（一五七二）に、宿中の平和維持に関する本郷町人衆の訴えが、上田氏を経由せず直接大名あてにおこなわれ、大名がこれを保障する朱印状を町人衆にじかに交付しているのも、町と町人衆の松山城主からの自立的な地位をよく示している。

この本郷の中心となったのは、本郷町人衆と呼ばれた岩崎対馬守・池谷肥前守・大畠備後守の三人で、町人衆・三人の者などと呼ばれ、知行はもたないが、本郷中の死刑執行権をふくむ検断権、つまり治外法権を大名から保障されて、特別扱いをうけていた。

松山本郷は伝馬次ぎの宿駅として、大名領国の交通体系の一環に組込まれて、本郷の宿と呼ばれた。おそらく本郷町人衆三人の屋敷を基準として、平時には一日に人夫三人・馬三疋、戦時には一日に一〇疋をもって、路次一〇里（戦国の一〇里は約六六五〇メートル）程度の範囲の運輸にしたがい、また臨時の徴発にも応じ、特定の荷物以外は一里一銭の運賃を徴収すべしという、公方伝馬の課役と宿駅の掟が定められた。伝馬役は義務である半面で特権でもあったから、三人の本郷町人衆の地位は、この伝馬役をつとめることによって保障されていたのであった。

本郷の市は五・十の市（ごっとうのいち）とよびならわされる六斎市で、おそくも永禄五年（一五六二）には、もう始まっていたとみられ、元亀二年（一五七一）になると、市の日の掟が定められている。すなわち、市の日によそからやってくる商人は、市にいるかぎりは、世間のしがらみからの解放が保障され、市中での債務取立てなどの行為は「市の横合」つまり市場攪乱の罪できびしく処罰された。松山宿に住む町人には、市の日の濁酒屋での乱暴者や不法な押買い者を、その場で逮捕する権限が保障され、所定の陣夫三人・馬三疋以外は、運送や飛脚などの要求を拒否することができた。中世の市の日とは、そのような特別の日であった。

3 町の変質

しかし、やがて戦国末期になると、松山城主の経済政策に、中世の市町の城下町化ともいうべき、大きな変化があらわれる。たとえば「他所のあき人」が「本郷の市」以外の「郷村」で直接取引きすることを厳禁されるようになったのがそれで、違反した郷村の売り手は「一類共に成敗」とされ、本郷町人衆には抜け荷を「在々所々におゐてかたくとめ」て押収する権限も与えられた。一方、松山領の者が「他郷の市」つまり本郷の市以外の市に物産を出荷することも禁止され、本郷町人衆には、抜け荷馬の押収権のほか、制止をきかなければ「一人も二人も其上も、うちころすべき事」という、成敗権までも付与された。

つまり、一六世紀も末になると、松山城主の主導する強力な経済政策の展開によって、松山領の市場は本郷の市だけにかぎり、領内の郷村の物産の出荷・取引はすべて本郷の市に独占的に集中し、本郷町人衆がこれを統轄するという、本郷の市を中枢とする領域経済の統制の仕組み作りが推し進められていく。あきらかに戦国大名の力による中世の市町の改造策であり、本郷の市の城下町化、本郷町人衆の御用商人化の方向が顕在化するのである。

その傾向をもっともよくあらわすのが、城主の指令によって推し進められた、本郷新市場の創設である。新宿立ての理由は本郷の宿が発展して手狭になったためと公表されたが、そのことを記した天正十三年（一五八五）の城主から本郷町人衆にあてた朱印状に、「三人の者あい稼ぎ候段」と特筆されたとおり、三人の本郷町人衆がここでも重要な役割をはたしていた。

新市場の開かれた場所は、いまも東松山市で新宿（しんじゅく）の名で呼ばれる、本郷宿のあった現在の松本町を出はずれた、市の川に沿った自然堤防上の一帯である。そのすぐ対岸は松山城外郭の山の根で、城山からはほとんど眼下に見下ろす位置にあたる。本郷の市が城下に引き寄せられたかたちである。これによって新市場は新宿、本郷宿は本宿（もとじゅく）と呼ばれるようになるが、本郷の町人衆は、新宿造成の功績によって、本宿・新宿双方の問屋や市店などの支配権を保障されるなど、御用商人化の傾向をいっそう強めることになった。

翌十四年二月晦日の市日を期して、この本郷市場に城主の名で、つぎのような市の日の制札五カ条が掲げられた。新市場法の公布である。

一、市の平和を保障する、

二、市の日には、物産の村外持出し禁令を解除する、

三、市の商品は非課税とする、
四、市に来た者には債務の取立て行為を禁止する、
五、市の紛争には武士の介入を禁じ「町人さばき」とする、

この市場法の趣旨はじつは、それまで本郷の市にくりかえし出された市の掟とほとんど変わるところなく、むしろそれらの総合版というべきものである。中世の市の自由をそっくり備えた新市場が、戦国の権力の手によって創り出されたわけである。公布の日づけからみて、新市場も五・十の市であったらしい。本宿と新宿とで別の日に市が立ったわけではなく、ふだんの町店以外の定期市の場所と機能が、そっくり松山城に近い新宿に移されたものとみられる。新市場のさばきが本宿の町人衆に委ねられたのもそのためであった。

市の掟の執行は「代官ならびに町人衆」つまり町代官の岡部越中守と三人の本郷町人に一任され、松山城衆の介入は城主の命令で厳重に禁止された。「町人さばき」というのはこの態勢をいうのであろう。城主によって城下に創設された新市場に町人さばきが認められる、という逆説的な事態のなかに、城主によって保護され、特権商人によって掌握された、戦国期の新市の特徴がよくあらわれている。したがって、この中世末にあらわれた「町人さばき」の語に、これまでのように、町のかちとった典型的な都市自治という意義を付与するには、なお慎重でなければならないであろう。

おわりに

天正十八年(一五九〇)の春、豊臣方の大軍団の来攻という超非常事態を前に、城主の上田憲定は本宿・新宿の双方の「町人衆・わきの者」など「宿中の者」すべてに参戦・籠城を呼びかけて、

累年、当宿にあって進退をおくり候筋目、さりとては此度走廻らずして叶わず候、

と総決起を促し、現に町代官の岡部越中守は、「宿中の者」をとりまとめて、松山籠城に導いたのであった。

城と町の文字どおり一体化のかたちは、この非常事態を契機としてようやく実現をみたことになる。だがそれも正規の軍役動員態勢による強制をつうじてではなく、「累年当宿にあって進退をおくり候筋目」を説き、宿中の人びとの心情に訴えかけ町の自発性に期待する、というかたちをとっておこなわれているところに注目しなければならない。もとより城主の強調する「筋目」というのは、領主の町にたいする恩顧の関係を指摘したものであり、城と町の運命共同体としての一体性を意味しているにせよ、両者の関係が、強制や役ではなく、「筋目」を媒介として成立している事実には、やはり注目しておかなければならない。

以上で、戦国期の城と町の関係についての事例検討を終える。ここでみた城と町の関係の推移は、松山本郷と呼ばれた比企地方の中心集落に、ほんらい城とは無関係に成立した中世的な町場と町人衆が、松山城主の強力な政策と町人衆の画策によって、松山領の経済中枢として城主支配の下に取りこまれていく、いわば城下町化・御用商人化の過程であった、ということができるであろう。この方向は慶長五年（一六〇〇）松山廃城によって断絶し、松山の市町の城下町化はついに実現をみることはなかった。だが、それだけにかえって、他の城下町のような大改造をまぬがれ、単純に城下町とはみなしがたい、戦国ほんらいの城と町の関係をよくうかがわせる、貴重な事例となった。

〔『立教大学文学部総合研究論集』一九八六年、収載〕

四　領主の危機管理──領主の存在理由を問う──

はじめに──民衆にとって、領主とは何だったのか──

「領主の危機管理」などという妙なテーマを掲げました。危機管理という言葉はお聞きなったことがあるだろうと思います。もともと、世界の核戦争をどう回避するか、という人類の課題に関係して、キューバ危機のときから出た言葉だそうです。いまは広く紛争や自然災害を事前に回避するためのシステムを「クライシス・マネージメント」といっています。なぜそんな言葉を中世史のテーマにするか。

史料というのは客観的なものですから、だれの前にもおなじ顔をしてころがっています。ではどういう角度からそれをみるかというとき、できるだけ現実との緊張関係を強くもっていたほうが、自分の研究の視点がはっきりすることがあります。わたくしの『豊臣平和令と戦国社会』のときもそうでした。わたくしたちはこれまで「平和」や「戦争」をまっこうから歴史の研究の対象にしたことがあるだろうか、というのが一つの出発点でした。近代史では自明のことかも知れませんけれども、中世や古代になりますと、なんとかの変、なんとかの乱の研究は数多くありますけれども、もう一つ抽象度を高めて、それを戦争として追究するというような、現実の課題とも深くかかわる見方は、残念ながらあまり多くないのです。今回のお話も、戦争と平和という大きな枠組みのなかで、とくに戦争のなかの民衆に焦点をあてて、領主の危機管理という問題を考えてみよう、というわけです。

大きくいえばそういうことなんですけれども、じつは、もう一つの関心があります。皆さん受験勉強いらいお馴染の言葉に、「菜種油と百姓は絞れば絞るほどとれる」というのがあります。これは江戸時代のことで、中世だと「耳を切り鼻を削ぎ」が有名で、古代には、貧窮問答歌があります。わたしはこれを前近代民衆像の三点セットと呼んでいます。とにかく民衆というのはかわいそうなもので、領主は狂暴でいばってばかりいたという歴史像、みじめな民衆像を植え付ける重要な回路として、歴史教育のなかで大きな幅をきかせています。しかし「耳を切り鼻を削ぎ」というのも、そう言って百姓を脅す領主を訴えた文書のなかに出てくる言葉で、じつは逆に百姓がそう脅されたら領主を訴える、という法的地位をもっていたほうがむしろ重要なはずです。「生かさぬように殺さぬように」というのも、殺さぬようにのほうに重点を置いてみたらどうなるか。ともかく、ひたすら民衆を憐れみ、領主の強さだけを強調する動向には、まったく賛成できないのです。

むしろ、そんな領主がなぜ存在しえたのか、もし狂暴であこぎなことばかりをやっていたとしたら、よくもそれでもったものだ、と疑ってみるべきではないでしょうか。

またたとえば最近の危機管理の実状からみますと、湾岸戦争の起こったときの報道ぶりでは、ブッシュのアメリカの軍事力があのままでいったら、世界中を制覇してしまうのではないかとさえ思えた。ところがブッシュはどうも国内政治でうまくいっていないので、もしかするとその地位も危ないかもしれない、というようなニュースが伝えられています。なんのことはない、わたくしなどが勝手に軍事大国の世界制覇かというふうにブッシュをみたのですが、じつは、極度の危機的な状況を作り出し、その下で、強引に世界や国内世論の合意を取りつけた。その合意が成り立って、緊張状態がつづいているかぎりにおいては、ブッシュの力は強かった。しかしそれは一瞬の合意を基にしておこなわれる、きわめてかぎられた時空における専制にしかすぎない。その緊張が取り払われたらどうなるか、というのを目の当たりにしました。またこれはあまり正確ではないかも知れませんが、三原山噴火のときに島民の島外退去を強行した大島町長が、そのつぎの選挙で落選してしまった。もしあのあと三原山がもういちど派手に噴火していたら、町長さんは不動の地盤を創り上げてしまったかも知れない。

そういうふうに考えると、当面の主題である戦国大名が、ある戦争状態の下で、どのような危機管理をおこなうか、ある危機に実現してみせた権力の集中が、その緊張が去ったあとどうなるのかということは、検討に値するじつに興味深いテーマである。これがわたくしの出発点です。

前置きはそれくらいにしまして、それでは領主というのは、もともと日常的にどういうことをやるべき存在だったのか、何をすれば領主でいられたのか、というふうに見直してみます。①は地域の神社の祭りごとをする。②は勧農と申しますけれども、要するに農民の春の植え付けなどの農作業が順調にいくよう配慮する。この二つのことが領主の年ごとの責務の柱です。

①としては、たとえば中世・近世の検地帳などにみえる「仏神免」がそれで、宮田とか寺田もそうですね。つまり領主が取るべき物を、それぞれの寺社や寺院のお祭りの費用として在地に控除する。それから②の例としては「井料免」があります。「井」というのは用排水路という意味で、その維持の経費を領主が負担して、それを年貢から控除する。領主のほんらいはたすべき日常の責務がこの二つにきわめて象徴的にあらわされています。武家法の代表とされる御成敗式目も、その第一条に、神社を修理し、祭祀をもっぱらにすべきこと、と書いて領主の責務をあきらかにしています。

この二つを集約した儀礼が正月の吉書の儀です。領主と村のあいだで毎年の正月に、吉書という三カ条の誓約をする。まず第一条、神様仏様を大事にしよう。第二条、領主は勧農に勤めよう。第三条、秋になったら、農民は年貢を納めよう、というもので、最初の二カ条は先の①・②と対応しているわけですね。こうして領主と村は、年ごとに、お互いのはたすべき責務を、年頭の祝いの座でたしかめ合っていました。それだけに、これは平凡な年中行事として日常に埋没し、歴史の表面にあらわれることは稀なのですが、ここに領主と村の関係が集約されているとみて、わたくしは重視してきました。この吉書の場面をよくあらわしているのが、狂言の「百姓物」の舞台です。

さて、つぎの問題は、イザというときどうするか、です。こういう問題を考えるヒントになったのは、幕末の農兵の徴集です。兵農分離を前提に掲げ、領主が農民の生活と平和を保証することを建前にしてできあがった幕藩制国家が、近世末になるとそれが怪しくなって、兵賦の徴集をしようとする。インパクトは二つあって、一つは黒船、つまり国際的な緊張。もう一つは長州戦争という内戦の状態。この二つに直面して、はじめて農兵の徴集をはかり、失敗する。その失敗を受けとめた明治国家の徴兵令は、兵農分離の下で農民の徴発はできない、というこの経験に学んで、徴兵告諭で兵農合一論を出してくる。つまり兵農分離を否定しなければいけなかった。最近書かれた熊沢徹さんの農兵・兵賦論を読んでワクワクして、わたくしも戦国を見直してみよう、と考えたわけです。

1 天災と危機管理

1の「天災と危機管理」に入ります。これは災害と危機管理と言ったほうがわかりやすいと思います。史料1は一五世紀の終わりころ、作物の虫喰いの被害が止まないというので、播磨鵤(いかるが)庄の名主百姓が祈禱で虫の害をおさめて欲しい、と荘園領主の現地代官のところへ言ってくる。

【史料1】 明応七年(一四九八)(鵤庄引付、『太子町史』資料編)

一、……猶以虫喰不止間、政所衛、名主・百姓中ヨリ侘言ニテ、法隆寺江、注進有之、行信大膳幷百座仁王講以下執行、札(祈禱札)多地家(下)衛被下、さ様ニヨリ、虫漸々ニ喰止了、地家(下)ヨリ、料足千疋上ル、

そうすると、代官はすぐに荘園領主法隆寺に使いを立て、領主もすぐに仁王講以下の執行をして、やがてたくさんの祈禱札がお寺から村へ下されてくる。村人はこれを竹か棒の先に挟んで、田んぼにおまじないに立てたのでしょう。そうしたら、虫喰いがようやく止んだというのです。もしこの祈禱で虫害をくい止められないと、領主はその年の秋にはきっと村人に「年貢をまけろ」と言われるわけですから、領主にとっても他人ごとではあり

ません。しかもこの虫害が止んだのをみて、村むらから「料足千疋」がお礼に上納された。つまり農民が災害よけの責任を領主につきつけて、もし御利益があったら金を払う、というふうにしていることに注目したいのです。

二番目は天保ですから、もう江戸の終わりのほうになりますけれども、武蔵川越藩の例で、秋山伸一さんの論文におなじような話が出てくるんです。

【史料2】天保五年（一八三四）六月（秋山伸一「雨乞行事と近世村落」、三芳町『くらしとれきし』1）

A町在奉行より……諸人及難儀候ニ付、五穀成就・諸民安全之ため、三日三夜御祈禱、大興寺江被仰付、御札、村毎江被下置候様致度旨、申出（「川越藩日記」）、

B時分柄、五穀成就・民為安全、今十一日、三日三夜、大興寺江御祈禱被仰付候、此段、於村々致承知、小百姓ニ至迄、不洩様可申聞、且御札之義者、来ル十五日より、於役所、相渡シ候間、最寄村々申合、受取可罷出候（同右）、

C（天保八年六月）此節、打続日照ニ有之、村々難渋致、何分、田方御損毛之境ニ有之……一昨年通り、信州江雨乞、被仰付候様、致度旨、在々頭取共より、願出候旨、町在奉行より申出之（「石川日記」）、

日照りがつづいて村が難渋し、史料2Cでは「田方の御損毛之境」なので、一昨年どお

り信州へ雨乞いを仰せ付けてください、と川越藩に要求を出してくる。それを在々の頭取という連合村の代表が町在奉行をつうじて上申する。つまり町奉行所へやってきて領主へ圧力をかける。A・Bは請求を受けて藩庁では大興寺というお寺に命じて、三日三晩の祈禱をやると決めると、領主がこれから雨乞いすることを村中に周知徹底させよ、といっています。ここが重要なところです。領主もちゃんといいことやってるんだぞ、というわけで、しかも祈禱が終わったら祈禱札を村むらに配るから、役所に取りにこい、と大宣伝をしています。

村人は中世でも近世でもそうですが、自分でも祈禱や雨乞いをするんですけれども、ちゃんと領主にも要求をする。それは秋の損免査定を要求するための重要な伏線になっている、ということですね。黙って泣きの涙で世をはかなんでなんかいない。いったん村がわの要請を受けて災害よけの祈禱をやってしまえば、領主だって実情を認めたことになるわけですから、当然それで効き目がなければ損免をやらなければいけない、そういう両者のあいだのするどい緊張がここにあるのだということです。

百姓は農耕にあたるが、領主には全体の危機管理の責任があるから、領主のところへ祈禱の要求をもっていく。領主は僧侶にその祈禱をおこなわせる。祈禱を命令されたお寺さんもたいへんです。そういうようなかたちで、百姓と領主と僧侶のあいだに、災害という生産の危機をめぐって、あきらかに職能の分担関係が成立している、ということの点を第一にあげておきます。

2　戦時の危機管理

【史料3】（永正十六年〈一五一九〉六月二十日鵤庄引村）

（赤松）中務少輔殿……西八クン（郡）ノ諸軍勢ヲ被仰付……カワラニテ、時（鬨）ノコエ上了、然間、不及力条、御太子令閉門、御宝前エ取籠、拙者一人ハ腹ヲ可切覚語（悟）ニテ、中間・小者以下キトマヲ出、一人取籠了、此子細、中務少輔殿三奉行衆キ、ヲヨハラレ、驚天候テ、諸勢ヘフレ（触）ヲナシ、勢ノ一ヲモ、鵤庄エハ不可入趣、下知了、

前置きふうに史料3をあげておきました。これはさっき虫の祈禱をやったおなじ播磨鵤荘の農民が、荘園の外に出て、守護赤松の家来と喧嘩して殺してしまう。赤松方はこの荘に犯人の引き渡しを要求してくるが、それを拒否する。ついに赤松の一族が、西八郡の軍勢を率いて、荘境いの河原のところにきて鬨の声をあげ、圧力をかけてきた。そうしましたら、領主代官の政所のお坊さんは力及ばずというので、太子堂という聖徳太子をまつる中心的なお堂の門を閉じ、自分一人が閉じこもって、聖徳太子の前で腹を切ろうと決心し、

中間や小者に全部いとまを出す。そうしたら河原でそれを聞いた赤松方の三奉行は「驚天候テ」とありますが、びっくりして「諸軍ヘフレ（触）ヲナシ」、引き連れてきた軍勢の一人たりとも鵤荘には入るべからずと命令をした、という。小さな喧嘩から軍勢が押し寄せてくるというような、戦国的状況のもとで、一人の領主代官が、イザというとき、決死の覚悟で荘を守る行為をしている。これこそが領主のはたすべき責務であり、存在理由であったにちがいない、とわたくしは考えます。

研究史に学ぶ

ではそういう研究史はないのか、と言いますと、勝俣鎮夫さんに、それに関する優れた二つの論文があります。一つは（1）「戦国法」（『戦国法成立史論』第二部第五章、一九七九年。初出は岩波講座、一九七六年）、もう一つは（2）「戦国時代の村落——和泉国入山田村・日根野村を中心に」（三、領主と村『社会史研究』6、一九八五年）、この二つが、領主とはいったい何をすべき存在であったのか、ということをじつにするどく追究しています。（1）はもう一五年も前の発表ですが、集約いたしますと、第一に、戦国大名は自分の領民にたいして、その生存権をふくむ保護義務がある、それとともにかれらにたいして絶対的支配権を属性としてもつ。つまり領民にたいする生存権の保証と絶対的支配権とが対応している、ということですね。第二は、それに対応して、国民には国家存亡のさいの従軍義務がある。しかし従軍義務と言っても、自分の国が滅びるか滅びないかという、本土決戦みたいな場面でなければ、要請はできない。第三は、その動員も二十日を限度とする。これらをあげたうえで、結論として、武士と農民、兵と農というのは、すでにはっきり分離されていたのであって、農を兵として緊急動員するには、よほど説得的な論理が必要であった、とされています。

(2)の「戦国時代の村落」では、戦国の村には、自分たちの生存権を保証してくれるものが領主なんだ。自分のことを守ってくれるものならだれでもいいんだ、という考え方があった。その背後にあるのは、村請け的な関係で、村人と領主との個別的な主従関係はない、ということです。

つまり現在の研究の到達点というのは、保護義務と絶対的支配権とは表裏一体のものであって、領主が義務をはたすかぎりにおいて絶対的支配権が容認される、という関係になるということ。まず学ぶべき第一点は、ここですね。

それから第二点は、すでに農と兵は分離され、大名は論理的にも(実際はもっとひどいと思うんですが)、無制限な民衆動員はできなかったということですね。しかしまだ研究者の一部には、耳を切り鼻を削ぎ、絞れば絞るほどとれる、という領主像や大名の絶対的支配権という考え方だけが一人歩きしているのではないでしょうか。

百姓動員の枠組み

つぎに、以上のような研究史をふまえて、百姓動員の枠組みという本題に入ります。勝俣さんの使われた史料を、しっかり読み直すと、さらにどういうことがみえてくるだろうか、というのがここの主題になります。

【史料4】 午（元亀一＝一五七〇）年二月二十七日、北条家朱印状〈相模中郡〉今泉郷名主等宛、高岸文書他、戦国遺文一三八四～五）

今度、御分国中人改有之而、何時も、一廉之弓矢之刻者、相当之御用、可被仰付間、罷出可走廻候、至于其儀者、相当之望之義、被仰付可被下候、罷出時者、兵粮可被下候、……抑か様之乱世ニ者、去とてハ、其国ニ有之者ハ、罷出不走廻而、不叶意趣ニ候処ニ、若令難渋付而者、則時ニ可被加成敗、是大途之御非分ニ有間敷者也、仍如件、

まず史料4は一五七〇年前後、武田信玄に追われて、今川義元の息子が北条氏のところへ逃げてくる。小田原でも重大な危機と感じて、上杉謙信に同盟を申し込むと同時に、国内にたいして非常態勢を敷く。その非常事態のなかで分国中に、人改めという徴兵可能人口の一斉調査命令が出るのですが、いざというときには、相当の御用を仰せ付ける、しか

るべき役に立ってくれ、そうしたら、相当の望みをかなえてやる、といっています。動員の条件として、身分の上昇をふくむさまざまな恩賞や補償が提示されていた、ということがわかります。それなしでの民衆動員など、ありえなかったのです。

また、兵として出てきてくれたら兵糧もやると言っています。中世の武士は兵糧自弁で、近世の武士は兵糧が支給される。この二つの軍役のシステムはまったく異なっている、という議論がありますけれども、この例もふくめて、農民を動員するときには兵糧を支給する、というのは中世をつうじて確固たるシステムだったのではないか、とわたくしは考えています。

つぎの史料5も村の人改めが主題で、みぎの指令の直前のものです。

【史料5】 巳（永禄十二年＝一五六九）年十二月二十七日、北条家朱印状（田名・磯部小代官・名主宛、戦国遺文一三六六〜七）

一、当郷人改之儀者、信玄相豆武之間へ、来年出張候者、一途ニ可遂一戦事、人数ニ相極間、御扶助之侍、悉一頭ニ可被召仕、其時者、三ケ国城々留守可為不足、来年、可為是非弓箭間、御出陣之御留守番、其模寄城、為可被仰付候、在城之間者、兵粮可被下候、御国ニ有之役、一廻可走廻事、

一、さかしく走廻ニ候者、随望、何様之儀成共、可被仰付事、

いま注目したいのは、農兵たちに与えられた固有の役割です。信玄が相模・伊豆・武蔵に攻めてきたら、「御扶助之侍」つまり知行をもらっている侍は敵正面の前線に総動員となる。そうなったら三カ国の城は留守になってしまう。農兵たちはとにかく「模寄城（もよりのしろ）」へ入ってくれといい、さらに「在城之間者、兵粮可被下候」とか、「さかしく」一所懸命にやったら望みを叶えてやると言って、ここでも恩賞についての特約を明記しています。兵糧についての規定もちゃんとある。

つまり、こんなふうにして、農の動員システムというのは、勝俣さんがおっしゃるとおり、「御国ニ有之役」という独自の論理で説得し、相当の望みをかなえる、兵糧米は給付する。さらに、前線に引っ張り出して弾よけにはしない、あくまでも後方支援に充当するという、これだけの条件を約束するシステムだった。戦国大名といえども、農の動員にこれだけの社会的な制約があったというのは、重要なことですね。

つぎの史料6をみていただきます。

【史料6】　亥（天正十五年＝一五八七）年七月晦日、北条家朱印状（〈相武諸郷〉小代官・百姓中宛、戦国遺文三一三三～四八、一六通）

Ａ一、於当郷、不撰侍・凡下、自然、御国御用之砌、可被召仕者撰出、其名を可記事、

但、弐人（注　人数は郷の大きさにより二～八人程度）

Ｂ一、此道具、弓・鑓・鉄炮三様之内、何成共、存分次第、但、鑓ハ竹柄にても、木柄にても、二間より短ハ無用ニ候、然者、号権門之被官、不致陣役者、或商人、或細工人類、十五・七十を切而、可記之事、

Ｃ一、腰さし類之ひら〳〵、武者めくやうニ、可致支度事、

Ｄ一、此走廻を心懸、相嗜者ハ、侍にても凡下にても、随望、可有御恩賞事、

このＡでもおなじように「不撰侍、凡下」「御国御用」のときは、といっているのですが、問題はその末尾に、「但、弐人」と書いてある。Ｂは「此道具、弓・鑓・鉄炮三様之内、何成共、存分次第」つまり武器は自弁、兵糧は給付、ということです。そして、その後の「十五・七十を切而」というのを、一五歳から七〇歳の人間は根こそぎ動員された、と読んでしまいますと、それではＡの「但、弐人」が読めない。だから、これは軍事動員の対象になりうる人間の悉皆調査はするが、この村から一回に徴兵する農民の人数は、村高を基準として二人、というふうに読むべきでしょう。

史料7に参ります。

【史料7】〈天正十六年カ〉七月二十二〜六日、北条氏政朱印状〈〈相模足柄下郡〉酒匂本郷・〈三浦郡〉木古・〈武蔵橘樹郡〉駒林、小代官・百姓中宛、戦国遺文三三四九〜五〇、五三〉

E一、当郷ニ有之者、侍・凡下共ニ廿日可雇候、行之子細有之間、悉弓・鑓・鉄炮、何にても得道具を持、何時成共、一左右次第、可罷出事、

F一、惣而為男者ハ、十五・七十を切而、悉可罷出、舞々・猿引躰之者成共、可罷出事、

G一、此度、心有者、鑓之さひをもみかき、紙小旗をも致走廻候ハヽ、於郷中、似合之望を、相叶可被下事、

H一、可罷出者ハ、来廿八日、公郷之原〈飯泉河原・小机〉へ集、公方検使之前にて、着到ニ付、可罷帰、小代官・百姓頭致同道、可罷出、但雨降候ハヽ、無用……、

Eの「当郷ニ有之者、侍・凡下共ニ廿日可雇候」、これがその限定動員の日数規制です。それからHの、「可罷出者」というのは、兵として動員されるべき成人、北条の場合は危機的状況の下で、通常は一五歳から六〇歳ですが、ここでは七〇歳まで拡大して、この範囲の人びとが「可罷出者」です。それがそれぞれ領域ごとに所定の場所へ武器持参で集まって、公方つまり大名の検使のいる前で、「着到」に付ける。名前を帳面に付け終わったら帰ってよい、といっているわけです。それは「小代官・百姓頭致同道」ということですから、このいっせいの「着到」も「但、弐人」というような徴兵も、ともに村単位に村の責任つまり村請でおこなわれていて、個人原理の徴発ではない、ということがわかります。

「但雨降候ハ、無用」、というこのへんがまだ牧歌的なところです。

そのつぎにこういう箇条があります。「出家ニ候共、此度一廻之事、発起次第、可罷立事」、僧侶は当人の自由意思に任せるが、今度ばかりはできるだけ参陣してほしい、というのです。日常はとても、僧侶や農民を動員できないことが、ここからもよくわかるのです。

最初にふれました、幕末の兵賦、これを動員するときに幕府がどういう動員の論理を使うか、少しくらべてみると、じつに面白いことがわかります。今度兵賦に動員するにあたって、四民の長たる士の末端に連ならせる、これがスローガンの第一、つまり身分変更で、農民の身分上昇の願望でつるのですね。時代は、苗字帯刀を金で買うのが全盛だった時代です。それともう一つのスローガンは、「いまこの時節をもって、先祖代々よりおよそ三百年のあいだ太平の御恩沢を蒙りたる、万が一にも恩に報い申し上ぐべく候」。三百年の太平を満喫してきたのは誰のお陰なんだ。そう言っているわけです。

ちょうど海外派兵をねらう日本政府が、ＧＮＰ世界第一位で皆さんに楽な生活をさせてきたのはいったいだれなんだ、と言って説得するような感じです。じつに迫力のない説得だということが、おわかりになると思います。この二つともみごとに失敗するのです。

しかし重要なのは、ここで危機に直面した武家のがわが、農民のがわにたいして、三百年の太平の御恩沢ということを第一のキャッチフレーズにしている、という事実です。つまり平和維持が幕藩権力の最高の使命であって、それをちゃんと実現してきた、と言っているわけです。これはわたくしが平和令とか惣無事令などを考えたときの出発点の一つでした。しかし、飢えと戦いのあいついだ戦国末期や近世初頭なら、この殺し文句は効くのです。しかしもう太平が日常生活になっている人たちにたいして、平和を維持してきたのは自民党のおかげなんだ、ありがたく思えなどと言われても、PKOには乗れない、ということだろうと思います。

村の武力配置

つぎの「村の武力配置」に入ります。ここで村の武力の配置を問題にするのは、先にみました史料5で、武士の軍隊はみな戦争で前線に出るので、城が留守になってしまう。農兵は最寄りの城の留守番をやってくれ、というふうに言っていた点に注目したいからです。じつは史料8で、武田の例でも、非常によく似たことを言っています。

【史料8】（元亀三年＝一五七二）八月七日、武田家朱印状（保科筑前守宛、新谷慶馬氏所蔵文書）

一、地下人之事者、以案内者、令糺明、或疑心之輩、或親類広き族計、妻子高遠へ召

寄、其外之地下人ニ者、厳重ニ誓詞被申付、不可企逆心之旨、被相定、然而、山小屋へ入、或敵退散砌歟、或通路をさいきるへき時節召出、扌可被申付事、

地下人つまり村人は「山小屋へ入、或敵退散砌歟、或通路をさいきるへき時節召出」、つまり戦時に山小屋へ避難した村人たちは、敵の逃げていくとき、あるいは敵の退路を断つときに、召し出して働いてもらう。こういっているわけです。

このことに関連して、つぎに史料9で中世の村の動員のシステムを検討してみたいと思います。

【史料9】 永享六年（一四三四）十月二日、満済准后日記（満済＝将軍義教の側近、在醍醐）

A（叡山）神輿入洛、来四五日間、必定由、申入間、方々御手宛、松崎＝山名、中賀茂＝赤松・小笠原、藪里＝畠山、此等手ハ、神輿供奉衆徒等取籠、悉可打取之由、被仰付、内裏＝（斯波）治部大輔・細河一家者共、可警護申入之由、被定、御所（足利義教）ハ管領（細川持之）・一色両人可祗候由、被仰出、

B神輿入洛時、当所（醍醐）幷山科辺土民等、罷出便宜所、東口へ落行山徒等候者打留、具足等ヲモ、ハキ取候へキ由、御下知可然、云々、予返答……当所（醍醐）幷山科辺土民等、罷出便宜所、可致相応奉公之由事、可申付候、

Aは一五世紀のなかばの京都で起きた事件です。将軍義教の専制と言われている時期に、叡山の山法師が日吉神社の神輿を山へかつぎ上げ、都めざして、夜中に松明をかざし雲母坂(きららざか)を駆け降りてくる。三年のゼミでこの史料を読んでいたんですけれども、その山法師の入洛を止めるために、幕府が防御の陣を敷くのです。

鴨川の外がわの松崎は山名、中賀茂は赤松、藪里は畠山が固め「神輿供奉衆徒等取籠、悉打取」る。つまり敵正面にあたる。つぎに中心部の内裏は斯波と細川、将軍の御所は管領と一色。小笠原を除いてすべて三管領四職です。室町幕府の三管領四職というのは、ただの役職上の家柄の区分ではなくて、いざというときに、前線に立つ幕府の戦闘態勢の中枢軍団であったことがわかってきます。つまり敵正面には三管領四職の軍隊が発動される。

つぎはBです。ところがこのときに、「神輿入洛の時は当所（醍醐）・山科辺の土民らは、便宜のところに罷り出て、東口へ落行く山徒らを打留め、具足等をもはぎ取るべし」という幕府の要請が、京都近郊に連なる諸荘園に出されているのです。醍醐と山科の荘民に、逃げる敵を討ち止めて具足をはげ、と言っているわけです。おなじことは史料の10、これは伏見宮貞成の『看聞日記』ですが、

【史料10】　永享六年十月、看聞日記（伏見宮貞成、在伏見庄）

A（二日）及夜半源宰相（庭田重有）以使馳申、来五日神輿入洛必定也、就其、伏見

地下人悉罷出、山徒等神輿振捨帰路、可防戦之由被仰出、近郷醍醐へも被仰、到、

B（四日）神輿已奉下山之由、有風聞、地下人忩々可参之由申、而地下輩緩々無用意之間、為召集、即成院（伏見惣寺）早鐘鳴、晩景、御香宮（伏見庄鎮守）集会、付着

禅啓猶子小河五郎左衛門尉・浄喜子同新左衛門尉

（三行略）

已上、侍七人　下人五十人

舟津村六十三人　三木村百人　／山　村三十人

森　村　十五人　／石井村十人　野中村　十人

已上、三百余人　／半具足之輩、一庄駈集、及晩参、

このAも「伏見の地下人悉く罷り出でて、山徒らの神輿を振り捨てて帰るときに防戦せよ」と、醍醐・山科とまったくおなじことが村の軍事力として期待されている。これだけ広く背後を抑えられては、山法師も逃げようがありません。

つぎはBです。さあいよいよお神輿が下ってくるということになって村はどうしたか。これは伏見荘ですが、村の侍たちが先に立って行動を開始し、即成院という伏見の惣寺の早鐘をついて、夕方に御香宮という庄の鎮守に、惣庄の村人たちを集め、出席をとって

「着到」に付けた。先に戦国大名が農民を召集して着到に付けるとありましたが、ここでは村人たちの自前の軍事組織が、自分たちでやはり着到を付けているのが注目されます。その着到の帳尻が日記にちゃんと書いてあるんです。

村の兵力が侍と下人と村の百姓の三種類に区分され、惣庄の軍事行動の全体をリードするのは侍だったようで、まずその七人の侍については一人ずつ、禅啓の猶子の小河五郎左衛門尉、浄喜の子の新左衛門尉、善理の子の三木五郎というふうに書いてある。ご注目いただきたいのは、誰々の子です。つまり戦いに年寄りが出てもしようがないから、侍の子の若者たちが出動してきたということで、いかにも本当の軍事動員らしさが伝わってきます。

いざ村の戦争というとき、村の侍身分をもつ七人の侍が下人（中間や小者）五〇人を引き連れて先頭に立つ。その後の村むらの百姓たちは帳尻のトータルだけで、村単位で集計されています。舟津村六三人、三木村一〇〇人、山村三〇人など、六カ村あわせて三〇〇余人。「半具足之輩、一庄駈集、及晩参」。こういうふうに、村の武力は村人自身で独自の着到システム、動員システムをもっていました。鐘をならして神社の境内に集まる、というのは一種の条件反射ですから、このシステムは日常的に発動されていた、ということがわかります。

ここで少し飛躍しますが、明智光秀の最期をわたくしは思い出すのです。光秀は秀吉に追われて山崎から川沿いに伏見へ逃げます。それを「大かうさまくんきのうち」という、比較的信頼度の高いといわれる一種の太閤記が「光秀罷り退き候を、醍醐・山科辺の百姓共、落人と見及び、棒打ちに打ち止め候いき」といっているのです。「甫庵太閤記」のほうはもっと面白く書いています。「ただ貝を吹きて、起これや者共と、さも荒げなくののしって、犬などもことごとくとがめければ、一揆共起こり来たりて、落人をあやしめつつ、あるいは切りふせ、あるいは刀・脇差を奪い取る」と。光秀はこれでやられてしまう。これだけみると、ただの落人狩りにやられたようです。

しかし史料9・10から通してみてきますと、要するに村の武力をどちらが味方につけたかということで、勝敗が決まった。村の武力の動員システムというのは、こういうかたちでいわば主戦場とは別個に、しかし有機的な関連をもって展開していた、とみるべきでしょう。すなわち民衆の後方支援というのは、以上のように中世いらいの動員の作法で、その背後には職能別の分業体制とでもいうようなものがあった、と考えることができます。

おそらくそれは、社会的に規定された固有の動員システムだったはずで、生命をかけた真剣な動員をしてるわけですから、武力の優劣による分業ではありえない。その背後には村のもつ自前の武力動員システム、つまり早鐘をつく、集会を開く、着到を付ける、軍忠を請求するというような、あきらかに戦争遂行に伴う村の動員システムがあって、それに依存した体制である。したがって、後背の村の協力をとりつけられるかどうか、だれが広い地域の村むらを味方につけるかというのが、勝敗を分ける戦略の重要な課題になったと考えられます。

戦時管理

〔1　兵粮〕

【史料11】（天正十八年＝一五九〇）三月二十一日、松田康長書状（追而書抄録、箱根神社文書、神九六四〇）

一、陣中兵粮ニ詰、野老をほり候て、くらい候よし、申候、兵粮一升、ひた銭にて百文つゝ、是も、はや無売買由申候、さうすい、汁器一ツ、十銭つゝのよし、申事候、此分ニ候者、長陣更ニ〳〵難罷成存候、

つぎは「戦時管理」です。史料の11でまず兵粮問題をあげておきます。天正十八年に北条が実際に滅びるのはその七月ですけれども、これは三月まだ戦いが始まったばかりのころ、豊臣方の兵粮情報です。「陣中兵粮ニ詰、野老をほり候て、くらい候よし」、野老というのは飢饉のときに掘って食べると言われる山芋の一種です。豊臣方はもうそれだけ陣中

の食糧に詰まっている。そこに兵粮一升を鉦銭百文といって売っている人がいる。戦争のときに、お粥売りとか、米売りが軍隊についていっているというのが、非常にはっきりするのは、秀吉の朝鮮侵略のときですが、それはけっして特例ではなかったことが、よくわかります。それさえもう手に入らないで、売られている雑炊が汁器一つ一〇銭もしていると言うのです。結局これはニセ情報だったのですが、戦争のときの兵粮管理がいかに重要な問題か、ということを絵にかいたような例です。

【史料12】戊子（天正十六年＝一五八八）年五月、北条氏房朱印状（鈴木雅楽助〈埼玉郡〉百間百姓中宛他、埼玉一四一七〜八）

岩付御領分兵粮、其郷領主ニ相改、来晦日を切而、岩付大構之内へ付越、寄々預ケ置、至于三月ハ、得御内儀、在所々へ可返付、若妄ニ致之、其郷ニ一俵も残置ニ付而者、其領主可為重科旨……

史料12は岩付城の場合で、岩付御領分の兵粮は岩付大構の内に移せ、といっていますが、重要なのは、「寄々預ケ置」けといっている点です。その背後に食糧の預物・隠物の習俗があったことはあきらかで、預けておいて、三月になって何もなかったら在所へ返す、というのです。つまり、村と城のあいだに「預置」・「返付」という保護システムが作動していることをうかがわせます。

〔2　種夫食〕

【史料13】子（天正十六年）年一月三日、北条氏照朱印状（久下兵庫助宛、安得虎子十、埼玉一四一四）

一、天下之為御弓箭間、郷中ニ、くゐ物たるほとの物、不可置旨、御法度ニ候、

【史料14】（天正十五年カ）十二月二十八日、北条家朱印状（原文書、神九五三五）

一、郷村ニ兵粮指置儀、分国中堅制候、……正月晦日を限而、要害へ皆可入候、但、敵之小旗先迄も、郷村ニ者、人民然与無之而、不叶子細候間、彼等至于時之食物者、不指置而不叶候、此処こまかに分別候而、可申付事、

【史料15】庚寅（天正十八年）年一月二十一日、北条家朱印状（金沢之内称名寺宛他、神九五七六～八）

A一、当作致儀、程有間敷間、種夫食を八郷々ニ指置、作可致之事、

B一、郷中之兵粮、郡代之綺一切有之間敷候、……

それから史料13は、「郷中ニ、くゐ物たるほとの物、不可置」、史料14でも、「郷村ニ兵粮指置儀、分国中堅制候」と、おなじようなことを言っています。ところが二行目をみていただきますと、「郷村ニ者、人民然与無之而、不叶子細候間、彼等至于時之食物者、不指置而不叶候」と言っています。「此処こまかに分別候而、可申付」と、兵糧がなくて困

るような事態が目の前にみえているのに、春の村に農民がいなかったら作付けができない、かれらの食料は取り上げるな、と言っているわけです。根こそぎ徴発論などこれで成り立たなくなると思います。

史料15のA・Bは「当作致儀、程有間敷間」といい、今年の作付けが迫っているから、「種夫食を八郷々ニ指置、作可致之事」、つまり戦時下に農村の生産を保障するというのも、切実な問題で、危機管理というのは城に兵糧を集めることだけではなかったのです。このお話の最初に、領主が年ごとに村むらに勧農料の控除をすると申しましたが、非常事態でも領主の勧農の責務というのは、こういうかたちで、きびしく求められているわけです。

〔3 籠城――城は民衆の避難所〕

さいごに、ではいったい敵が攻めてきたらどうなるか、です。サブタイトルに「城は民衆の避難所」と書いておきました。いざ戦争というときに民衆をどうするか、を追ってみます。

【史料16】 小田原城　天正十八年(一五九〇)五月二十日、豊臣秀吉朱印状(浅野・木村宛、浅野文書、神七九八四)

人数二、三万も構内ニ相籠、其上、百姓・町人不知其数、

【史料17】 岩付城　天正十八年五月二十七日、長岡忠興等三名連署書状(北条氏直宛、

神九七八七）

何も役にも立候者ハ、はや皆致討死候、城のうちニハ、町人・百姓・女以下より外ハ無御座候、命之儀、被成御助候拵（様）と申ニ付て、百姓・町人・女以下一定ニおゐてハ、可助ためニ、責衆より検使を遣し、たすけ、

【史料18】忍城　天正十八年六月十二日、豊臣秀吉朱印状（石田三成宛、石田家文書、『騎西町史』中世資料編二六六）

忍之城儀……水責ニ被仰付候者、城内者共、定一万計も可有之候歟、然者、隣郷可成荒所候間、相助城内、……城内家財物共不散様、政道以下堅可申付、

【史料19】九州の城（『一六、七世紀イエズス会日本報告集』1）

町といわず村といわず、その住民は、近くのもっとも安全で堅固な城塞に引籠る以外に、救われる道はなかった。

史料16は、小田原城の例で秀吉がこう言ってます。「人数二、三万も構内ニ相籠、其上、百姓・町人不知其数」、人数つまり軍勢が小田原城内に二、三万はいるが、そのうえ百姓・町人の数はもっと多いというのです。数は誇張だとしても、軍と百姓・町人の割合は、事実とみていいでしょう。それから史料17の岩付城は激しい戦争をやって落城しましたが、「何も役にも立候者ハ、はや皆討死候、城のうちニハ、町人・百姓・女以下より外ハ無御

座候」といってます。史料18の忍城は、水攻めで有名ですけれども、「城内者共、定一万計も可有之候歟」といっています。史料19は九州の例ですが、イエズス会の宣教師が書いた報告のなかに、「町といわず、村といわず、その住民は、近くのもっとも安全で堅固な城塞に引籠る以外に、救われる道はなかった」とあります。

これは全部戦国末の例ですけれども、もう少し早い時期の荘園の史料20もあげておきます。永正十八年（一五二一）の鵤荘では、政所の回りに堀がめぐらされていて、いざ戦争となると、名主だとか寺庵・百姓、その外まわりの郷からも、避難してきて小屋がけしている、というのです。

【史料20】　鵤庄引付

（永正十八＝一五二一・二・七）既当庄近辺一円、可為合戦巷由、必定ノ間、色々制札已下、其計略ヲ成……、其間ノ政所ノ支配、十三貫六百九十二文也、此支配ノ儀、可為如何由、地下エ相談ル処ニ、名主百姓□（等）申事ニ、幸今度忩劇ニ付、当庄名主・寺庵・百姓、其外憐（隣）郷・憐庄ヨリ、縁々ニ、城ノ内ニ少（小）屋を懸、構ヲ仕在之事候、俵物ヲ被註、任彼員数ニ、可打賦由申間、令同心、

以上の戦時管理をまとめますと、兵糧は領域の城に集中するが危機が去れば返却する。百姓の種子農料は村に留保する。これは領主の勧農の責務の一環で、あくまでも農作業は

続行する。そして、敵が襲ってきたら、領民は領域の城に退避させる。村人の人命・財産・家畜の保全は領主の責任であった、ということになるでしょうか。それも戦国末の大名領国だけのことではなかったのです。

おわりに

もう時間が参りましたので、さいごに全体を振り返ってみますと、百姓動員にはあきらかに大きな制約があった。つまり兵農分離というのは、中世末に非常にドラスティックに、急激におこなわれたわけではなくて、中世を通して職能分化が進んで、そのうえで最終的に農具をもつ百姓、武器をもつ武士というかたちで区分をした。これが近世初頭の兵農分離であって、その意味では、中世的な兵農分離の総仕上げともいうべきものであろうと思うわけです。なお今後の研究として、中世の戦争の惨禍、戦争の被害の実態をあきらかにしていく必要がある。その先に徳川三百年の太平がある、という関係になるわけですね。

つぎに要点をまとめておきましょう。

(1) 守ってくれるものが領主、——領主は変るもの

↓「地頭は当分之儀（替るもの）。百姓は永代之者（末代）」（『豊臣平和令と戦国時代』九九頁以下）

（2）百姓動員の制約性
　↓危機管理の限界性、領主絶対視（力ずく論）への疑問
（3）戦争の惨禍　領主の安全保障責任（松永貞徳『戴恩記』）
　↓「領域（国家）の平和」こそ、戦国大名の使命（個別領主・百姓を包摂する論理）
（4）究極の危機管理は「天下の平和」＝惣無事令によって完結（天下統一の論理）
（5）中世をつうじた、領主の職能・百姓の職能の分化――兵農分離の完成へ
　↓明治初年、徴兵告諭の「兵農合一」（国民皆兵）論まで

戦国時代がいかに辛い社会であったかは、松永貞徳が『戴恩記』という自分の生い立ちの記のなかで書いています。そのころは「領域の平和」こそが領主の使命だったことになりますが、それだけでは戦国大名同士の戦争を否定できないわけですから、領主階級の存在をたしかなものにするには、天下統一の平和、わたくしのいう惣無事令によって大名同士の対立も抑制し、日本全体を平和にするというのが、領主に求められる究極の危機管理となった。そんなふうに思っております。

わたくしは領主が優しかったなどと言うつもりはこれっぽっちもありませんが、以上のような分析によれば、農民は哀れだった、惨めだった、という面だけを強調する歴史像には、やはり賛成できない、ということをさいごに申しあげて終わらせていただきます。あ

りがとうございました。

〈この話は、一九九一年十一月二十四日、第一九回駒沢大学大学院史学会大会の記念講演を削訂したものです。〉

〔『駒沢大学史学論集』二二、一九九二年、収載〕

五　両属論の魅力――『関城町史』通史編によせて――

Iさん、『関城町史』通史編上巻をありがとうございました。ついに完成ですね。あの充実した史料編の原稿づくりに校正に、いつも東大史料編纂所の閲覧室でがんばっておられたお姿を思い浮かべながら、さっそく読ませていただきました。わたくしも、もう三〇年もまえ、故伊東多三郎先生の助手として、水戸市史のお手伝いに走りまわった長い経験がありますので、おなじ茨城県の地域史に親しみを覚え、学兄のご苦心もよくわかるような気がしています。

地域の歴史というのは、できれば地元の人が地元の目で手づくりするのが一番、とかねて思っていましたが、その点、隣の下館市に住み、近くの結城市史・小山市史なども手がけられた、東国史のベテランの学兄が、古代から近世はじめまでの地域史を、一貫して叙述されているのですから、書き手としても叙述のスタイルとしても、本書は最良の執筆者を得たといってよいでしょう。

まさしく地元ならではの目と手法が、全編をつらぬいています。その特徴は、ひと言でいえば、土地に刻まれた歴史、足で書く歴史への徹底したこだわり、ということでしょうか。かねて学兄は、フィールドワークによる中世城郭史の成果を、東国戦国史の研究に結びつけることで、戦国大名の城下町の分析に新しい領域をきり拓いてこられたのですが、本書にはその成果がみごとに活かされているのを感じます。

たとえば、「文献からみる古代の関城」と題しながら、じつは鬼怒川や鳥羽江や川曲郷など、川と沼に包まれたこの地域の古代地形に迫った第2章。一枚の地籍図から鎌倉期の関氏の館跡を発見し、鬼怒川の二つの渡し場と結びつけることで、広く流域の生活・文化圏を描き出した第3章。大宝沼の北と南の岸に位置する関・大宝城と南北朝期の戦乱の立地をあきらかにした第4章。大宝沼・館沼・砂沼に囲まれた戦国の下妻城下町や、大宝沼にのぞむ関城をくわしく復元し、その機能を交通・流通路の広がりのなかに位置づけた第5章。

あくまでも歴史の舞台となった土地、とくに沼と川、水と道に一貫してこだわりつづけ、郷土の先人たちの地道な研究の成果も摂取して、古代から近世はじめにいたる、この地域の歴史と風土の特徴を、かぎられたわずかな史料から、くっきりと浮かびあがらせることに成功しており、その叙述は迫力にみちています。

さらに、「水と荒廃との闘い」と題し、川・沼・水と格闘しつづけた近世農民の姿を、ほぼ九〇頁にもわたって描いた、第10章（高橋実さん・島崎和夫さんの執筆）へと読み進んでいけば、本書をつらぬく歴史叙述のまなざしと骨組、この地域の歴史の主題と個性がどこにあるかは、いっそうあきらかになってきます。まことに骨太い地域史の達成だと思うのです。

また、地域の歴史に寄せる学兄の濃やかな想いは、戦乱と民衆の運命について、「ここでもまた関郡に住む民衆は甚大な戦禍を蒙ったのである」とか、「合戦（戦争）に際し、民衆が苦痛を強いられるのはいつの時代でも同じであった」というように、くりかえしや詠嘆調に言及されているところにも、よくうかがわれます。お気持ちはとてもよくわかりますし、そのとおりとも思います。

ただ、それも、歴史を主体的にになう民衆の姿を、よほど具体的にしっかりおさえたうえでないと、民衆の運命を抽象的に嘆くだけでは、地域の民衆はいつも無力で歴史のみじめな被害者だったと、かえって誤解されかねないのではと少し気になるのです。わたくしの取越苦労にすぎないでしょうか。この点は拙稿「「豊臣の平和」によせて——民衆はいつも被害者か——」（本書二九八頁以下）ともあわせて、もしご意見をお聞かせいただければば幸いです。

第5章・第7章は、本格的な戦国多賀谷氏の研究としても、貴重な成果と存じますが、わたくし自身のいまの関心から、とくに興味をひかれたのは、「両属」「お家騒動」「与力」の三つをキーワードとする、多賀谷氏の運命です。

戦国をつうじて、多賀谷氏は西の結城氏と東の佐竹氏の勢力にはさまれ、双方と主従・婚姻の関係を結んで、いわば両属のかたちで勢力を伸ばしてきたこと、その結果、多賀谷家中では親結城派と親佐竹派の抗争というお家騒動が起き、やがて東国にあらわれた豊臣政権は、この両属というあいまいな関係を認めず、多賀谷氏にいずれか一方の与力となるよう迫ったことから、その路線をめぐって多賀谷家は二つに分裂し、与力関係もまた二つに分かれてしまったこと、などがそれです。中世の終わりに起きた多賀谷氏の分裂を、単にありふれたお家騒動とはみないで、両属の関係（戦国）から分裂（豊臣期）へというかたちで、この激動の時代に固有の問題、とされたのはさすがだと思います。

かえりみて、わたくしたちは戦国の勢力関係をみるとき、つい近世の「葉隠」ふうの窮屈な主従関係や、領域の定まった近世の藩領などとおなじように考えてしまい、じつは戦国の大名と大名の境界では、主従の関係も領域も複雑かつ流動的で、そのはざまには多賀谷氏のような両属・多属の関係が入り組んでくりひろげられていたことを、軽視してきたのではないか、と気づかされます。

そういえば、戦国末の越後でも、領主館の正月の祝いには、大勢の家来のほか、近くの他領の小さな土豪たちがつぎつぎに姿をみせていたのを思い出します（色部氏年中行事）。また、戦国の大名家によくみられるお家騒動も、そうした両属関係の矛盾のあらわれ、とみた方がいいかもしれません。たとえば、陸奥会津の蘆名家はお家騒動がもとで滅びましたが、それは家中が佐竹派と伊達派に分裂した結果でした。出羽庄内の武藤（大宝寺）家のお家騒動も、その実態は最上派と本荘（上杉）派の抗争でした。

さらに、多賀谷氏の「与力」への道を、学兄は「そのきわめて不明確な立場に対して秀吉が示した解答であった」とされましたが、もしかすると、多賀谷氏のような両属の関係は、小さな村や土豪たちから大名レベルまで広がっていて、社会を変動させる一つの要因となり、いかにも戦国らしい特徴を作り出していたのかもしれませんね。だからこそ、豊臣政権は地域ごとに大名間にひそむ両属というあいまいな関係を、とりあえず地域ごとの「与力」関係に組み替え整理することで、社会変動の要因を独自に吸収・編成しようとした、ともみることができるわけです。

もしそうだとすると、中世の終わりに大名の領域はおのずから確定される形勢にあった、というわたくしの見方（『豊臣平和令と戦国社会』）なども、単純にすぎたといわなければなりません。谷間の領主や村むらの「両属」というあり方を、弱小勢力の悲哀などと、ありふれた説明でごまかさず、戦国社会の特徴＝変動要因を解き明かすキーワードの一つとして、あらためて見直してみたいものです。

したがってまた、小大名の両属を否定し、自立した大名への道をも閉ざした、豊臣の「与力」という編成についても、ただ戦国の寄騎とか寄親寄子の制をまねたものだ、というようなおざなりの説明だけですまさないで、この時期に固有の特徴を、もっと広く探ってみたいものですね。こうして、学兄のあきらかにされた豊臣期の多賀谷氏の運命は、多くのナゾ解きの興味をそそります。

〈補注〉「与力」をこの時期に固有の特徴というのは、『甲陽軍鑑』の巻十に、とても魅力的な与力論があったのを、思い出すからです。

一城をかまへ罷有る侍大将、かうさんいたし、ずい身申すをバ、よりきとあるハ、其国中ニて、とりあひある間の儀ニて候、其国ミなおさまり候へバ、よりきハ、ことぐく、ひくわんになり申候、

と語っているのです（酒井憲二編、汲古書院版、三〇七頁）。

つまり、降参した侍大将を、与力というのは、戦時下だけの便宜的な措置で、いったん世が平和になれば、与力はみな被官にされてしまうのだ、というのです。与力という存在の、いかにも戦国期らしい、あいまいな地位の特徴を、みごとに言い当てている、とわたくしは思うのです。

もう一つ、戦国に結城の城下町をしのぐ繁栄をみせていた下妻の町の地位が、豊臣期における結城新城下町の建設の結果、逆転してしまうこと（第5章）、豊臣期の多賀谷氏の新城下町はひどく未熟だったこと（第7章）、などをあきらかにされているのも、重要な点だと思います。

かつて『水戸市史』づくりで、わたくしは豊臣期に新たに創られた水戸の城下町の建設の様子を調べて、そこに強行された都市機能の集中ぶり、充実ぶりに驚いたものでしたが、こんどの学兄の結論は、そうした大名の中枢都市づくりが、周辺の城下町や地域の市町の発展を抑えるようなかたちで進められた、という事実をあきらかにしたものとして、注目されるのです。

このことも、もと新潟で赤城源三郎氏の提起された両属の問題も、地域・周縁から中枢を見直すという方法を徹底された成果にちがいなく、この視点は広く大名領国の追究に、もっと深められるべきだと思うのです。

本書の序で、主幹の塙作楽さんは、「すべての問題を地域民衆の側から考えてゆくことを主軸とした」と明記し、地域に生きた人びとのよろこびと苦悩を、と自信あふれる『関城町史』宣言を発しておられますが、そのねらいは、とくに一貫した水へのこだわりをつうじて、みごとに実現されていると、感嘆させられます。学兄の長いご苦労にこたえよう、とつたない感想を綴りました。見当ちがいでなければよいのですが……。

〔『関城町の歴史』8、一九八八年、収載〕

六　境界の世界・両属の世界
——戦国の越後国小川庄をめぐって——

はじめに——両属論の魅力

ここ新潟県津川町の赤城源三郎さん（一九〇四年生まれ）が、郷土トーカン（東蒲原郡の俗称）の歴史を「両属」という言葉で特徴づけられたのは、歴史の見方として、まことに新鮮な魅力あるものでした。

もともとトーカンの一帯は、「越後国」小川庄と呼ばれながら、じつは一二世紀の後半に城氏によって陸奥国会津の恵日寺領とされていらい、中・近世を通してずっと会津領・会津生活圏に属してきました。それが明治十九年（一八八六）突然新潟県に移管され、会津との深い縁を断たれてしまったという、特異な歴史をもっています。ときの政治の気まぐれに翻弄され、心のなかまで中途半端な位置に置かれてきた、この地域の歴史を「両属」と特徴づけたのが、赤城さんの「私の東蒲学（トーカンロジー）——両属の理論は成り立つか」（『阿賀路』二四、一九八四年）で、この断絶と両属の歴史をふまえて、トーカンの未来をきりひらく手がかりを探ろうという、意欲あふれる提言でした。

わたしはこれを対象として、なやみ続けた。福島と新潟のはざまの東蒲原である。県境の壁は厚い。行政に伴って産業も文化も分断される。断絶である。断絶を越えて歴史の編さんをやるのは容易なことではない。

と、ときに深刻な悩みも語られましたが（『歴史春秋』二四）、赤城さんはけっして悲劇的な運命論者などではありません。この第三回「会津と越後を語る会」の講演にあたり、赤城さんは「ぜひ明日に希望がもてるような話を」と何度もわたくしに念をおされました。歴史を「過去の思い出として」ではなく、「明るい未来のために」と考えておられることがよくわかります。

赤城さんの両属論は、明治大学長・木村礎さんの「実感としての地域論」（『地方史研究』一九六）をはじめ、地方史研究協議会でも注目をあびました。また、この提言をふまえて津川町長さんは、新潟県史編さん委員会で、東蒲原郡の歴史が不当な扱いを受けることのないよう、つよく注意を喚起されたのを、わたくしはよく覚えています。この「会津と越後を語る会」も、赤城さんの提唱を機に生まれたということです。会津史学会長の室井康弘さんは、語る会第二回レジュメの巻頭に、ある地域が二つの国に挟まれて味わわされる歴史のひだには、その背後の地域では見のがしがちな嘆きがあるのでありまして、その心情の訴えに耳を傾け、あるいはその心情を十分に掘りさげて汲みとることこそ、歴史に関心を持つ者の忘れてはならない心掛けかと考えるのであります。

というメッセージを寄せて、赤城さんの両属論に深い共感を示されました。

こうした数かずの反響は、赤城さんの両属論がそのご苦労のライフワーク『阿賀の里――図説・東蒲原郡史』の成果をどっしりとふまえ、トーカンの歴史の現実を厳しくみつめながら、しかも「明るい前進的な理想を」という情熱にあふれ、かつ説得力のあるものだったからだと思います。

赤城さんの「前進的な理想」という言葉を、わたくしふうにいえば、「歴史はその地域の血であり肉でもあるのだから、地域に新たな前進のエネルギーを探ろうとすれば、何よりも先に、地域の歴史をしっかりと知らなければならない」ということでしょうか。

戦前の少年の日を、まだ電気もこなかったトーカンの奥（上川村鍵取）で過ごしただけに、わたくしにはそのお気持ちがよくわかり、若者をもしのぐ八五歳の赤城さんの、郷土想いの情熱に圧倒されています。せっかく与えられたこの機会に、戦国時代の会津領越後国小川庄の歴史に、わたくしも「境界の世界・両属の世界」という、いわば両属論の光をあててみたいと思います。

1　小川庄の旅人たち——村堂の落書きから

中世のトーカンのいかにも「境界の世界」らしい姿をいまに伝えているのは、中世の村のお堂として知られる、鹿瀬町日出谷の護徳寺観音堂や三川村岩谷の平等寺薬師堂の柱やはめ板などに、筆でびっしりと書きのこされた、戦国時代の旅人たちの落書きです（『新潟県史』資料編、中世二九二二〜四二二号、以下番号のみ）。

戦国の世には、「よそ者」を家に泊めてくれる村などはなく、旅人の夜の宿といえば、村はずれの村堂や神社というのが普通でした（小稿「村の惣堂・村の惣物」『月刊百科』三〇八）。そこなら、だれもが勝手に寝泊りできたからです。「惣堂は案内なくて人やすむ」という江戸時代の句にも、そんな光景がよく出ています。「（山村の者は）里へ出てきても宿にとまることはすくなく、たいていはお宮や寺の縁の下でねたものであるという」という、宮本常一さんの聞き書きにも心ひかれます（『庶民の発見』）。

村のお堂の落書きは、そこで一夜を過ごした旅人たちが、じぶんの名前や住所・年月日から、旅の目的や心境までを、思い思いに書きつけた、いわば旅のかたみでした。どれもが男たちの筆ですが、こんな面白い恋歌もたくさんふくまれています。

こひ（恋）しやと　をもひいだ（思出）して　つくいき（息）は　ひのを（炎）と成て

は〔てはカ〕いづれに

さて、旅人たちの出身地をみますと、中条・加治・安田・菅名など、まわりの山一つ越えた北蒲原郡や中蒲原郡からの旅人をはじめ、会津黒川の若衆・若松住人など、会津からの旅人も多いのですが、もっと遠くの上野や常陸など、北関東の人びとの名前までもがみえています。旅の目的は「回国六十六部」という諸国の霊場をめぐる信仰の旅、「当口一見のため」という物見の旅、「らう人の時分」という戦い敗れて身をかくす旅と、じつにさまざまで、出稼ぎ帰りの大工さんらしい姿もみえています。

もう五〇〇年も前だというのに、戦国のころの小川庄は、他国からの旅人の往来もかなり盛んで、けっして閉ざされた別世界でも、孤立した僻地でもなかったことが、よくわかります。そういえば、落書きのある観音堂も薬師堂も、ともに阿賀野川に沿った、いわば「阿賀の里」の中心線に位置しています。もう戦国ころの阿賀野川沿いは、交通の大動脈となっていたのでした。その事情については、3の小田切氏の話で詳しく述べるつもりです。

水沢（鹿瀬）か津川あたりの「若もじ」（美少年）に恋をした黒川（会津若松の旧名）の男が、「一夜ふし申したく」と願をかけた落書きも、ひときわ興味をひきます。会津と鹿瀬・津川の行き来は、それほどに盛んだったわけです。「若もじさま恋しや、のふ〳〵」とか「……さま、せめて一夕、御なさけうけ申したく候」という類の、少しエッチな落書きも多く、旅のかたみというほかに、中世に盛んだった男色の風をしのばせる、大切な風俗史料ともなっています。

2　狐戻城の抵抗——蘆名滅亡と津川城

岩谷の薬師堂には、こんな落書きものこされています。

＊会津らん（乱）入ニ付而、しよさぶらい（諸侍）越国江罷の（退）けられ候、心ぼそくねまり候時、可被下様、御ひきたてニよつて……

＊越国江松本伊豆守らう（牢）人之時分、とも衆（八人の名あり）

＊黒川のこゐ（恋）しき事かぎりなし、いつかかへ（帰）りて、これをかた（語）らん、

これらは、天正十七年（一五八九）の夏、会津の名門蘆名氏が米沢の伊達政宗に攻め滅ぼされたとき、ここ小川庄に逃れた会津の人びとが書きのこしたもので、主家滅亡の悲しみと望郷の想いにみちています。松本伊豆守といえば、蘆名四天王といわれた重臣の一人で、よく三川の小田切氏との連絡にトーカンへもやってきていたのです（一六六三・一六

六八号)。

かれらは、おなじ会津領というので、小川庄を亡命先に選んだにちがいありませんが、「越国に来た」と書いていますから、やはりここを「よその国」とみていたことがわかります。この地は、こうした敗戦の落人たちの隠れ家という、いかにも「境界の世界」らしい歴史をみせてくれます。

しかし、ここはただの「隠れ里」だったのではなく、トーカンの中枢津川の狐戻城の一帯は、おのずから、伊達の家来になるのをきらって逃れた蘆名家中を集めて、政宗にいちばん後まで抵抗した、いわば「会津ナショナリズム最後の拠点」になったのです。その津川城主だった金上盛備(盛満)が、伊達方とまっこうから戦って、磐梯山のふもと摺上原で戦死したのは、その六月五日でした。

しかしここ「越後境目」の地は、その後も、

*津川境より、首一級到来す、

*鉄砲の者相副へ、津川へ差遣さる、

*所々の敵、或は降を乞て帰伏し、或は津川に引退く、

*嫡子左衛門盛実、越後上杉殿へ属し、当家へ降らず、

というありさまで(政宗の伝記「貞山公治家記録」)、津川=小川庄の抵抗は、息子の盛実を

先頭に、「山ノ内」といわれた国境の伊南・伊北・横田・梁取（福島県金山町などの一帯）の人びとと結んで、なおも激しくつづいていたのです。

「越後上杉殿へ属し」といっても、息子の盛実が上杉景勝の家来になった、という意味ではありません。伊達政宗が蘆名を滅ぼしたのを怒った豊臣秀吉は、政宗を公然と非難するとともに、日本海経由でたくさんの鉄砲・弾薬・兵粮米を上杉方に送って、金上氏らの抵抗を助けさせていたのでした。

それまで金上盛備は、蘆名氏の重臣として常陸の佐竹氏や豊臣政権と結ぶ外交に大きい役割をはたし、みずから上洛もして、中央政界でもよく知られていた人物だったからです。その意味で、この時期の越後津川城とかれの息子盛実の動きは、まさに天下の注目を浴びていた、といっても過言ではないでしょう。

一方、伊達方では家来の原田宗時に、蘆名を滅ぼしたら津川を与えようと約束していたらしく、いっこう城が落ちそうにないので、政宗は一〇〇貫文もの領地を別に与えたといいます。津川領にはそれほどの価値があったわけです。それでもやっぱり津川がほしかったのか、原田宗時は伊達軍を率いて津川城を攻めますが、けっきょく「大切所（だいせつしょ）にして、軽率に働き難し……明春にも」といってあきらめ、八月末に兵を引揚げてしまいます。津川の狐戻城は「大切所」、つまり難攻不落の要害だったのです。

しかし、九月の末、金上盛実はなぜか抵抗をあきらめます。伊達政宗はよろこんで、この盛実に会津にある金上本領ばかりか、褒美の新領地までも与えました。この突然の降伏には伊達方も驚いたらしく、政宗伝記も「頼みの伊南・伊北が降参したからか、会津の縁者の説得があったのか」と不思議がっています。なお、その後の金上家は伊達家の支藩・角田石川家に仕えて、いまも宮城県角田市に戦国の古文書を伝えています（三一九九～三二〇五号）。

3　両属の領主――蘆名氏と小田切氏

戦国の末ころ、会津の蘆名家では当主の早死つづきで、養子をどこからもらうかで、親伊達派と親佐竹派に分かれて激しく対立していました。よくこれを「お家騒動」などといいますが、これではまるで講談の世界で、学問的ではありません。戦国の世の大名の家はどこでも、まわりの強豪たちとバランスのとれた外交つまり、おたがいに両属～多属の関係を結び合うことで、自分の地位を安定させようとしていたからです。よく知られた「政略結婚」も「お家騒動」も、その矛盾にみちた表現にほかならない、と思うのです。

蘆名家の「お家騒動」というのも、じつは、当主のあいつぐ早死によって、伊達・佐竹との両属のバランスが崩れてしまった結果にすぎない、とわたくしは考えます。赤城さんの両属論をかりると、こうした戦国社会のダイナミックな特徴がくっきりとみえてきます。戦国の「政略結婚」や「お家騒動」といわれる現象の意味を、この両属論の視角から、戦国社会らしい大名領主層とその領域のありかたを示す、この段階の歴史の重要な特徴として、科学的に見直してみたいと思っています。

さて両属といえば、小川庄の一領主だった小田切氏こそはその典型です。対立する会津蘆名氏と越後上杉氏の勢力の谷間を、「両属」というかたちで生きぬいた小田切氏の姿は、さながら小川庄の歴史そのものといえそうです。この家のことは、もと信濃佐久郡の小田切村の出というだけで、何もわかりませんが、戦国時代の初めから、会津の蘆名氏にしたがう越後小川庄の領主として、姿をあらわします。小川庄の領主といっても、『新編会津風土記』外篇（巻九九〜一〇五）でその領地と伝えるところは、いまの三川村の石間・取上・谷沢・細越・岡沢・古岐を中心にして、南は上川村の大田、津川町の焼山（八木山）、北は新発田市の赤谷と、点々と広がっていて、小田切一族はいくつもの系統に分かれていたようです（阿部洋輔「小田切文書解説」『影印北越中世文書』参照）。

戦国のトーカンの政治地図は、狐戻城の金上氏が津川町を中心にして、阿賀野川の上流域をおさえ、小田切氏は三川村一帯を拠点にして、中流域をおさえていた、ということになるでしょうか。ともに会津蘆名氏の家来でしたが、金上氏は蘆名一族ともいわれる身内の重臣なのに、小田切氏は蘆名四天王・平田氏の下について、むしろ自立の気風のつよい外様の家来だったようです。トーカンのなかでの三川地域の気風のちがいは、もうこの時期には芽ばえていたことになります。

自立といえば、三川村の石間には五〇間四方もの館跡をのこした、小田切弾正忠がその代表格でした。その家に伝わった天正八年（一五八〇）の穀米の過所（関税免除のパスポート）に「いしまへ一とをり」とみえますが（一六五二号）、阿賀野川が蒲原平野に出る谷口にあたる、この重要な河港・石間をおさえた弾正忠は、この大河の船運を一手ににぎる、川の支配者だったようです。

上杉と敵対する新発田氏を応援する蘆名盛隆は、この弾正忠にむかって、

景勝新発田筋へ出張候哉、……舟之儀、借候事、返々無用ニ候、……越後国へ間々忠節、慮外之至候、

といい、上杉景勝方に川船を貸してはならぬ、越後方に色目をつかうな、と厳命していますが（一六六八号）、一方の上杉景勝は、

新発田館際へ押詰、……今般、船数被相調候事、誠入魂不浅次第候、

といい、新発田攻めの船数を調えてくれてありがとう、と礼状を出しています（一六七四号）。小田切氏が阿賀野川と川船を支配することで、上流の蘆名氏とも下流の上杉氏や新

発田氏とも、それぞれ独自に結びつきを深めていたことがよくわかります。

越後の戦国で上杉景勝にさいごまで抵抗し、滅ぼされたのは新発田氏でした。それは中央(信長や秀吉)と結託したからだ、というのが通説です。しかしそれは皮相で、じつは、その抵抗を背後からじかに支えていたのは会津蘆名氏の力で、その運命も、新発田のすぐ隣(小田切領の赤谷はいま新発田市域)にいた小田切氏が、蘆名氏につくか上杉氏につくか、にかかっていたのでした(阿部洋輔氏、第二回「語る会」レジュメ参照)。

その自立ぶりは、ほかの戦国大名たちも注目するところで、永禄十一年(一五六八)ころ、武田信玄はこの小田切氏に、会津の蘆名氏・奥越後の本庄氏と結んで上杉謙信をやっつけよう、とじかに呼びかけていたほどです(一六五四号)。いまに伝わる「小田切文書」二九通(一六五〇~七八号)には、蘆名方からきた一八通の手紙のほか、上杉方からの七通もふくまれていて、まだ戦国の初めに弾正忠は、蘆名・上杉の双方から、「忠節」によって領地をもらっていることが、はっきりとわかります(一六五〇・一六五六号)。まさしく両属の領主の典型といっていいでしょう。

中世の武士道をあらわす言葉に、「主、主たらずんば、従、従たるべからず」とか「君は船、臣は水にて候」というのがあります。「主君は選ぶ権利は家来にあるのだ」とか「家来あっての殿様だ」という意味です。両属を「二股こうやく」などといって非難するのは、武士がすっかりサラリーマン化した、江戸時代になってからの話（『葉隠』）で、中世の武士たちはもっと活力にみちた独歩の行動を生きがいにし、自力で自分の運命をきりひらこうとしていたのです。

そんな戦国を生きぬく小田切氏にとって、問題は、だれがすぐれたリーダーかを、しっかり見きわめることでした。政治の中心から離れていた分だけ、判断と行動に自由があったわけで、国境・両属の地域の動きが、戦国の歴史に与えた影響は、まことに大きいものがあった、といわなければなりません。赤城さんの「両属論」は、こういう歴史の見方の大切さを教えてくれます。

蘆名氏が滅びると、小田切氏が上杉景勝の家来になったのは、自然の成り行きでした。だからといって小川庄が越後領になったわけではなく、慶長三年（一五九八）正月、秀吉の命令で上杉が会津へ国替になると、津川城には上杉方の藤田能登守が入っていますから、やはり津川は会津領のままだったのです。

4　国境の山と村人

さいごに、中世末〜近世初めころのこの国境のトーカンの村むらの動きをみておきたいと思います（藤木「村落における山論の体系」『福島地方史の展開』参照）。雪深い真冬の国境の山は狩りのメッカでした。そこへ会津側から、三人の「大将」以下一六人の百姓が「ししかり」に入ると、これをみつけた室谷（むろや、上川村）の村人は、「いろはやり十一丁、ほい丁五丁」を没収して追返します。やがて、会津側の三〇カ村から代表三人がやってきて、詫び証文を書いたので、槍や庖丁は返してやり、あらためて「しし山」を貸してほしいというので、山の範囲・狩人の人数・山の借料などを、細かく取り決めて認めてやった、といいます。

おなじ室谷の古文書にこんな一文もあります。

山小屋十七かけ、まげ木取り申しに、三十五人参り候を見附け、ともの取り申し候、いろはよき三十五丁・ほい丁三十二丁・なべ十二・かんな二十七丁、しめて百六丁、取り申し候、

「しし山」といえば、アオシシ（かもしか）の狩山で、「まげ木」は曲物細工の素材です。国境の山やまには、村ごとに獲物や木材ごとに、それぞれのナワバリがあって、たとえ真冬の山でも、よその村に荒らされぬよう厳しく監視し、侵入する者からは、村の実力で山道具を没収し排除するというのが、中世いらいの「山の作法」でした（小稿「村の当知行――ムラのナワバリ」『戦国期職人の系譜』）。

集団に大将がいたり、武器にもなる槍やヨキ（小斧）をもった、一六人から三五人もの

相手から、実力で山道具を取り上げようというのですから、村がナワバリを守るには、しっかりした村の結束とふだんの態勢づくりがあったわけです。ナワバリの貸し借りには、村どうしが自主的に話し合って条件を決めていたのでした。山仕事をめぐる多くの村むらの盛んな交流には、ほんとうに目を見張ります（以上、史料は『資料上川村史』）。

また、三川村五十沢と綱木の山争いのときも、会津の蒲生氏は直接に介入せず、「近郷七ケ村の者に相尋」ねよといい、さらに赤谷と滝谷の山境出入のときも、「七村の肝煎百姓、ならびに津川検断、その外おとなしき者に相尋」ねたうえで、裁決を下しています（『新編会津風土記』巻一〇五）。

こうして、小川庄の村むらは大名の力に完全に抑えつけられていたわけではなく、国境の山あいの村むらには、「近郷七ケ村」「おとなしき者」（オトナ百姓）など、現地の村むらによる自前の紛争解決のルール、つまり土着の秩序がしっかりとあり、自主の活力があふれていたのでした。両属の領主の自立性と、「境界の世界」の自主の活力とは、おそらく一つのエネルギーだったにちがいない、とわたくしは考えています。

おわりに

戦国の小川庄は、津川の狐戻城と三川の石間館という、二つの政治の中心をもち、阿賀野川の本支流域で結ばれた一つの世界でした。会津蘆名氏と越後上杉氏のあいだにはさまれながら、「両属」の領主も「国境」の村むらも、暗い宿命どころか、むしろ「境界の世界」ならではの、思いがけない活力と魅力を内に秘め、阿賀野川によって会津へ新潟へ、と外の世界にも大きく開かれていました。

しかも道には、川筋のほかに、たくさんの「山仕事の道」があったはずです。トーカンの奥、わたくしの育った上川村の鍵取や室谷では、いまの年寄たちの親くらいの代まで、村松(新潟県中蒲原郡)や山ノ内(福島県金山町)など、地図には道一つない高い山の彼方の山村との縁組(とくに婿取り)が、じつに盛んだったのです。

その不思議さを古老たちに問えば、さまざまな山仕事の多かった昔は、山越えして奥山でふだんに行き合う相手とは、縁談のまとまるのも早かったものだ、とこともなげに語ります(聞取りには、旧友渡部昇・渡部幸夫両氏の援助を得た)。

「昔」というのがどこまでさかのぼれるか、まだ断定はできませんが、先にみた戦国末いらいの地元の村人たちの行動も、山を主な生活の場としていた国境の村むらの盛んな交流ぶりを、じつによく示しています。中世の山あいの村むらの歴史を語るとき、地図に記されないさまざまな「山仕事の道」を無視して、山村の「孤立」だけを強調しすぎることのないよう、よく心したいと思うのです。「(川上の村)は川下から谷をさかのぼっていったものではなく、反対側の谷をのぼり、山をこえて谷のいちばん奥へ住みついたものである」という、宮本常一さんの文章（前掲書）が思い出されます。

終わりに、このトーカンの内に秘めた思いがけない活力と魅力に迫るために、『新編会津風土記』のすばらしい遺産を受けついで、「会津と越後を語る会」の交流がいっそう深まることを期待し、トーカンの町と村の行政区分を超えた協力によって、国境と両属の歴史を豊かに語りつぐ、「郡史」や「歴史民俗博物館」が実現することに、今日の会を準備された八五歳の青年赤城さんとともに、明るいゆめを寄せたいと思います。

〈この話は、一九八八年十月二十二日、新潟県東蒲原郡津川町で開かれた、第三回「会津と越後を語る会」の講演原稿に加筆しました。〉

〔『かみくひむし』七二、一九八九年、収載〕

Ⅳ 民衆はいつも被害者か

「武装する村」の掘り起こしは、先の「村の城」論とならんで、『戦国の作法』いらい、わたくしの大切な主題の一つである。よく知られた秀吉の刀狩りに、中世いらいの刀の習俗、人の武装権という角度から関心をよせたのも、その一環であった。

こうしたナゾ解きの楽しみのなかから、いつしかわたくしは「民衆はいつも被害者か」という想いを強くするようになった。そんな作業の舞台裏を、基礎的な調べもののあいまに、求められて披露した小文ばかりを、ここに収めた。

さいごの「惣無事令の初令」は、東国惣無事令が、九州の国分令とおなじ、天正十四年前半を画期としていることをたしかめている。小稿を黙殺する批判が煩わしいので、とくにここに収めた。『豊臣平和令と戦国社会』直後に出たものである。

一　武装する村

はじめに

この報告は、戦争と一揆の時代といわれる、中世にあいついだ戦争と民衆蜂起を、自力救済を正義とする社会に固有の特徴とみなし、それが村の日常生活にどれほど深く根ざしていたかを、日本の中世後期一四〜一六世紀の村にそくして追究する。

日本の中世の村と農民は、蜂起や戦争などの非常事態のさいだけでなく、つねに武装し自力で日常的な問題解決にあたり、その必要から、戦功者の褒賞や卑怯者の制裁、犠牲者にたいする補償、武力をになう若者たちの村政参加、近隣の村むらとの連携と協力、無秩序な暴力の反復を回避するための作法など、さまざまな自律的な法や習俗を生み出していた。

1　中世の村の武器事情

中世社会における村の武装と武力による問題解決は、村の自力救済能力と村の自力の象徴であった。日本中世の村のもっとも一般的な武器は刀であり、また刀は自立した社会成員の神聖な身分標識でもあった。一六世紀末の日本に滞在していたヨーロッパ人たちは、「日本では今日までの習慣として、農民をはじめとしてすべての者が、ある年齢にたっすると大刀と小刀を帯びることになっており、かれらはこれを刀と脇指と呼んでいる」（L・フロイス『日本史』12）とか、「十三歳か十五歳まで少年期が続いて、青年期に入る。この年齢にたっすると、習慣として、子供の名前を変えて大人の名前を付け、長剣と短剣を差し、頭髪を少し切る」（J・ロドリーゲス『日本教会史』）と証言している。

すくなくとも中世後期の社会では、武士だけでなく農民や町人などの少年も、一二～一七歳になると、成人したしるしとして、①名前を子どもの名から成人の名に変え、②刀と脇指の二本を腰に差し（正式な帯刀）、③頭髪の前髪を剃る、という一連の通過儀礼がおこなわれていた。ただ、少年が成人してもつ刀・脇指の種類や数は、村内の身分・家柄の高下によって、共同体レベルで厳しい区別があったと推定される。中世の村社会では、他人の刀を奪うのは重大な名誉毀損（公的な存在にたいする尊厳の侵害）とされ、その罪によって村追放の制裁をうけたほどで、フロイスも、農民たちは刀をもっとも重んじていた、と記している。

一六世紀末に全国を統合した豊臣政権は、一五八八年（天正十六）、全国の一般民衆に武器の所持を禁止し、領主にその没収を命じた。この刀狩令はその冒頭に、政策の目的は民衆の領主にたいする反抗＝一揆の防止であり、規制の対象は刀・脇指・弓・鑓・鉄砲、その他すべての武器類に及ぶ、と明記されていた。そのため、この政策には、施行過程と結果についての十分な検証ぬきで、政策意図だけに沿って、中世民衆を徹底的に武装解除し、圧倒的な武力格差を基礎にした強大な幕藩専制国家を創出した、という過大な評価が与えられ、「丸腰の民衆」像は不動の地位を占めて、今日にいたっている。

しかし、わたくしはこの通説を疑う。この問題については、次章の「刀狩りをみる目」で、少し詳しく述べよう。

2　村はなぜ武装するか

第一は、狩猟と害獣駆除の武装である。日本中世には多くの鹿・猪・猿・熊などが生息し、山村の農民たちが領主に獣害を申告して、年貢の減額を要求する例はよく知られている。刀狩り以後も害獣駆除のため村が鑓や鉄砲をもつことを認めたように、村にとって武器の保有は生産と生活のために不可欠であった。

第二は、村の治安の武装である。中世後期の社会で、盗み・放火・殺人の重罪（大犯三ケ条）に対処するのは村の責任とされ、村人は武器をもって犯人の逮捕・処刑に協力しなければならず、現行犯をその場で殺しても殺人罪には問われなかった。犯人が逃亡したばあい、掲示板により多額の懸賞金を懸けて、広くよその村むらにまで、犯人の通報・連行または処刑に協力を求め、村の犯人からは村の保護を剥奪し、追放すること（平和喪失、ドイツ中世の Acht 刑）を公示した。村で起きた犯罪を解決し、治安を維持するために、個々の村を超えて広くたがいに協力しあい、他村には賞金を支払う、という習俗が成立していた。

また犯人が不明のばあい、近隣の村人たちが集まり、投票によって犯人を決定する方法もとられた。投票は、確実な知見（実証）か噂（風聞）かの区別を明記すべきものとされ、犯人決定に必要な票数は、投票に参加した人びとの集会で、そのつど討議し決定された。投票に参加した村人たちは、武装して開票の結果を待ち、犯人が決定すると、ただちにその逮捕に出動した。殺人・盗み・放火の犯人には死刑を執行するのが例であった。こうした投票による犯人の決定は、古代ギリシャの陶片追放 ostracism のように、当面の村の危険人物を共同体の外に追出す、村の自浄作用 katharsis にその本質があり、その効用によって後世まで長くつづいた。

第三は、ナワバリ確保の武装である。今日に伝えられる数多くの村史料のなかに、山野河海の紛争に関係する史料群は大きな比重を占め、山野河海をめぐる紛争が、中世から近世をつうじて、日本全国でいかに頻繁に発生していたか、をよく物語っている。記録された紛争の実態は、紛争の現場に大勢の村人が武器をもって押し寄せ、相手方を実力で排除するとか、自領の山や川や海を侵害された報復に、相手方の領域に侵入するというように、もっぱら村どうしの激しい武力行使に委ねられ、紛争現場で誤って人を殺しても殺人罪には問われない、という習俗さえ成立していた（酒井紀美氏のご教示による）。

こうした事実は、中世の山野河海が、村むらの自力（武装と闘争）によって確保できるかぎり自村のものであるという、近代人の目からみればひどく不安定な勢力圏であったことをよく示している。村による山野河海の用益は、村が集団で長期にわたり利用をつづけてきたという歴史＝先例と、他の村がそこに立ち入り利用するのを実力で排除しつつ、現にそこを占有しているという現実＝当知行とによって正当化された。

ただし、ナワバリ確保のための武力行使も、まったくの暴力に委ねられていたわけではなく、暴力の反復を避けるための実力行使の規範が成立していた。ⓐ紛争現場で相手方を実力で排除するときは、相手方の農具や漁具だけを押収し、身柄は拘禁しない、ⓑ家財や田畠の盗みは死刑だが、山を侵す盗みは罰金刑のみ、ⓒ磯海や湾内などの地先水面はその浦の村のもの、ⓓ近隣の村むらの仲裁や領主の裁判をうけるとき、紛争現場は立入禁止とし、違反すれば権利を失う、というように。

なお、村の治安維持とおなじく、村どうしのナワバリ争いも、広く近隣の村むらの共同によって支えられ、戦闘への協力には、返礼として酒宴が設けられ、兵粮・酒肴・礼銭などが贈られ、もし村むらの監視・調停・制裁に背けば、地域の連帯から排除された。中世後期の村むらのさまざまな紛争解決は、地域の村むらの幅広い連帯によって、実現され監視されていた。

3　村の武装の主体

村の武力行使の態勢は、(1)敵が村のナワバリを侵したら、全員が協力して実力で排除する。(2)紛争の現場で手柄を立てた者には、村から褒美を与える。(3)紛争の発生を知りながら現場にかけつけなかった者は、卑怯者として罰金を科し、村の成員権を剝奪するか、または村追放とする。(4)紛争で死亡した者の父や子には、一代あるいは永久に村役の負担を免除し、褒美も与える。負傷した者の農耕は、村が代行する、という村による手厚い褒美と補償、厳しい制裁の措置によって支えられていた。

この武力行使の態勢には若者集団が大きな地位を占めていた。若者とは、一六世紀末の『日葡辞書』によれば、一五歳から二五歳前後の男子をいうが、実際にはもう少し年齢の幅があった。かれらは山仕事や漁業など村の共同の生産労働に中心的な役割をはたすだけでなく、村の警察力や軍事力の中心として独自の武装集団を作り、夜間の警備や犯人の逮捕や処刑の任にあたり、村を代表して敵方との折衝に出かけ、村の武力行使の先頭に立ち、また、しばしば強硬策を主張して長老と対立するなど、村の紛争解決に執行部とは独自に先兵の役割をはたしていた。

また、若者集団は村の意思決定に自立した主体として参画した。一六世紀初めころ、自治的な性格の強い村（惣村）をみると、村全体の共同の意思をあらわし、村人こぞってとか、村をあげてという趣旨を強調する文書や外交文書には、若者代表の署名が不可欠とされ、それを欠く文書は村全体の意思表示とみなされなかった。一六世紀の自治的な村や都市の公文書に、その政治の主体が、長老と若者とを意味する「老若」という言葉で表現されたのは、この事情をよくあらわしている。

おわりに

一六世紀の末以降、豊臣政権は、村の武力行使による殺人に厳しい規制を加えるようになる。その一つは、山野河海のナワバリ争いで、村が弓・鑓・鉄砲を使って人を殺傷すれば村全体を制裁するという規制＝喧嘩停止令で、この法に違反して数多くの村の代表が処刑された。ただし、この規制を逸脱しないかぎり、村がナワバリ争いを自力で解決すること自体は、少しも違法とはされなかった。近世の社会でも、田畠屋敷の紛争は領主が土地台帳を基準として裁いたのにたいして、山野河海の紛争はこれまでどおり現地の慣行に委ねられたからである。

その二は、治安の武力行使についてで、村自身が犯罪者の逮捕など警察権を発動することには、いっさい制約が加えられなかったが、犯人を処刑する人を殺す権限は厳しく規制され、村による処刑は事前に領主に届け出ることが原則とされた。

その三は、刀狩令で、豊臣政権はその発動にあたって自力習俗のもたらす惨禍からの解放という目標を掲げて、民衆を説得しようとしていた。だがそれは村の武器廃絶令などではなく、民衆に武器の所持を認めながら、その使用に厳しい自己規制を求めたところに特徴があった。

これらは、中世後期をつうじて進んだ喧嘩両成敗法の歴史的な成熟を背景として、社会平和維持の権限を独占しようとする豊臣平和令の重要な一環であった。のちの近世農民の対領主闘争（百姓一揆）には、「あえて人命をそこなう武器はもたず」という、自律的な自己規制の規範があり、それは主体的に守られていた、という注目すべき事実が知られている。ペリン（Noel Perrin）の *Giving Up the Gun-Japan's Reversion to the Swords, 1543-1879* も注意したように、民衆の武器にたいする自己規制は、近世社会をつうじて堅持されたとみることができる。

小文は、もと一九九〇年夏にスペインで開かれた、第十七回マドリード国際歴史学会議の中世第二部会「中世の農村世界と共同体の運動」に提出した論文を、当日の一五分ほどの報告にそくして、削訂したものである。なお、冒頭の「村の武力——民衆非武装化の歴史」は、本書の「刀狩りをみる目」と重複するので、割愛した。

この部会は、ドイツ農民戦争や共同体の研究で知られる、P・ブリックレによって組織され、一部＝ヨーロッパ（中・北・東・西・南欧から八報告・一集約）と、二部＝それ以外（ビザンツ・日本から二報告）に分け、地域にそくして主題を具体的に検証し、三部＝討論（六発言）によって総括する態勢がとられた。部会の編成にあたって、P・ブリックレはあらかじめ農村と都市の共同体の共通性に関心をうながし、それを基礎としたコミューン主義の厳密な概念規定とコミューンのモデルの検証を呼びかけていた。

事前のレジュメで、解放都市と村の自主運動に共通性を認め、その特徴を比較検討していたA・シェドヴィル、酒宴を起点とし共有地を基礎とする村の結集や村の武装と平和を論じていたR・フォシェ、邦訳されたばかりの『ドイツの臣民』（服部良久訳、ミネルヴァ書房、一九九〇年）で村共同体の批判能力と自律性を重視し、農民反乱の諸段階や特質を論じていたP・ブリックレ等との交流に、わたくしは大きな期待を寄せた。

だが、五カ国語にわたった報告の討論や夜の交流には、わたくしの非力と小心から、ついに参加することができなかった。

〔『歴史学研究』六一八、一九九一年、収載〕

二　刀狩りをみる目――いま、なぜ刀狩りか――

1　わたくしたちの非武装感覚

新しい読者のために「刀狩りの評価」を、という編集部の注文です。ところが、これが意外に難題なのです。どの教科書にも出ていて、だれもが知っている刀狩りなのに、なんと一九四三年このかた、もう半世紀ちかくも、刀狩りを主題としたまともな研究はゼロ、というのが実情だからです(1)。

第二次大戦後、わたくしたちの歴史学は、日本史の徹底した見直しを進めてきましたし、刀狩りとならんで有名な太閤検地の研究は、旋風といわれた論争をまき起こし、たいへんな数の論文が書かれました。それなのに刀狩り研究がゼロとは、いったいどうしたことでしょうか。「刀狩りの評価」どころか、まずは、このナゾにチャレンジしなければなりません。

こころみに最新の大百科事典をみますと、刀狩りいらい庶民の武装は禁止され、廃刀令で武士の帯刀も禁止され、ここに国民の非武装が定着した、と明記されています[2]。いまの日本国民の非武装は刀狩令と廃刀令によるものだ、というのです。そのとおり、とうなずかれる方も多いでしょう。

たしかに、いまわたくしたちは「治安のいい日本」を世界に誇っています。中東派兵案への拒絶反応（功）も、国による盗聴への無関心（罪）も、この治安＝非武装感覚と大いにかかわりがあるはずです。そして、この治安のよさは、国民の非武装の賜物で、秀吉の刀狩りや明治の廃刀令のおかげと、日本人みんなが、すっかり信じこんできた、というわけです。

戦後の半世紀ものあいだ、刀狩り研究がゼロというのは、どうやら国民の非武装という現実のしわざだった、ともう断定してもいいでしょう。わが標的は、まずこの共同幻想です。

2　武装は人権

西洋古代史の長老・村川堅太郎氏は新作「市民と武器」でいいます。わが国では、近世初頭・明治維新・第二次大戦後の三度にわたって、刀狩りがたいした抵抗もなくおこなわれ、今日の日本で武器の保持・携行は、国家権力により世界でもっとも厳しく取り締まられており、この政策は一般市民のコンセンサスに支持されている。だが市民と武器の問題は、国家権力と市民の自由という、政治の問題と深くかかわっているのだ、と。[3] わたくしたちの治安感覚の一面を痛烈に突いたものというべきで、三度の刀狩りというのも卓見です。

そういえば、アメリカの『タイム』は、特集「武装するアメリカ」で、市民のあいだの銃による死者数（約六万三〇〇〇人）が、一九八四年からのわずか二年で、ベトナム戦争八年半の全戦死者数（約五万八〇〇〇人）を超え、銃をもつ市民は急増して、いまや全所帯の半数に及ぶ、と報じました。そのアメリカでなぜ市民の武器規制が進まないか。同誌はいいます。

裏にはたしかにNRA＝全米ライフル協会など兵器産業界の圧力があるが、もっと根底には、「市民の武器こそ民主主義のとりで」「武装権は人間ほんらいの権利」という思想と、それをめぐる激しい憲法論争がある、と。[4] やはり、市民が武器をもつかどうかは、国制のあり方や人権の問題と深く結びついている、というのです。

蛇足ですが、合衆国憲法の修正第二条は「規律ある民兵は自由な国家の安全にとって必要であるから、人民が武器を保蔵しまた携帯する権利はこれを侵してはならない」とし、イギリスの権利の宣言第七条も「新教徒である臣民は、その状況に応じ法の許す範囲内で、自衛のための武器をもつことができる」としています。N・マキャヴェリ『戦術論』が「戦争以外には何ら他の生業に就くことを欲しないような兵士が、どんなに恐ろしいか」を強調したのもおなじことです。[5]

市民の武器の有無が、人権や国制のあり方と深くかかわるとなれば、国民は非武装が幸せと「治安のいい日本」を謳歌してばかりもいられません。刀狩りにも、ただ一揆防止策というだけでなく、人権や国制への目配りが求められます。

3　ヨーロッパの刀狩り

つぎに、小さな歴史クイズを一つ。空欄イ〜ニには、選択肢a・bを用意しましょう。

〔イ〕世紀の〔ロ〕でたびたび発せられた〔ハ〕令は、農民身分と〔ニ〕身分を確定するのに、初めて武装権の有無をもち出した。それまでは、農民であっても余裕さえあれば、自弁で武器をととのえて戦争に参加できた。また名誉をけがされたときは、武器をとって決闘を申し込んでよかった。しかし〔ハ〕令によって、いまや彼らは平和のうちに生きる庇護されるべき人となり、父祖伝来の武装権を剝奪されてしまったのである。ここに身分としての農民が誕生した。

イ＝a一六・b一二、　ロ＝a日本・bヨーロッパ
ハ＝a刀狩・b平和、　ニ＝a武士・b戦士

これは寒川恒夫氏の文を拝借し加工したもので、空欄にはどれもbが入ります。[6] 簡単そうですが、迷われた方もあるでしょう。つまりa・bどちらでもおかしくない、それほど刀狩りとよく似た史実が、中世ヨーロッパにもあるということです。刀狩りは何も日本史だけの特質ではないのです。

武装権や武装禁止令には、いまは阿部謹也氏の紹介もありますが、わたくしが初めて「武装権」の視点を学んだのは、堀米・石川論争で、そのもとはハンス・フェールの古い研究です。中世ヨーロッパの武器は正規の社会成員の標識で、武装権は名誉権にほかならず、一二世紀のラント平和令にみえる武装禁止令は、農民に家での武器の所持 haben を認めながら、平時の携行 tragen や軍役・復讐・決闘・追捕などの武装権の剝奪によって、身分の規制をめざした、というのです。[7] われらの刀狩りも、武装解除論だけでは、単純にすぎるでしょう。

武装権と名誉といえば、犬養道子『渇く大地』にも、すばらしい示唆があります。すくなくともスーダンから西にチャド、東にはエチオピア北辺、そしてソマリアにいたる領域の、遊牧民の男性は、成人のおごそかな儀式ののち、いかなるときも剣を身につける。剣

はその身分と属をあらわし、雄々しさと、部族ぜんぶの護身の義務・責任をも象徴する。剣こそは、遊牧の男の誇りそのもの、存在理由そのものなのだ、と。日本の中世末の民衆のあいだにも、「刀指（かたなさし）」の成人儀礼が広がっていて、刀はたしかに成人男子の名誉の標識でした。(8)

4 日本近世の刀狩り

去る夏、求められるままにわたくしは、こうした刀狩りの歴史への関心をもとに、マドリードとボンで小さな報告をしました。以下、その一端をご紹介します。(9)

秀吉の刀狩令には、その冒頭に、百姓の一揆防止がねらいで、没収の対象は刀・脇差（わきざし）・弓・鑓（やり）・鉄砲、その他すべての武器に及ぶ、と明記されています。そのため、この政策は、中世民衆を徹底して武装解除し、隔絶した武力格差をもとに、強大な専制国家を創り出したと評価され、丸腰のみじめな民衆像は、不動の地位を占めて、今日にいたっています。

しかし歴史の評価を権力の思惑によって決めるなんて、じつはとんでもないことです。領民（子ども）は無抵抗（柔順）なほどいいというのは、いつもかわらぬ権力（親）の身勝手な願いだからです。評価のきめ手はあくまでも刀狩りの現実です。

たとえば、北陸からは、約四〇〇〇の武器が中央に送られました。その九六パーセントまでが刀・脇差類、あと四パーセントは鑓で、弓矢・鉄砲はゼロでした。山陰では、一村につき八名ほどを対象に、一人あたり刀・脇差（大小）一組だけを、村ごとに割り当てました。たしかに、武器の没収です。

だが、標的は文字どおり「刀」だったのです。それも村の武装解除どころか、並行して村では、神事の刀剣、旧家の帯刀、害獣用の鉄砲など、さまざまな武器の免許がおこなわれました。しかも「刀狩りは徳政」とばかりに、殺し合いのない社会をとか、刀は大仏のためになどと、鎌倉時代の太刀・腰刀停止令とも変わらぬ、けんめいな説得つきの実施でした[10]。

一七世紀初め徳川幕府は、民衆がみな刀や脇差をもつものとして、長さ、鞘（さや）の色、鍔（つば）のかたちなど、その外見だけを、髪・ひげ・着物・履物などとともに規制しました。近代以前は、頭から足もとまで、外見で身分が見分けられた社会で、幕府のねらいも、刀を軸にした身分の統制にあったのです[11]。

同世紀の末に、幕府はその外見の規制を強めます。二本差（にほんざし）つまり「帯刀」は武士の独占で民衆は一本差、カタギは短い脇差でヤクザは長脇差（ながどす）、というわけです。外見にこだわるのは権力のあせり、と疑ってみましょう。この規制にも、民衆の武装解除の色合いは薄い、といえます。もう間もなく、苗字帯刀の免許は、金で買えるようになるのです。

それどころか塚本学『生類をめぐる政治』は、この時代の農村に鉄砲が急速に普及し増加していった、という大きな事実をあきらかにしました[12]。幕府は鉄砲を村に必須の生産用具として、狩猟用・害鳥獣用・練習用など、うるさく用途をかぎり、責任者や数を定めて、村ごとの登録制としたのでした。規制が必ずしも禁止を意味しないことは、現代の厳しい運転免許制がむしろ日本の車社会を支えている、という事実にも明らかでしょう。

5　近・現代の刀狩り

では、いまの国民非武装は、どうやって実現されたのでしょうか。まずは、明治の廃刀令の見きわめです。明治九年（一八七六）に政府の出した廃刀令の太政官布告三十八号は、大礼服を着たときと公務中の軍人・警察・官吏を除いて、帯刀は禁止する、という簡単なものでした。

ところが、司法省の示した施行細則では、刀剣も腰に帯びて歩くのはダメ（違反すれば没収）だが、懐や包みに入れてもち歩くのはおかまいなし、というのです。しかも武器規制のためには、廃刀令より早く同五年に、幕府の銃砲統制策をうけた銃砲取締規則（布告二十八号）が施行されていますから、廃刀令の現実は、国民の非武装化などではなく、明治国家の新支配身分（軍・官・警）で帯刀権を独占するためだった、というしかないでしよう。[13]

となると、敗戦直後の一九四五年九月に占領軍の出した、日本国民の武装解除令(disarmament provision 一般命令第一号第十一条)しかありません。これにも、善良な市民のもつ由緒ある美術刀剣と、狩りや害鳥獣用の銃砲は、審査のうえ所持を許可する、という例外措置がつきました。

ところが現実には、占領軍に県ごとの実施を委ねられた内務省・警察が、隣組ごとに、武器を出さねば軍事裁判だと脅し、例外措置の運用にも厳しく目をひからせて、徹底した国民の武装解除を強行したのです。その刀狩りの成果は、初めの半年で刀だけでも九〇万振を超えたはず、といいます。[14]

占領軍の武装解除令は、その後、日本がわの「銃砲等所持禁止令」(命令、一九四六)から「銃砲刀剣類所持取締法」(法律、一九五八)に移行し、厳しい取締り(なぜか暴力団は別?)は、いまもつづいています。徹底した国民の非武装化はなによりも、占領軍をバックに日本警察が強行した、二〇世紀の武装解除の結果だったとしてよいでしょう。ああ、つい現在の目で過去をみてしまう共同幻想のこわさよ。

6　これからの刀狩り論のために

これで、やっと出発点にもどりました。まだ「刀狩りの評価」などは無理というのが、おわかりいただけたでしょうか。「三度の刀狩り」をふくむ、ながい国民非武装化の歴史のナゾに、チャレンジするのは、これからの新しい課題です。実のない評価など、空しい抽象論議にあわてて先まわりせず、まずは現代にいたる非武装の歴史の実情に、じっくり腰をすえて迫ってみたいものです。「刀狩り研究の勧め」に、わたくしのナゾ解きの楽しみも、少し書きそえておきましょう。

①歴史のなかの刀狩りは、秀吉以前にもさかのぼりそうです。武装解除はいつの世にも権力の衝動だからです。だからこそ、日本だけのこととともかぎらず、比較もまた楽しみです。

②権力の衝動といっても、すぐ簡単にやれるというものではありません。なによりも武器は、ひとの名誉のしるし・村の身分標識だったとみられるからです。けれども、まだ確証はとぼしいのです。刀を差した江戸の村人、剣を吊ってオルガンを弾くバッハ、そんな絵柄にも心ひかれます。

③名誉ある人の刀を狩ろうというのですから、み仏のためにとか、武器で殺しあうのは

やめようとか、農民は農民らしくとか、刀狩り＝徳政観を背景に、それぞれの時代に特徴ある説得がくりひろげられます。歴史のどんな画期にどんな刀狩り策が出てくるかも、見とどけてみたい問題です。

④近世の村社会で、一本差は帯刀とはみなされず、武器の第一とされた鉄砲もしだいに増加し、黒船が姿をみせはじめると、幕府は村の武器にも国防の期待をかけるのです。これでも近世は民衆が武装解除された社会といえるでしょうか。丸腰の民衆論は、実像のたしかな見直しが必要です。

⑤しかし、江戸の百姓一揆は「あえて人命をそこなう得物はもたず」を標傍した、といいます[15]。武器の使用をめぐる民衆の自律は、どこから出てきたのでしょうか。

（1） 藤木『豊臣平和令と戦国社会』（東京大学出版会、一九八五年）第三章。以下、わたくしの貧しい楽屋裏を思いきってご披露します。
（2） 平凡社版、田村貞雄「廃刀令」の項（一九八五年）。
（3） 『村川堅太郎古代史論集』Ⅱ（岩波書店、一九八九年）第八章。古代の武装権論には高橋秀氏のご教示を得ました。
（4） *Time*, International, Feb. 6, 1989, pp. 8~14. 主な論争は ① Robert E. Shalhope, "The

Ideological Origins of the Second Amendment", *The Journal of American History*, Vol. 69, No. 3, Dec. 1982. ② Lawrence D. Cress, *Citizens in Arms*, 1982. ③ L. D. Cress, "An Armed Community: The Origins and Meaning of the Right to Bear Arms", *The Journal of American History*, Vol. 71, No. 1, June 1984. 以上はM・E・ベリー氏とM・コルカット氏に教えていただきました。

（5）『世界憲法集』（岩波文庫、一九七一年）Louis G. Schwoerer, *The Declaration of Rights, 1689*, 1981. 浜田幸策訳『戦術論』第一章10「職業軍人は国を亡す」（原書房、一九七〇年）。

（6）週刊朝日百科『世界の歴史』19（一九八九年）、一二七頁。

（7）阿部『中世を旅する人々』（平凡社、一九七八年）六二頁。堀米庸三『ヨーロッパ中世世界の構造』（岩波書店、一九七六年）六〜八章。石川武「ドイツ中世の平和運動における『公共性の理念』2」（『歴史学研究』一七三、一九五四年）。Hans Fehr, *Das Waffenrecht der Bauern im Mittelalter*. 1914 は山本健氏の懇ろなご教示を得ました。武装禁止令 Waffenverbot はフリートリヒ一世の平和令第一二条、ライン・フランケンの平和令第一四状条（Lorenz Weinrich, *Quellen zur Deutschen Verfassungs-, Wirtschafts- und Sozialgeschichte bis 1250*, 1977, p. 221, p. 295）。小倉欣一氏のご教示を得ました。

（8）『渇く大地』（中央公論社、一九八九年）二二〇頁以下。能登屋良子氏に教えていただきました。なお日本の例は、藤木「刀指の祝い」（『戦国史研究』一六、一九八八年）をご参照下さい。

(9) マドリードの報告「武装する村」は(本書二六七頁)、ボンの報告「刀狩令と武装禁止令」の要旨は池享「ボン日本中世史研究会議参加記」(『歴史学研究』六一七、一九九一年)四八頁を参照。なお、刀狩りの分析の詳細は、註(1)の本をご覧下さい。

(10) 鎌倉幕府法追加第二〇〇～二〇二条『中世法制史料集』第一巻。同法は館鼻誠氏に教えていただきました。

(11) 川北稔『洒落者たちのイギリス史』(平凡社、一九八九年)、北山晴一『おしゃれの社会史』(朝日選書、一九九一年)に多く示唆があります。

(12) 新刀狩り論の重要な文献です(平凡社選書、一九八四年)。

(13) 藤木「奥羽刀狩事情――付、廃刀令からの視点」(『北日本中世史の研究』吉川弘文館、一九九〇年)一一二頁以下、本書二九一頁以下参照。

(14) 荒敬『日本占領史研究序説』三八頁以下(柏書房、一九九四年)。この項には荒氏と粟屋憲太郎氏のご教示を得ました。

(15) 斎藤洋一「武州世直し一揆のいでたちと得物」(『学習院大学史料館紀要』一、一九八三年)。藪田貫「得物・鳴物・打物」(『橘女子大学研究紀要』一〇、一九八三年)、藪田「百姓一揆と「得物」」(同『紀要』一四、一九八七年、のち『国訴と百姓一揆の研究』校倉書房、一九九二年、に所収)。藤木「「豊臣の平和」によせて――民衆はいつも被害者か」(『歴史地理教育』四一三、一九八七年、本書二九八頁)、なおNoel Perrin, *Giving Up the*

Gun, 1979.（邦訳、川勝平太『鉄砲をすてた日本人』紀伊国屋書店、一九八四年）も視点の面白い本です。

〔『歴史評論』四九三、一九九一年、収載〕

三　廃刀令からの視点

明治の廃刀令について、かりに『平凡社大百科事典』廃刀令[1]の項をみると、「刀狩り以来庶民の武装は禁止され」たが、廃刀令以後は士族の帯刀も禁止され、ここに「国民の非武装が定着した」と説かれている。

これが今日の廃刀令の通説なのかどうか、門外漢のわたくしには即断できないが、ここには「帯刀」と「武装」、「廃刀」と「非武装」の混同がみられ、「刀狩り以来庶民の武装は禁止され」という前提にも、すでにみたような疑義がある。はたして、廃刀令によって「国民の非武装が定着した」という結論は妥当なものであろうか。

第一条、帯刀トハ、従来ノ慣習ニ依ルトキハ、長刀又ハ双刀ヲ帯スル儀ニテ、脇差ト称スル短刀ヲ帯スルハ帯刀ト称スル限ニアラズ候ヘドモ、本年第三拾八号ヲ以公布セラレシ帯刀トハ、双刀又ハ短刀ノ別ナク、一切ノ金刃ヲ携帯スルコトヲ禁ゼラレシ儀ニ候哉、若シ然ラバ、公然腰ニ刀ヲ帯ブルニアラザルモ、他ノ事故アルニアラズシテ、身ヲ護スル為メ、短刀ヲ懐中シ、或ハ鎗身ヲ杖ニ仕込、或ハ嚢中又ハ荷物ノ内ニ刀ヲ入レ、窃カニ携ヘ通行スル如キ、亦禁止ノ儀ト相心得可然哉、

これは、明治九年(一八七六)四月二十七日、滋賀県裁判所から司法省あてに、まだ公布されたばかりの廃刀令について、執行心得を問い合わせた「伺」三カ条の冒頭の部分である。(2)

いわゆる廃刀令とは、その三月二十八日に太政大臣三条実美の名で発令された、「太政官布告第三十八号」をいうが、それは、

自今、大礼服着用、幷ニ軍人及ビ警察・官吏等、制規アル服着用ノ節ヲ除クノ外、帯刀被禁候条、此旨布告候事、

但、違犯ノ者ハ其刀可取上事、

と、ごく簡潔に一般的な「帯刀」の禁止と、違反者からの刀の没収を規定しているだけであったため、公布の直後から、各県レベルの司法・行政官庁から(内務省を経て)司法省あてに、廃刀の実務に関するさまざまな質問が殺到することになった。

みぎの「滋賀県裁判所伺」はその一例にすぎないが、この質問の骨子はつぎの三点から成っている。

(1)まず、「従来ノ慣習」によれば、「帯刀」とは「長刀又ハ双刀ヲ帯スル儀」のみを

いい、「脇差ト称スル短刀ヲ帯スル」のは「帯刀ト称スル限ニアラズ」というのが、「帯刀」をめぐるこれまでの社会通念であることを指摘し、

（2）ついで、新たな布告（廃刀令）にいう「帯刀」の法概念の内実を質して、「帯刀」の禁止とは、「双刀又ハ短刀ノ別ナク、一切ノ金刃ヲ携帯スル（公然腰ニ刀ヲ帯ブル）コト」、つまり公然たる刀または脇差携行にたいする規制だけを意味するのか、

（3）あるいは、その規制は、「懐中」「杖ニ仕込」「嚢中」「荷物ノ内」など、「公然腰ニ刀ヲ帯」びずひそかに携行したり、「身ヲ護スル為メ」の一切の武器の携帯禁止にまでも及ぶのか、

と問うているのである。

この質問で注目すべきは、第一に、帯刀に関する「従来ノ慣習」では、脇指の携帯は「帯刀」とはみなされない、と明記されている点である。刀狩令以後も民衆は脇指を身に帯びつづけた、というわたくしの旧著の指摘は、これによっても裏づけられる。

第二に、「帯刀」の禁止をうたう明治廃刀令は、その執行の現場に、「従来ノ慣習」による「公然腰ニ刀ヲ帯」びることの禁止なのか、あるいは武器携帯にたいする全面規制なのか、という疑義と混乱をひきおこしていた、という事実である。

第三に、いずれにせよ、問題とされているのは外出時の武器携帯のみで、自宅における

武器所持は、論議の対象にさえなっていないことに注意しておく必要がある。

このような疑義と混乱を生じた理由は、一つには、廃刀令布告の簡潔さに、もう一つは、布告＝立法の趣意書というべき、同八年十二月七日付、陸軍卿山県有朋の「陸軍省上申」にあったのではないか。「上申」には、

此ノ如クシテ（帯刀習俗の）已サルトキハ、政治上多少ノ妨碍ヲ生スルハ勿論、且軍隊ノ外兵器ヲ携フルモノアルハ、陸軍ノ権限ニ関係スル、又浅尠ナラストス、願クハ速ニ廃刀ノ令ヲ下シ、全国人民ヲシテ、漸次開明ノ域ニ進歩セシメンコトヲ企望ス、

といい、「未曾有ノ大典即チ徴兵令ノ頒行」の事実を背景として（これが、明治二年に森金之丞＝有礼が公議所に提案否決された、第十二号議案＝最初の廃刀令案との政治条件のちがい[3]）、政治上・軍事上の観点から全国人民の武装解除の必要性が強調されていたからである。

つまり廃刀令の趣意書もまた、あの豊臣刀狩令の第一条と同様に、全国人民の武装解除を立法の意図として公然と語っていたのであり、現場からの前掲「伺」の（2）（3）も、この立法趣旨つまり人民非武装化の衝動をふまえている可能性を排除できないのである。

ところが、この「伺」にたいして、廃刀令の執行に当る司法省が示した、実務レベルの公式見解の要は、

＊第三拾八号布告（廃刀令）ハ、一切ノ刀剣ヲ佩帯スルノミヲ禁シタルナリ、

＊懐中若クハ嚢裏ニ包蔵シ、及ヒ其余ノ兵器ヲ携帯スルカ如キハ、此限ニ非ス、
＊犯禁ノ処分ハ、其刀ヲ没収スルニ止ム、

というものであった。

鹿児島県など諸県の「伺」にたいする返事でも同様で、

売買等ニ付、刀剣携持候者ハ、必ス之ヲ包裏スヘシ、若シ包裏ヲ用ヒス携行候者ハ、
帯刀同様可致処分、

という、一貫した司法省布告が示されている。

以上の施行過程の徴証からみるとき、この明治廃刀令の特徴は、つぎのようなものであったことになろう。

第一に、「一切ノ刀剣ヲ佩帯スルノミヲ禁シタルナリ」という以上、当面する実務レベルでの規制のねらいは、「長刀又ハ双刀ヲ帯スル」士族だけではなく、「脇差ト称スル短刀ヲ帯スル」平民をもふくむ、従来の帯刀習俗そのものであった。廃刀令は士族の帯刀禁止令であった、という通念には再検討の必要がある。

第二に、だが「包裏ヲ用ヒ」た「刀剣携持」は「処分」の対象とせずというのであるから、じかに日本人の非武装化を実現しようとするものではなかった。明治廃刀令は、その立法意図（陸軍省のホンネ）に全国人民の非武装化をうたいながら、公布当初の執行過程

（司法省見解）からみるかぎり、「公然腰ニ刀ヲ帯」びる以外の武器の携帯は、まったく規制の対象とされず、廃刀令違反も「刑法ノ違令」とせず、その刀を取りあげる「行政上ノ処分」にとどまったのであり、とうてい全国人民の武装解除令とはみなしがたい。廃刀令によって国民の非武装が定着した、という通念にも再検討の必要がある。

第三に、帯刀習俗の規制といっても、廃刀令本文は、「大礼服着用」という儀礼の際の帯刀、および「軍人及ビ警察・官吏等、制規アル服着用ノ節」の帯刀を除くと明記しているのであるから、帯刀慣行そのものを恥ずべき未開の習俗とみて廃棄しようというのではなく、刀・脇指は自立した社会成員の標識という観念と帯刀習俗の新たな再編成、つまり帯刀を、新たな明治国家の権力をじかにになう、軍・警・官のみの身分標識として限定し独占しよう、というものであったとしなければならぬ。

とはいえ、権力側に人民非武装化の衝動があったことは事実であり、それが豊臣刀狩令・明治廃刀令の執行過程に、影を落とさなかったとはいいきれない。あらためて、「刀狩令以後」から「廃刀令以後」にわたる、本格的な検討が求められる所以である。日本国民の非武装化の歴史の追究に、この廃刀令の現実が新たな視点を提供するであろうことは疑いない。

（1）田村貞雄氏の執筆。

（2）『太政類典』第二編第一巻、国立公文書館所蔵。以下の布告・伺もおなじ。ともに加藤光男氏のご教示による。あつくお礼申しあげたい。

（3）「公議所日誌」第十七、明治二年五月条、『明治文化全集』1憲政編、一一〇〜三頁。なお、これを提案した公議所議長心得の森有礼は否決により免官。
〔「奥羽刀狩事情」『北日本中世史の研究』吉川弘文館、一九九〇年、収載〕

四　民衆はいつも被害者か

わたくしの『豊臣平和令と戦国社会』（一九八五年、東京大学出版会）によせて「秀吉の平和」を語れ、という困ったご依頼です。古い自作の言いわけをしたり、まして、自分にできもしない思いつきを語ったりしていては、新たなナゾ解きに挑戦する、せっかくの緊張や楽しみが台なしです。ただ、編集委員会から「ご執筆のお願い」をいただいて、「ああ、あのことだな」と思いあたるふしがありました。それは、こうです。

先にある歴史教育者の方から、この本の表題は「少なくともこれまで私が子供たちに伝えようとしてきた豊臣政権像と一致するものではなかった」という疑義にはじまり、「〝平和〟という語よりは〝専制〟〝征服〟の方が豊臣政権の本質を表わす用語としてふさわしいと私は考える」という断定で終わる、通説回帰型の書評のお手本のような、酷評をいただいていたのです（今野真『歴史』六五）。

また、ある県の高校の先生方の研究会では、「重点は民衆の武装解除より身分標識の規制にあり、民衆も脇指を差していた」というような刀狩り論では、生徒に教えられない、という意見もよせられ、専門家の書評でも「豊臣政権の私戦禁止の総体系を〝平和令〟となづけ」ることに「違和感」が表明されました(三鬼清一郎『日本史研究』二八〇)。

よせられた七つの書評で、「いまなぜ豊臣の平和なのか」と立ち止まられたのはただ一人で、そこでは「平和=正義といったプラスのイメージでとらえられたのでは、平和令という表現で意図されたものを読み誤ることになるだろう」と注意されています(酒井紀美『歴史学研究』五六三)。

「豊臣の平和」は、総じて思いがけない拒絶反応に迎えられてしまったことになります。その背景は、一九八五〜六年に、歴史における平和の問題が「歴史学研究会」全体会のテーマにとりあげられたとき、平和が「権力の平和」と「民衆の平和」とに峻別されたことにも、よくうかがわれます。そして、こんどの「秀吉のいう平和とは」というご注文も、きっとおなじ疑問からにちがいない、と思いいたったわけです。

また拒否反応にさらされるのはユーウツですが、この機会に「民衆はいつも被害者なのか」というわたくしの心情を、精いっぱい率直に述べて、ご批判をいただきたいと思います。

これまでの歴史をみれば、平和＝正義とか、権力を伴わない民衆の平和などという、単純な思い入れですむはずはないのに（大沼保昭『歴史学研究』五六〇）、ましてわたくしの基礎論証がダメだという反論でもないのに、この拒絶反応はどうしたことでしょう。つまり、実証レヴェルでの批判とは、どうも様子がちがうのです。

まさか、通説からの逸脱は許せないとか、学説の対立は困ったことだ、などというのではないはずですが（これではまるで教科書検定官とおなじです）、やはり気になります。たとえば、つぎの一文がそうです。最近でた論文のはしがきの一部です。「幕藩権力が非常に専制的な性格をもった権力であり、（中略）その民衆支配が大変強固であったことについては、基本的には誰にも異論の無いところであろう」（久留島浩『歴史評論』四三九）。

なんと「秀吉の平和」を語る前おきに、幕藩制＝専制権力論は「誰にも異論の無い」学説だと主張されているのです。さきに歴史教育者の方も示されたような、拒否反応の根は深いようです。いったい幕藩制＝専制権力論というのは、それほどたいせつな魅力ある学説なのでしょうか。

また「誰にも異論の無い」学説が存在するなどと、もし真面目に発言されたのだとしたら、これは恐ろしいことだ、といわねばなりません（どうか、国民の思想・学問・教育の自由をかけた、教科書訴訟の闘いを思い起こしてください）。

ところが、その本論には、冒頭のドグマとはうらはらに、じつに興味ふかい見解が述べられているのです。たとえば、阿波踊りのような民間の祭りが、町人たちが領主の入国を祝ったことにはじまる、という起源伝承をもつことについて、こういっています。「領主側のイデオロギー操作の歴史的なつみ重ねの成果の一つであることは間違いないが、各地で民間にこうした伝承がつくりあげられていく背景には、民衆の側に、領主の入国や築城が、現在の自分たちの〝平和〟な生活の歴史的起点になっている、という認識が広く存在していたからなのではないだろうか」と。

民衆じしんの主体的な認識の所産、という視点をたいせつにするこの見解を読んで、わたくしは、ややもすれば領主がわのイデオロギー操作で説明しがちな、これまでの傾向を乗り越えよう、という心組みを感じます。

在来のようなイデオロギー操作論一辺倒では、民衆を「素朴でだまされやすい愚か者」とみるのとおなじことですし、幕藩制＝専制権力論も、その下にいる民衆を「無力でみじめな被害者」に仕立てあげている点では、あまり変わりありません。

沖縄デー事件の扇動罪合憲の判決を批判して、朝日新聞のコラムニスト「素粒子」のいう「アジにすぐ乗るほど、我らはアホでないつもり。扇動罪という言葉自体、国民への侮べつ」（一九八七年三月十七日夕刊）、これが健全な感覚というものでしょう。ですから、それが善であれ悪であれ、民衆はその歴史に闘いつつ主体的にコミットしていたとして、歴史における民衆の主体的な役割を、生きいきと検証しようとする姿勢は、健康かつ魅力にみちています。

何をいまさら、といわれる方は、思い起こしてください。第二次大戦までの外征のすべてを、わたくしたちは権力のせいにし、日本民衆を無力な被害者に仕立てあげることで（世界にむかっては、二発の原爆の犠牲者をかくれみのにして）、みずからを免罪し、反省を忘れてはこなかったでしょうか。

秀吉の朝鮮侵略に、日本民衆はいっさいコミットしていない、民衆に加害責任はないなどという、日本国内ではずっと通用してきた、一国レヴェルでの理解（一国史観）や民衆＝被害者論（被害者意識）は、歴史分析の科学的方法として、けっして自明のものでも、説得的でもないのです。国内の琉球「征伐」や蝦夷地「開拓」はどうでしょう。

そのことを、わたくしは外国の日本研究者との討論で、職場の留学生（アジア人やヨーロッパ人）のクラスで、また朝鮮の調査先でも、厳しく思い知らされてきました。まして、戦後が清算しつくされようとしているいま、民衆が戦争の加害（侵略）責任をいかに共有し、いかにその責任をはたすかは、さし迫った課題ではないでしょうか。

かえりみて、民衆をいつも無力な被害者の地位に置く、幕藩制＝専制権力論への心情的な傾倒（倒錯した民衆史観）を支えてきたのは、一国史観と被害者意識だったのではないか、という疑いは濃いのです。それは中世史とておなじです。

この問題にふれたわたくしへの評（山室恭子『史学雑誌』九五の二）で、「中世を通じて培われてきた民衆の自力や自治の体系が、（中略）統一権力の重圧に無念にも押し潰されていってしまった、という歴史像は、中世史家にとって今まで居心地の良いものであったろう。自分の専攻している時代への思い入れと民衆への肩入れ、という二つのシンパシーを同時に満足させてくれるからだ。本書は民衆の中にも統一権力を呼びこむ下地があったと指摘することで、この居心地の良さに風穴を開けようとする」、と指摘されたとおりです。

拒絶反応や批判は、とくに、豊臣の朝鮮外交の基調を、惣無事令＝一国平和令の国外持ち出し、とみたことにむけられました。批判とはいっても、平和令の国外持ち出しは、事実としては「全くその通り」だが、ただし「外交戦略の場で用いられる言葉は、局面によって意味内容が大きく異なっているように思われる」（三鬼）というものです。

しかし、もし事実が「全くその通り」なら、何よりもまず問われなければならないのは、豊臣の外交戦略が一国平和令の国外持ち出しというかたちで展開された、という事態そのものをどうみるか、でしょう。これを、秀吉の外交感覚の欠如、と嘲ってすますわけにはいかないのです。

わたくしはこう考えたのです。この平和令の国外持ち出しという史実のもつ深刻さは、日本で民衆の合意のもとで実現した平和の体制が、朝鮮にとっては抑圧の体制にほかならなかったのに、日本の権力も民衆もともに、その事実にまったく気づかないまま、平和令を押し売りし、平和侵害の回復を名とする「征伐」に乗り出し、ともに加害者となった、という点にあるのではないか。その意味で、一国の平和に同意を与えた日本民衆は、豊臣政権とともに、朝鮮侵略の加害責任を免れることはできない、と。

一国の立場からみれば、それなりに価値ある平和も、他国にとっては抑圧の体制にほかならなかったのです（かつて「輝かしい教授会自治」が学生の批判にさらされたことを、わたくしは忘れません）。もともと平和の体制というのは、権力や抑圧と切り離せない、多義的な性格を秘めているのではないでしょうか（日本、この治安のいい盗聴国家よ）。

民衆のがわの主体的な平和認識に注目した、久留島氏の目くばりも、これと共通するところが多いようで、刀狩りの成立によせて、こうも語っています。「争乱を終結して〝天下泰平〟を現出し、百姓を戦争に巻き込むことがない権力、あるいは（中略）安定的に百姓たりうること（中略）を保証するような権力には、百姓の側でも一定の合意を与えるということを意味していた」(『日本の社会史』4)と。

もしこれが筆者の本音だとすると、どうやらあの冒頭の困ったドグマは、予想される根強い拒絶反応をそらすための、オマジナイだったのではないか、と疑われてくるのです。

さいごに、刀狩り論の評価ともかかわる、最近の百姓一揆の「得物」研究の成果に注目しておきたいと思います。百姓一揆には「それ自体凶器にもなりうる得物を殺傷目的に使用することにつき、きびしく自己規制する」という「作法」や「社会通念」が存在した(藪田貫『橘女子大学研究紀要』一〇)とか、「敢て人命をそこなふ得物は持たず」というのが「一揆勢の得物原則」で、それはかなり忠実に守られていた(斎藤洋一『学習院大学史料館紀要』二)、という報告がそれです。これは注目すべき指摘です。

問題は、この事実から何を読みとるかです。その背景について藪田氏は、「中世と近世を分つ嶺=兵農分離が介在することは多言を要しない」、とあっけなく断定されています。しかし、民衆の自己規制を兵農分離(刀狩令のことか)の帰結とみたのでは、民衆の愚かしさと権力の専制性をクローズアップするばかりで、せっかく民衆の自律的な「作法」と位置づけた意味がなくなってしまいます。

一方、斎藤氏はおなじ分析結果を、「刀狩りによって庶民から武器が奪われたからというのでは、説明として弱いのではないだろうか」とするどい疑義を提出しながら、その追究を慎重に今後の課題とされています。

わたくしは、この疑念と百姓一揆の作法に共感しながら、豊臣方が「現には刀ゆへ闘争に及び、身命あひ果つるを助けんがため」と、刀狩りに民衆の合意を求めていたことを思い起こします。やはり、刀狩りの政策を構造的に規定したのは、中世民衆のあいだに主体的に形成されつつあった、安穏＝平和の願望と、武器についての自己規制の慣行＝自検断の作法（拙著『戦国の作法』）であり、民衆は闘いをつうじて「豊臣の平和」にいやおうなしにコミットしていた、と考えざるをえないのです。

〔『歴史地理教育』四一三、一九八七年、収載〕

五　東国惣無事令の初令

先にわたくしは「関東・奥両国迄惣無事之儀、今度家康ニ被仰付条、不可有異儀候」と言明した十二月二日付秀吉直書を豊臣惣無事令とよび、その年次を天正十五年（一五八七）と考証し、さらに、その初令は九州国分令の提示とおなじ天正十四年（一五八六）にさかのぼることを突きとめた（『豊臣平和令と戦国社会』第一章第三節、参照）。ここでは、東国惣無事令の初令を天正十四年とみる根拠について、A・B・C三通の文書をもとに、もう少し詳しく述べておきたい。

また、越後戦国の歴史にとって天正十四年といえば、あたかも上杉景勝の上洛＝服属という画期の年にあたる。それがどのような政治環境のなかで実現され、豊臣の東国政策にどのような影響を与えたか、にも光をあててみよう。

Aは北条氏政あて徳川家康書状である（「武州文書」一六、幡羅郡女沼村誘右衛門所蔵）。

関東惣無事之儀付而、従羽柴方如此申来候、其趣、先書申入候間、只今朝比奈弥太郎為持、為御披見進之候、好々被遂御勘弁、御報可示預候、此通氏直江も可申達候処、御在陣之儀候条、不能其儀候、様子御陣江被下届、可然之様専要候、委細弥太郎口上中含候、恐々謹言、

十一月十五日　　家康（花押）

北条左京大夫殿

本状は、「関東惣無事之儀」について、徳川家康が羽柴方から北条氏あての指令を受けて、先にその趣旨を北条氏に書面で申入れたのについで、あらためて羽柴令書の正文を正式に伝達するため、家臣の朝比奈泰勝を北条方に特派したさいに、添えた書状とみられる。問題は本状の年次である。『徳川家康文書の研究』は天正十六年（一五八八）に比定するが、これには以下のような反証がある。

（1）天正十六年といえば、その七月十四日には、朝比奈泰勝あて徳川家康書状写（「書上古文書」六）が「濃州（北条美濃守氏規）上洛依遅延、重而其方差越候、一刻も早く被上候様、可申事肝要候」と指示しているように、朝比奈泰勝は家康の命をうけて、すでにそれ以前から北条氏への使者として、関東惣無事の実現のため奔走していた。

（2）しかし、北条氏は重ねての家康の説得を容れて惣無事令を受諾することとし、そ

の翌月（天正十六年八月）に北条美濃守氏規を秀吉に参礼させる。

以上の二点からみて、本状をそれ以後とするのでは、家康が書中で「好々被遂御勘弁、御報可示預候」といい、「関東惣無事」について北条氏の決断を促している事実にそぐわない。したがって、本状の年次の下限は、北条氏規参礼の天正十六年七月以前、その上限は、家康が上洛して大坂城で羽柴秀吉に服属の礼をとり、秀吉のため奔走するようになる、天正十四年十月二十七日以後でなければならない。つまり、十一月付の本状は天正十四年か十五年のどちらか、ということになる。

（3）さらに、文中の「羽柴方」については、『徳川家康文書の研究』は羽柴秀長に比定するが、管見のかぎり、羽柴秀長が関東惣無事令に関与していた徴証は他に認められないから、羽柴方はやはり秀吉を指すものとみる方が無理はない。とすれば、本状の年次は、下限は羽柴秀吉が豊臣姓を授けられる天正十四年十二月十九日、上限は家康が羽柴秀吉に服属の礼をとる天正十四年十月二十七日、すなわち天正十四年十一月十五日に特定できることになる。

（4）なお、文中の「此通氏直江も可申達候処、御在陣之儀候条、不能其儀候」という記事については、天正十四年冬に北条氏直自身が在陣中であることを示す確証を得ないが、同年秋、北条氏直の軍は北関東で「足利表動」（「武州文書」一九）等の作戦をおこなっているのに、翌十五年冬の北条氏は全領国をあげて防衛強化に専念しており、氏直出陣の徴証は知られないから、この点でも、十四年に比定するほうが無理はない。

以上の事実からみて、天正十四年十一月四日付秀吉直書（「上杉家文書」八一八）が、上杉景勝に家康の上洛を報じて、「家康右之分候へハ、関東へ之人数も不差越、無事ニ可仕候由、家康へ被仰出」といい、家康の服属を機に東関政策を関東「無事」へと転換し、その執行を家康に委任したと言明したのは、まさしく本状にいう「関東惣無事之儀」の執行のことであった、とほぼ断定してもよいであろう。

では、本状にいう「先書」つまり惣無事令の第一報はいつごろ北条氏に執達され、北条氏はそれにどう反応したか。その点はまだ明確でないが、一つの手がかりは、天正十四年十一月四日付北条氏邦あて北条氏印判状の「定」（「武州文書」二〇、秩父郡秀三郎所蔵）のつぎの記事である。

一、万一西表有相違之筋目、出馬候共、先上州表為備、鉢形ニ可有御在留事、（以下、二カ条略）

右、已前如申、国家之是非、此時ニ相極間、内外無之、身ニ懸而御稼、不及申候歟、

この十一月四日以前、北条氏は「西表」の情勢に関し、国家の是非はこのときに相きわまる、という非常事態宣言を発していた。これを同盟者（姻戚）たる家康の秀吉服属とい

う事態への深刻な危機感の表明とみてもよいが、その時日と以上の経緯からみて、秀吉から突きつけられた「関東惣無事」令への対応とみる余地もある。とすれば、家康からの惣無事令第一報の飛来は十一月四日以前であり、北条氏はこれに初めから激しい拒絶反応を示していたことになる。

Ｂは惣無事令の裁定原則を提示した初令とみられる、四月十九日付の佐竹左京大夫（義重）あての秀吉直書（「上杉家文書」八三五）である。

去月七日返札到来、遂披見候、仍会津与伊達累年鉾楯由候、天下静謐処、不謂題目候、早々無事段馳走肝心候、境目等事、任当知行可然候、双方自然存分於在之者、依返事可差越使者候、不斗富士可一見候条、委曲期其節候也、

本状で秀吉は、葦名氏と伊達氏の長期にわたる鉾楯つまり領土紛争について、佐竹氏に「無事」の実現のための奔走を要請するとともに、係争中の境界の画定は「当知行」が秀吉の領土裁定の原則であると言明し、もし当事者双方に存分つまり異議があれば、秀吉が事情を聞いたうえで、使者を派遣し裁定をおこなう、としたのである。

本状の年次を、「上杉家文書」二一（『大日本古文書』家わけ）は天正十七年に比定する。その六月に起きた伊達政宗の会津占拠の事件にかけたものとみられるが、これには以下のよ

うな反証がある。

（1）「不斗富士可一見候」の文言は、まだ徳川家康と秀吉が対立していた天正十三年の夏ごろから天正十四年五月以前のあいだに、「家康成敗」のための東国出動を示唆して、東国諸大名あての秀吉の書によく使われた慣用句である。たとえば、（天正十三年）六月十五日付の宇都宮国綱あて秀吉書状写（「佐竹文書」）に「連年富士山一見望候、其砌可遂対面候」といい、同年八月朔日付の太田三楽斉道誉あて秀吉直書（「潮田文書」）に「来春三月比、富士為一見可相越候間、其節諸事東八州出入儀可申付候」とみえるのがそれであり、とくに後者の文言からみて、本状が天正十四年である可能性は大きい。

（2）本状で佐竹氏が、葦名氏と伊達氏の抗争に第三者として調停の役割をはたすことを期待されている以上、その年次の下限は、佐竹義重がその子義広を葦名家に養子として送り込み紛争当事者として伊達政宗と敵対するにいたる、天正十五年二月以前でなければなるまい。

（3）佐竹氏あての秀吉直書正文が上杉家に伝承する事実が、もし上杉景勝を経由して佐竹義重に執達される途中で、何らかの事情で留め置かれたことを示すものとすれば、「関左并伊達・会津辺御取次之儀ニ付て、御朱印相調進之候、御才覚専一候」（上杉景勝あて石田三成・増田長盛連署副状、「上杉家文書」八一六）といわれるように、上杉景勝が秀吉政権の下で関東・奥羽の取次の地位を占めていた天正十四年十一月以前とみるのがふさわしい。

もし以上の推定が妥当なら、本状は、秀吉政権がじかに関東・奥羽の大名間紛争に介入して、領土裁定の基本原則を明示した、最初の指令というべきものとなり、その時期は、北条氏あて関東惣無事令の発動よりも半年ほど早い天正十四年四月までさかのぼり、九州国分令の提示とほとんど同時期であったことになる。

Ｃは五月二十五日付、白川義親あての小嶋若狭守書状（白河証古文書下、原田正記氏の示教）である。

「（封紙ウワ書）白川七郎殿人々御中　　小嶋若狭守」

為御使、山上道牛下国候間、令啓上候、家康事、種々依懇望、御赦免候、然而東国之儀、不日令差下御上使、堺目等旨被相立、静謐可被仰付候旨候、被成其御心得、早々御使者可申上事尤候、御油断不可然存候、爰元之儀、道牛可被申上候、越後景勝も上洛之儀候、恐惶謹言、

ここで越後景勝の上洛というのは、その日時からみて、天正十四年六月十四日に実現す

る、上杉景勝の第一次上洛＝秀吉謁見を、家康の赦免というのは、その直前の五月十四日におこなわれた家康と秀吉の妹との縁組を、それぞれ指すとみられる。

秀吉はすでにBの四月十九日付直書で、南奥の紛争について調停原則を提示し、「双方自然存分於在之者、依返事可差越使者候」と言明していたが、それからわずか一カ月あまりのちには山上道牛を派遣して、近く東国全体の「堺目等」を定め、静謐＝停戦を実現するために、上使を下すことを通告していたことになる。天正十四年夏、徳川家康との融和、上杉景勝の服属の同時実現は、秀吉の東国政策の展開に大きな転機を画していることがあきらかであろう。


以上、秀吉は関白となった天正十三年夏以降「富士一見」を表明したのにはじまり、翌十四年には四月のB、五月のCなどを経て、その十一月の家康服属を機として、Aの示唆する「関東」の北条氏を対象とする惣無事令を発動し、さらに九州仕置きを終えた翌十五年末には「関東・奥両国」を包摂する、広域的な惣無事令を全面展開したことになる。

その惣無事令の裁定原則は、Bが示すように、「当知行」主義つまり中世の領有関係の到達点の現状を基準とする、というものであった。それは豊臣政権の成立当初から一貫する、天下統一政策の基調となり、政権の歴史的性格を規定した、ということができる。

〔追記〕　Cは、史料本文の誤記、および出典記事を削訂した。なおCは、同日付同人あて、羽柴秀吉朱印状（国学院大学所蔵白河結城文書、『白河市史』資料編2、九七一号、写真併載）、および石田三成・増田長盛連署副状（白河証古文書下、同九六九号）を執達したものである。この事実を、後日刊行の『白河市史』資料編2によって教えられた。

〔『かみくひむし』六〇、一九八六年、収載〕

V 朝鮮侵略への目

一九七四年春、わたくしは初めて韓国に秀吉の侵略の跡を訪ねた。日本中世史の研究者では、早い方であったと思う。それだけに、うけた衝撃は大きかった。ここには、その前後に書いた二つの文章を収めた。

はじめの旅行談は、そのころ三省堂の編集長だった今井克樹さんが、わたくしの話を聞いて、まとめてくださったものである。つぎの「朝鮮侵略と民衆」も、やはり今井さんの企画になる『日本民衆の歴史』シリーズの一部である。あふれるような使命感が懐かしい。

さいごの「戦場の奴隷狩りへの目」は、山内進氏の大著『掠奪の法観念史——中・近世ヨーロッパの人・戦争・法』の紹介である。同書を熟読してわたくしは、戦場の奴隷狩りが、朝鮮侵略にとどまらず、日本国内の戦場に根ざしていたことに気づかされた。わたくしは、つぎのナゾ解きに大きな夢をふくらませている。

一　虜囚の故郷をたずねて――秀吉の朝鮮侵略が残したもの――

1　「ジュリア・おたあ」との出会い

秀吉の朝鮮侵略の問題、日本でふつういわれている言葉でいうと、「文禄・慶長の役」、古い表現では「加藤清正虎退治」とか「朝鮮征伐」といわれてきた問題です。これを民衆の立場からどうしたらあきらかにできるのか。「虎退治史観」とか「征伐史観」というものから、わたくしたちはほんとうに自由になっているのか。それを克服しきれているのだろうか。わたくしは、日朝関係の複雑な現実のなかで、その問題を痛切に感じてきました。

あるとき、わたくしはアラブ史の研究者から、「新聞にジュリアの話がでていたが、日本史の研究者は、ああいう問題にすぐこたえる責任があるのではないか」といわれたのです。じつははずかしい話ですが、わたくしはそのジュリアがどんな人なのか知らなかった。そこで調べてみますと、それはジュリア・おたあと呼ばれた人で、まだ幼いころに、朝鮮侵略でキリシタン大名の小西行長によって、日本に連れてこられ、行長に仕え、キリシタンになり、ジュリアという洗礼名をうけます。しかも行長が滅びたあと、こんどは家康に仕えさせられ、キリシタンの禁令が強化されると、きびしく改宗をせまられながら、ついに拒否して伊豆七島の神津島へ流され、その地で亡くなっている、ということがわかってきました。つまり彼女は、朝鮮侵略の犠牲者であり、かつまた日本での禁教令の犠牲者でもある。そのような激動の一生をおくったひとりの女性を通して、この戦争の捕虜というか、強制連行の被害者というか、そういう人びとのゆくえに、わたくしはあらためて深い関心を寄せるようになったのです。

一方、朝鮮侵略で日本に連行された人たちについて、わたくしたちが知っているのは、陶匠といわれ名工とたたえられる人たちのことです。それが薩摩焼であれ、平戸焼であれ、今日の日本において、いわば栄光の座にある人びと、日本の文化に大きく貢献した人びと、という印象が強いわけです。このことと、あのジュリアとのイメージのちがいがあまりにも大きすぎる。このギャップがわたくしの頭を離れませんでした。

これは異なった道をあゆんだ人たちの、まったくちがった生き方だったのだろうか。いったい日本に連れてこられた人たちは、どういう道をたどったのだろうか。このことを『日本民衆の歴史』第三巻（三省堂刊）で「朝鮮民衆の犠牲と抵抗」と題して、とくに犠牲の問題を見すえて書こうとしました。今日、栄光の座についている人びとのあゆみも、ジュリアと異なることのない苦難の道であったし、その人びとがけっして故郷を忘れてはいなかった、ということもしだいにわかってきました。これが、わたくしが「朝鮮侵略と民衆」を書いたときの心情的な基調とでもいうべきものです。

2 教科書のなかの「文禄・慶長の役」

ところで、わたくしは歴史学研究会の科学運動の委員として、家永三郎氏を原告とする「教科書訴訟」に参加しました。そこで、家永教科書にたいして国（文部省）が出してきた不合格理由について、多くの研究者と共同で検討することになりました。わたくしじしんも「文禄・慶長の役」などの検討に加わり、争点となった昭和三十八年度検定の、他の全教科書との比較検討をおこなったのです。国側は、この「役」について、たとえば、家永教科書は日朝間の関係の記述がアイマイだとか、文化面との関連をつけよというのですが、その狙いはいったいどういうことなのか。検定をパスしているほかの教科書はどうなっているのか。それを調べてみますと、この戦争の記述には、原因論と結果論に、それぞれ二つのタイプがあることがわかりました。

原因については、「秀吉は明と国交をひらこうとして朝鮮に仲介を求めたが、ことわられたので軍隊を派遣した」とか、「明と貿易をしようとして、朝鮮に貢物をよこせ（服従せよ）と要求したが、ことわったので兵を送った」と記述されているのです。さらに結果は、のちの日本文化をになった陶工たちについての記述で、「出兵によって朝鮮から製陶技術の渡来（輸入・伝来）があり」という渡来論と、「陶工を連れ（伴って）かえった」という連行論の、二通りの記述になっているのです。

つまり、これは日本のいうことをきかなかったので兵を出し、その戦争によって技術が輸入され、文化が向上した、という史観にほかなりません。これが検定され合格した教科書の実態だ、ということです。こういう検定教科書によるかぎり、歴史教育を受けた人は、古い「朝鮮征伐」的とらえ方から出られないということを、長年歴史の教育・研究にたずさわってきたわたくしじしんの、自己批判もふくめて、痛感したしだいなのです。

3　陶工の故郷熊川（ウンチョン）にむかって

『日本民衆の歴史』のなかでも書きましたが、一八世紀の終わりごろ、平戸藩主の松浦静山が『甲子夜話』のなかで、領内の平戸焼の陶工村を訪ねたときのことを述べて、この陶工たちは、朝鮮から捕虜として連れてこられた人びとの子孫である、かれらは朝鮮海峡を見はるかす丘の上に「熊川（こもかい）明神」という異国の神をまつっている、と記しているのです。「熊川」といえば朝鮮の南海岸にある村の名ですが、陶工たちは、このようにして望郷の思いをあらわし、囚われの日から二〇〇年もへたのちに、なお自分の故郷の神をまつりつづけている。この人たちが帰ろうとして帰れなかった熊川とは、いったいどんなところなのだろう? ぜひ一度熊川にいってみたい。非常に素朴なのですが、これが、わたくしが朝鮮にいってみたい、この熊川をはじめとして、とくに戦災のひどかったと伝えられる慶尚南道を歩いてみたい、と思ったさいしょの動機でした。

熊川にいきたい、というわたくしの気持ちをもう一つあおりたてたことがあります。小西行長が朝鮮に侵攻するとき、キリシタン宣教師を連れていきます。行長は、日本教区管長ゴメスに宣教師の派遣を要請し、その結果、バテレンのグレゴリオ＝セスペデスが、日本人の伝道士をつれて、従軍することになります。これについては二つの解釈がありまして、一つは小西行長がキリシタンである自分や部下の司祭として連れていったのだという説と、被侵略者である朝鮮の人びとに布教をする目的で要請したのだという説とがあるのです。わたくしなどは、キリシタン宣教師の侵略加担、というべきだと考えるのですが、これはいろいろ傍証があります。たとえばアジアでのイエズス会の総監督だったワリニャーノ『日本巡察記』（東洋文庫・平凡社刊）をみますと、率直に侵略にたいする期待が述べられています。たとえば「日本人によって高麗国や支那への聖福者の門戸が開かれていることを期待し、この布教の仕事の重要性と成果は日ごとにましている」、というように書いたりしています。

ところで、その従軍したセスペデスの駐屯したところが、やはりこの熊川の村だったのです。つまり、強制連行された人びとの故郷であり、日本軍の橋頭堡でもあり、キリシタン宣教師の布教の根拠地となったのが熊川である。そこでわたくしは、勤め先の大学から、「一六世紀末文禄・慶長の役関係の史料調査研究のため大韓民国に出張することを許可する」という出張辞令をもらって、春休みに朝鮮に出かけたのでした。ひとり旅でした。

4 「亀甲船」の出迎え

釜山までは博多から飛行機でいきました。そして、着いたとたんから、さまざまなショックをうけることになったのですが、それをかいつまんでお話したいと思います。

一九七四年四月四日に釜山へ着いたのですが、その前の晩に朴大統領の緊急措置第四号が発令されていました。これがわたくしのこんどのひとり旅を非常に緊張に満ちたものにしたことは事実です。

釜山の空港で、わたくしはまず厳重な検閲をうけ、リュックサックにはいっているものを全部ひきずりだして調べられ、たいへんに緊張させられ、さらに、すぐその後、ドルを韓国の通貨ウォンにかえるために空港内の銀行にはいって、そこで二度目のショックをうけました。五〇〇ウォン紙幣の裏をみますと（このウォンはふつうに使われている通貨、日本でいえば千円札のようなものですが）「文禄・慶長の役」（朝鮮では壬辰・丁酉〈じんしん・ていゆう〉の倭乱とか七年戦争とよんでいますが）のとき、日本水軍を壊滅させた朝鮮海軍の亀甲船（船体の表面を鉄板でおおって日本軍の銃弾がとおらないようにした軍艦）団の展開、そういう図柄でした。しかも、それだけでなく、五ウォンの硬貨（日本では十円玉にあたり、電話はこれでないとかけられません）にも、亀甲船がデザインされている。わたくしはこれに強烈なショックをうけました。日本では遠い昔に過ぎ去った歴史の、しかも外交史というような特殊史の一部としてしか扱われていないことが、朝鮮では政府発行の通貨に描かれ、現代の人びとにアピールしている。このギャップは、たんなるギャップではなく、わたくしたちの歴史意識のほうに問題があるのではないか、と痛切に感じたのです。

これが入国の第一印象でした。しかもこれだけではすまなく、もう一つパンチをうけることになりました。わたくしはまず最初に釜山大学校にK先生を訪ねたのですが、そのときすすめられたタバコをみてアッと驚いた。タバコの名前は「閑山島」（ハンサンドウ）というのです。閑山島というのは、この「倭乱」のさい、名将李舜臣にひきいられた朝鮮海軍の根拠地の名であり、その海域は、日本水軍撃滅の故地なんですが、タバコにやはり亀甲船団がデザインされ、しかも発売は一九七四年四月一日つまり、わたくしが入国する三日前でした。これはたいへんショックでした。

これらは、どれも国家による一種のフレーム・アップであったことはあきらかですが、その素材に一六世紀末の抗日勝利の記憶がもち出されている事実を、日本人として重くうけとめざるをえませんでした。それから約二週間にわたるわたくしの南朝鮮ひとり歩きがはじまるわけですが、その全部にわたってお話することはできませんので、その印象のいくつかをかいつまんでお話したいと思います。

5　釜山に残る抵抗のあと

まず釜山での印象から。わたくしがこの地を訪ねて、どうしても知りたかったのは、この「倭乱」で日本軍に抵抗した人びとがいまはどういうふうに研究され、扱われているかということだったのです。そういうわたくしのねがいをかなえてくれたことがありました。

釜山特別市の東部に東莱城があります。そこでのたたかいのとき、正規軍が壊走してしまったあとも、村びとは、男たちが城にはいってたたかい、女たちも村を守って、自分の家の屋根に上がって日本軍にたいして石を投げて抵抗し、鉄砲でみな殺しにあった、というのです。その犠牲者をまつったところが、東莱城址に近い山腹に「忠烈祠」としてある。

安楽書院といわれたところです。この正殿には名のある男たちが、一人ひとり位牌のかたちでまつられているのですが、この「忠烈祠」より一段低いところに「二村女之閣」という額の掛かっている、小さなお堂がありました。

これがじつは日本軍に最後まで抵抗したあの村の女たちをまつったものなのです。そして堂守もおり、よく手入れされ、お参りする人がある。倭乱の絵にも描かれた有名な話ですが、おそらく日本が朝鮮を植民地化したときにも、ひそかにまつられていたのでしょう。敗戦後（朝鮮では解放後）にあらためて整備されたのでしょうが、わたくしが訪れた日にも、新しい花がそなえられていました。ここにはあの政府の通貨や四月一日発売のタバコによるアピールとはちがった、民衆的なまつられ方があるのではないか、としみじみ感じたわけです。

また、釜山には日本軍が築いた山城の石垣が累々として残っています。それは子城台倭城とよばれ、くずれ残りというのではなくて、補修もされ、かなり当時そのままのかたちで、文化財として保存され、子どもたちの遊び場になっています。しかし釜山の港の全景を直下にみるここは、軍の統制下におかれていて、カメラを持っていたわたくしは、軍人に撮影をきびしく注意され、たいへん緊張しました。

6　「故郷忘じがたし」

熊川（現地ではウンチョンとよばれています）というところは、三方、岩山が迫り、海に面した、素朴な農村でした。路傍で権さんという八〇歳近いおじいさんに出会いました。失礼だと思ったのですが、日本語で話しかけてみましたら、けっしてりゅうちょうではありませんが、日本語で答えてもらうことができたのです。

わたくしが熊川へきたわけを話しますと、驚いたことに、そういう人なら、一昨年も昨年も訪ねてきた、というのです。よく尋ねてみますと、その人びとは日本から来て「自分たちは秀吉軍に日本へ連れて行かれた者の子孫で、先祖代々、故郷は熊川だと語りつがれている。いまは日本姓を名のっているが、もとは朱姓だった。ぜひ熊川を訪れ、同族の方がたに会いたい、祖先のまつりに加わりたい、と思ってやってきた」と話していた、というのです。たしかに、いまもこの村には朱という姓が多く、それだけにどの朱系なのかは、どうしてもわからず、二度とも非常に残念がって帰った、ということでした。わたくしはこれをきいて『日本民衆の歴史』に「故郷忘じがたし」という項を立てたのは、けっしてわたくしのセンチメンタリズムでなかったのだ、ということを確信しました。

村の教会の裏に、かつての熊川の村の城址がありました。その石垣を案内してもらったあと、その古老にこの村の古くからの神さまの所在をきき、行ってみました。そこは大きな木々の下に、大ぜいの子らのあそぶ小さな広場になっていて、地蔵堂のような小さな祠があるのです。あの平戸焼の人びとがまつっていた「熊川明神」のもとの神というのは、これだったのだろうか、という感慨にひたったのでした。

その祠の裏は、すぐ狭い入江になって海があり、その入江をへだてた、手のとどきそうな向かい側に頂上が平らに削られた小高い山があるのです。丘といったほうがよいかもしれません。そこに日本軍の城があったのです。権さんは「あれが倭城だ」といって指さしてくれました。小西行長・セスペデスはここを根拠地にして、村を見下ろし、村びとを支配し捕虜として連れてきたのかと思いますと、まことに複雑な気持ちでした。日が暮れようとしていて、倭城を踏査できなかったのが心残りです。

ところで熊川地域は、熊川焼といわれる李朝の磁器の故地でもあるのです。その窯あとをたずねたのですが、すでに研究者による発掘調査も完了していて、いまはもう埋めもどされて、もとの松林になっていました。のちに再び釜山大学校を訪ねまして、そこの博物館の先生方のご好意で、以前の発掘のさいに出土した熊川焼（多くは破片しか残されていませんが）をみせていただき、そこでまた熊川焼は平戸焼のふるさと、という思いを強くすることになったのでした。帰りに村ざかいの峠を越えるとき、ふりかえった熊川の村が夕焼けに燃えていたのを、忘れることができません。

7　その年——「一五九二年」

わたくしは今回の旅行中に、古文化財の数かずをたずねる時間もとりましたが、そこでもいたるところで、「壬辰・丁酉の倭乱」を考えさせられることになったのです。

文化財には、ハングルと英語の説明がつけられているのですが、そのなかにしばしば、たとえば、「この建物は、一四八三年に建てられた建物である。しかしその後、一五九二年の日本の侵略のあいだに完全に破壊されてしまった"destroyed by Japanese invasion of 1592"」という一文があるのです。もちろん文化財ごとに解説はさまざまなのですが、この「一五九二年の日本の侵略によって破壊された」という説明には、じつにいたるところで出会いました。すべてが一五九二年の戦火ではないということでしたが、それにしても「文禄・慶長の役」によって、じつに多くの文化財が破壊されたという事実にかわりありません。

ここでわたくしが思い出したことは、教科書裁判で知った文部省のクレームです。それは戦争によって秀吉政権は衰退したけれども、文化的には得るところが大きかった、そういうことを均衡をとって書け、という指示のことです。実際じつに見事に均衡をとって書かれた教科書を、わたくしはいくつも知っています。「文化は向上した」「高度な文化が輸入された」という叙述に出会うのです。「日本の文化がよい刺激をうけた」ということの反対側で、いったい朝鮮文化はどうなっていたのか、ということを示す数多くの事実を前にして、めまいを感じるような思いでした。

旅のさいごに、ソウルに近年できたばかりの国立中央博物館をたずねました。ここでも館員の方がたにたいへんお世話になったのですが、ここでわたくしがみた高麗青磁の見事さ、迫力というものはたいへんなものでした。そのつぎの部屋が李朝陶磁室なのですが、そこには李朝一五~一六世紀の陶磁器の粉青沙器（ふんせいさき）の陳列があります。一五~一六世紀といえば、秀吉の侵略の前です。それとならんで一七~一八世紀のもの――これは侵略をうけた後の白磁が中心ですが――がならべられていました。

この室に立ちつくして、わたくしは、いったい侵略の前後でこれら陶磁器の製作に変化が起こるのだろうかと考えつづけました。そして、やはりはっきりちがうのではないか、一七~一八世紀のものにはなにかカゲがある、なにか弱いものがあるのではないか、と強く感じたのでした。そこにも英文の説明がありまして、「一六世紀末の秀吉の侵略のあと、粉青沙器は完全に終わりをつげた」とありました。この説明がわたくしの素人印象にたしかな裏づけを与えてくれました。

その旅行のさいごの日の夕ぐれ、李将軍（忠武公）の銅像のまつられるソウルのメインストリート世宗路を、わたくしは日本人であることの重さを痛切に感じながら、ひとり歩いたのでした。

これがわたくしの南朝鮮かけ歩きのほんの一部の印象記です。

8　ながく残る「民族的憎悪」を背負って

さいごに、朝鮮侵略の問題について、これからわたくしたちはどういう研究をしていったらよいのか、ということです。たとえば、韓国の学者李基白さんの『韓国史新論』の壬辰・丁酉の倭乱の叙述にある「この戦乱の結果、文化財はほとんど壊滅し、民族的憎悪はながく残った」という言葉のもつ重い意味を、日本人がほんとうにうけとめることができるのかどうか、それはまだまだこれからの課題だと思います。

争乱から統一へといわれ、平和到来と印象づけられるこの過程の裏にある朝鮮侵略、また豪華絢爛といわれる安土桃山文化の裏にある文化略奪、これを歴史の研究と教育のなかでどれだけ消化していけるのか、を考えなくてはいけないのではないでしょうか。

さらに、殉教者としてのみ語られる、キリシタン宣教師の侵略へのかかわり方を、どう考えるのかということ、また、織豊政権とまっこうから対決し壊滅したといわれる本願寺・一向宗が、じつはこの秀吉の侵略の片棒をかついだ形跡があることなど、民衆の侵略加担と抵抗の問題をもっと幅広く考えていかなければならないと思います。

国内統一政策の基本といわれる太閤検地は、侵略問題とどれほど探く結びついていたか、日本国内ではどんな抵抗と抑圧がおこっていたのか、「民衆の歴史」の課題はつきないように思います。

〔『高校社会科資料』七四——七・八、三省堂、一九七四年、収載〕

二　朝鮮侵略と民衆

1　動員態勢下の民衆――「御軍役きわどく」

ジュリアの実像

「おたあジュリア、韓国で映画化、神津島ロケ大歓迎、島民無料で出演」。これは一九七三年（昭和四十八）四月のある日、『朝日新聞』が夕刊の社会面の片すみにのせた、小さい記事の見出しである。このジュリアについて同紙は、朝鮮貴族の生まれといわれ、朝鮮の役の一五九二年（文禄元）、小西行長が日本に連れてきたが、徳川幕府の禁教令にふれて一六一二年（慶長十七）この島に流刑され、四〇年の流人暮らしの生涯をとじた、という言い伝えをのせていた。記事は、ある伝説をめぐるなにげないエピソードのようにもみえるが、その骨子を朝鮮侵略・連行・キリシタン禁令・流刑というふうにたどってみるなら、この一片の記事の背後に、ひとりの女性をめぐる、容易ならぬ激動の歴史が秘められていることが感知される。ジュリアについて、同時代の証言をきいてみよう。

この女性は、朝鮮の身分の高い家系の出であるために、歴史にその名が残っている。おたあとよばれていた。一五九二年、豊臣秀吉の朝鮮出兵のときに、囚われの身となり、（彼女を捕えた）有名なキリシタン大名のドン・アウグスティン小西行長は、肥後宇土城において仕えさせるために、彼女を夫人のもとに送った。宇土において、周囲がキリスト教のふんい気であったために、おたあもジュリアという名で洗礼を受けた。一六〇〇年、行長が死亡したときに、徳川家康はその夫人の女官として江戸城へ行くことを命じ、のち、一六〇五年、駿府へ伴った。一六一二年、家康がキリシタン迫害に踏み切ったとき、ジュリアは最初の追放者として、二人の伴侶ルシーアとクラらともに、大島・新島、のちには遠い神津島に流された。

これは、一六一八年（元和四）、ドミニコ会の宣教師フランシスコ・モラーレスがマニラのスペイン人司令官にあてた手紙の一節だが、もっと早く一六〇五年（慶長十）のイエズス会年報にも、

公方様（徳川家康）の宮廷で仕えている侍女のなかに、数人のキリシタンもいるが、そのうちに、以前アゴスティノ津ノ守殿（小西行長）の夫人に仕えていた、高麗生まれの人がいる。

とみえる。またロンドンの大英博物館に伝えられる一六〇六年（慶長十一）のある神父の報告も、「その後、江戸でおこった迫害」について記したなかで、とくに「キリシタンのあいだで、ドニア・ジュリアとよばれ、信心探く慈悲の手本としてりっぱなキリシタン婦人」のことに、かなりくわしくふれている。このように、ジュリアについてのこれらの記録の数かずは、まことに豊臣から徳川の世へ、絶えまなくつづいた「戦争・政治・宗教政策の犠牲となった女性の悲劇」への動かしがたい証言といわなければならない（チースリク「おたあジュリアの消息」）。

ほかの国ぐにとくらべながら、日本の歴史を語ろうとするとき、日本には、祖国滅亡や外国の全面侵略に苦しみぬいた、という事実のないことにだれもが気づく。しかし、それには、逆に他国を侵し支配し滅ぼしたという史実を、つけ加えることを忘れてはならないのである。いまわたくしたちは、このジュリアの実像の語りかける日本史の意味を、あらためてかみしめてみたいと思う。

軍役体系と民衆

朝鮮出兵にあたって秀吉のとった軍事編成は、蝦夷（えぞ）地から琉球にわたる、じつに全日本的な規模をもつものであった。したがって、そこにあらわれた軍役の体系は、つくりだされたばかりの秀吉政権のもつ強さも弱さも、つまりその権力編成の特質をすべてさらけだすことになった。

まず、前線派遣の軍団として、九州・四国・中国地方の全大名を動員し、織豊取り立て大名を中核にして、旧族大名を組み合わせるというかたちで、約二〇万人余を九軍および舟手軍(水軍)からなる地域的な軍団に編成した。ついで本営である肥前の名護屋(佐賀県鎮西町)に在陣する軍団として、約一〇万人を秀吉の直臣団約二万七〇〇〇名を中心に、東国の旧族大名の軍をあわせ配備した。さらに京都にも、関白秀次を中心として約一〇万人の畿内・東海の軍団を置いた。

個々の大名にかけられた軍役は、九州に近いほど重く、九州大名と水軍は知行高(役高)一〇〇石あたり五人役、四国・中国大名は四人役ときめられ、たとえば五島の五島純玄(すみはる)の軍役は知行高一万四〇〇〇石にたいして七〇〇人(一〇〇石あたり五人)というように課されていった。つまり石高を基準として整然とした軍役の賦課がおこなわれ、この基準軍役は本役とよばれた。

問題は、この軍役がどのように各領国と民衆の肩に転嫁され、しわよせされていったかにある。たとえば、この五島氏の場合、実際に朝鮮に動員された本役七〇〇人余りのうち、騎馬・歩武者(かち)・足軽など、ほんらいの意味で武士といえるのは一八七人(二七パーセント)

島津義弘の軍役（1596年12月）

	軍役（人）	百分比（%）
馬　乗	262	2
徒歩小侍	300	2
無足衆	500	4
御道具衆	665	5
人　数	5,068	40
夫　丸	3,900	31
加　子	2,000	16
（計）	12,695	100

だけであり、ほかに船頭・水夫などかつての海賊衆二〇〇人（二八パーセント）のほか、小人・下夫とよばれる、あきらかに一般民衆とみられるものがじつに三一八人（四五パーセント）を占めていた。また、たとえば第二次動員（一五九六年）のさいの島津氏の軍役一万二〇〇〇余のうちわけをみれば（上表を参照）武士（侍）といってよいものはわずか一三パーセントにすぎず、これに侍に従属する被官とみられる人数を加えて、ようやく全体の半数である。これが騎馬侍を中心として、徒歩で弓・鉄炮・かぶと・のぼり・鑓・指物などを備えて出陣する戦闘要員である。そのほかはすべて夫丸・加子など輸送にたずさわる、武士以外の者からなっていた。この事情はひろくほかの大名にもつうじるものであった。

　総じて動員態勢のもとでの夫役徴発のしめつけは、一般民衆にとってまことに重大な問題であった。こうして、大量の一般民衆の夫役動員を前提とした軍役態勢である以上、「御陣へ召し連れ候百姓」（秀次朱印状）の欠落と労働力を失った村の荒田対策は、豊臣政権にとってもきわめて重要な課題とならざるをえなかった。

しかも、その本役もあくまでも最低基準を示したにすぎず、現実には「嗜次第」「御心懸け次第」が期待された。たとえば、毛利家で三三六石ほどを知行する軽輩の蜷川新三郎が実際に負わされた軍役は、自身が朝鮮在陣中に提出した「人数書立」によれば、「本役」一三人、「分過」一八人、「此外」人夫八人であった。つまり、秀吉が毛利氏に課した石高基準の軍役の割合にもとづく、かれほんらいの本役、一〇〇石につき四人役（三三六名につき一三人）を、じつに三倍以上も上まわる過重（分過）な負担の現実にはたさせられていたのであった。おなじ毛利家中で四三〇石を知行する秋山九郎兵衛のごときは、第二次動員にさいし、ついに「高麗役あいならず」という理由で、知行地を没収されてしまったし、七年にわたった出陣の果てに、大名毛利氏は「近年公役に相いつかれ候もの」が多く、「給地にあたわぬ借物」や「知行分を質におく」ような「困窮候もの」の救済をどうするかを、切実な課題としてかかえこまなければならなくなる。

軍役の軽減を秀吉に公許された遠国でも、「心懸け次第」が期待される以上、その重課は西国の場合と、本質的にはおなじであった。心懸けや分過ぎが忠誠の尺度として、秀吉から大名へ、大名から家臣へ、そして農民へと、おし及ぼされていったのである。伊達領では「十貫知行分の者は八貫ずつ軍役」、相馬領では「三ケ二」の超過軍役だそうだ、というような情報がしきりであった。

琉球処分への道

日本人の一分流として、独自に国家をつくりあげ、明の冊封を受ける一方、日本とは薩摩の島津氏との通交も保ち、琉球とよびならわされた沖縄の場合。一五八七年（天正十五）夏、秀吉の九州制圧の段階で、すでにその側近のあいだでは「日本はすべて手にはいった、つぎは高麗と琉球国だ」と語られていた、という。小琉球といわれたフィリピンや、高山国といわれた台湾にも、服属を強要しようとした、秀吉のアジア侵略構想のなかに、この琉球支配がはっきりと予定されていたことは、疑う余地がない。

これよりも前、本能寺の変の直後、中国地方の経略のため、まだ姫路にいた秀吉のもとで、尼子旧臣の亀井茲矩は「われ内地に望みなし、願わくば琉球を」と言い、秀吉はかれに「亀井琉球守殿」と書いた署名入りの団扇を与えた、と亀井家譜は伝えている。のちの琉球にたいする秀吉の方策をみれば、これをただのお先走りの妄想、と笑いすてることはできない。

やがて、秀吉は島津氏をつうじて琉球王尚寧に入貢を強要し、一五八九年（天正十七）秋、琉球がわは僧桃庵を使節として島津氏のもとへ送り、聚楽第で秀吉とはじめて直接のよしみを結ぶことになる。秀吉が示した琉球政策の原則は、一五九二年（文禄元）正月、第一次侵略直前の時点で、島津義弘・義久兄弟に与えた、つぎの朱印状につきる。

琉球の儀、今般、大明国ご発向のついでに、改易あり、物主を仰せ付けられるべしといえども、先年、義久取り次ぎ、お礼を申し上げ候じょう、その筋目にまかされ、異儀なく立て置かる。すなわち与力として其方へ相付けられ候あいだ、入唐の儀、人数など、奔走せしめ、召し連れよ。

琉球国王はこのたびの大陸侵略にあたって改易すべきところだが、先年つまり天正十七年に、島津義久を介して臣礼をとったので、その領国は保障しよう。以後は与力として島津氏に従わせる、というのである。

だが、事実上の従属を意味するこの与力体制は、すでにこれよりも早く侵略軍の動員の過程で、実体化されつつあった。秀吉から一万五〇〇〇人の軍役を割当てられた島津氏が、一五九一年（天正十九）の晩秋、琉球国王にたいして、この軍役を、

関白様、来春入唐の儀につき、貴国・当邦混じて、一万五〇〇〇の軍役たるべし、

と説明したとおり、秀吉の島津にたいする軍役の割当てに、琉球国の分をもふくめていたのである。ただし実際には、遠隔かつ軍法のちがうことなどを理由として、琉球にたいしては人数七〇〇〇人分の兵粮を一か年分供与せよ、という要求にきりかえられている。しかしいずれにせよ、事態の本質は不変である。琉球王はこれを拒絶し、ついに断交するにいたるが、島津氏はこの秀吉の朱印状を歴史的根拠として、幕藩制のもとでも沖縄を「薩

摩御下知」のもとに置く支配を進めていくことになる。

じつに琉球処分への道は、秀吉の朝鮮侵略に発する、とほとんど断定してもよいであろう。

蝦夷地の松前化

今日につらなるアイヌ問題もまた、この戦争体制に深く根ざしていた。中世アイヌは、南はシサム（シャモ・日本）、北はカラフトでオロッコ・ギリヤーク・オロチョン、カムチャツカでエスキモーなどと境を接し、北海道本島を中心とする広大なモシリ（国）に散開して、独自の狩猟文化圏をつくりあげていた。

一五世紀なかば道南に起こった、アイヌの首長のひとりコシャマインの戦いとその謀殺は、東北・北陸や近畿からこの地方に侵入し、武力を蓄積して館主となった商人らによるアイヌ抑圧と、それにたいする抵抗の激化を象徴する伝説的な大事件であった。それから一世紀をへた戦国盛期にあたるころ、アイヌとの数限りない戦いをへて、館主層の主導者としてのしあがった松前の蠣崎（かきざき）季広は、諸館主やハシタイン・チコモタインなどアイヌの諸首長たちを、巧妙な和睦策をもって従属させながら、道南の一帯に、交易と商場（あきないば）の知行を内容とする強力な領国をかたちづくっていった。

そして、この蠣崎氏の権力を体制として保障し、基礎づけることになったのは、ほかならぬ秀吉の朝鮮侵略であった。その家譜の銘記するところによれば、季広の子の慶広が名護屋に参陣することによって、秀吉から「夷一国および松前」を領知する権限を、朱印状によって公認された。蠣崎家はこの朱印状を「東西の夷狄」に公示し、「関白殿」の権力を背景として「夷狄を和平せしめ」た、と同家の公式編纂になる「新羅之記録」に明言している。アイヌ抑圧の歴史に秀吉の侵略体制が刻みこんだ傷痕もまた深いのである。

のち、同家は松前藩として幕藩体制のなかにみずからを位置づけながら、なお、慶広の子の公広が、一六一八年（元和四）、松前に潜入したパードレにむかって「松前は日本ではない」（「北方探検記」）と言い放っているのをみれば、同藩が主観的にも異民族にたいする抑圧者として君臨しようとしていたことは疑いようもない。

「御軍役きわどく」

東国の北辺、常陸水戸の佐竹氏に動員令が下ったのは、一五九一年（天正十九）晩秋のことであった。

しかし、そのころ佐竹軍は、前年夏の小田原参陣のあと、秀吉の命にしたがって、ひきつづいて奥羽の一揆鎮圧にかりだされ、じつに二万人という領内根こそぎ動員ともいうべき軍勢をもって、南奥の野づらに出陣中であった。そこへ重ねての動員令であった。しかも期日は迫っていた。陣中の大名佐竹義宣は、ただちに水戸城に指令を発した。

来る正月、つくし（筑紫）陣へまかり立つべきよし、御朱印をもって仰せいだされ候。人衆の積りの儀、五千連れべきよしに候。かれこれ、ぞうさかたに極まり候あいだ、少しも油断なく催促いたすべく候。（中略）石田（三成）殿の衆をもって、なわうち（検地）をさせられ下さるべく候。いまの年貢一倍にあるべく候。（中略）鑓の柄二百丁あつらい申すべく候。実をも二百つくらせ申すべく候。うるし（漆）際限なくいるべく候（中略）。その仕度申すべく候（中略）。年貢しらべ候て、とるべく候。あしく（悪）候ては、用立つまじく候。（中略）町中において、金こかい（小買）致し候もの、しろ金（銀）をうめ候て放し候えば、用立べからず。

秀吉朱印状による公式の動員令の発動、軍役人数五〇〇〇名の割当て、石田三成による領内検地の内示、鑓二〇〇挺の発注、年貢のきびしい徴収、そして純度の高い黄金の調達……と、この指令は大名の緊張ぶりをまざまざと伝えている。「際限なき軍役」と、佐竹氏はしばしば嘆息しているが、じつに前年の小田原参陣いらい、秀吉軍役の要求は、東国大名にたいして息をつかせぬものがあった。大名にとって、侍たちにとって、民衆にとって、それはいったい何を意味したか。それがこれからの課題になるが、ここでは、とくに、朝鮮への動員令と大名領への太閤検地の指令とが、はっきりとした関連をもってとらえられている事実に注意しておきたい。

佐竹領で軍役切符、つまり個々の徴兵令書が家臣に下ったのは、その一五九一年（天正十九）もおしつまってのことであった。しかもその令書には、指定の軍役を負えぬものは「知行方を返上つかまるべし」という、脅迫めいた触れ書がそえられていた。さらに年が明けるとまもなく、こんどは、「唐入」のためなら銭はいくらでも貸し出そう、ただし知行地の年貢が担保だという触れが出され、ひきつづいて全家臣団にたいし、「給人三ケ一」という、知行分の年貢の三分の一の差し上げが強制された。それは、「諸在郷奉公のもの、水戸（新城下町）・太田（旧城下町）は勿論、諸細工以下までも、三ケ一を催促すべし」と指示されたとおり、村むらに住む軽輩の士や職人たちにまでおし及ぼされていった。知行地ごとの年貢については、百姓から郷中政所に納めさせ、それを大名の奉行が直接にとりまとめて、水戸城内に一括集積する、という新しい徴収のしくみがとられることになった。「給人三ケ一」の滞納は、軍役の拒否を意味した。だから、

> もし、その内にも、済まし兼ね候もの候わば、知行召しはなし、秋作を抑え、直に百姓のかたへ取り申すべく候。

その三分の一を納められない者からは知行地を召し上げ、秋の収穫を差し押えて百姓か

らじかに取り立てよ、これが大名の指令であった。秀吉の動員令を理由に、家臣たちの知行権をおさえつけ、大名の直接支配を百姓のうえに及ぼそう、という意図である。

軍役そのものの徴発も、厳重をきわめた。佐竹家中に竹原某という侍がいた。かれが出陣先で病死すると、ただちにその補充が要求された。国もとの竹原村にその指令を伝えに出向いた役人から「親の儀は煩(わずらい)といい、また子どもの儀は若輩」、つまり親は老病、子は幼弱という報告を受け取ると、

只今(ただ)の軍役、上様(秀吉)よりきぶく(きびしく)仰せつけられ候に、両人ながら軍役せられそうにもこれなく候。

と判断した大名がわは、子どもが成人するまでといって、ただちに竹原の知行地を取り上げて、大名直轄領にくみいれたばかりか、竹原の家族たちは竹原村から追い立てて水戸の近在か町内に移せ、当座の手当てはそのうちに考えてやろう、その村の支配・年貢取立ては百姓三人ほどを選んで委せよ、と指示した。「上様より御軍役きわどく」という、秀吉の侵略体制のしめつけを口実に、大名佐竹氏は、まんまと土着の領主(竹原村の竹原氏)をその本領から追い出し、その領地を直轄領にくみいれてしまったわけである。

「軍役きわどく」といわれ「際限なき軍役」といわれたこの動員態勢は、現にこうして個別大名の領国支配にてこ入れし、補強する方向を伴いながら、強行されていった。その意味で、政権による全国統一の貫徹と朝鮮出兵の態勢づくりとは並行し統一して進められていった、と断定してもよいであろう。佐竹領で、動員令と太閤検地の指令とが同時に発せられている事実は、統一と侵略の不可分を直接に示す。

さらにつぎの図をみよう。これは全国にわたる太閤検地の実施の状況を年次別に示したものである。一見して明白なように、ここにあらわれた検地の集中する二つのピークは、一五九一年（天正十九）・一五九五年（文禄四）、つまり文禄（一五九二年）第一次侵略・慶長（一五九六年）第二次侵略の指令される直前にあたっている。これは現実の太閤検地の施行が、朝鮮出兵と切り離しては考えられないことを、はっきりと物語る。

それればかりではない。戦争のつづくなかで、のちに述べる民衆の広範な欠落という事態に直面した豊臣政権は、「ご検地のとき、その所（村）の帳に付き候百姓」が「他所へまかり退き候こと御大法（違法）」と指令し、検地にもとづく農民の土地緊縛を「御大法」として民衆におしつけながら、侵略態勢を推し進めていこうとする。

そして、さらに秀吉政権は動員令とともに、ひきつづき検地とは別に、一五九二年（文

太閤検地の実施状況

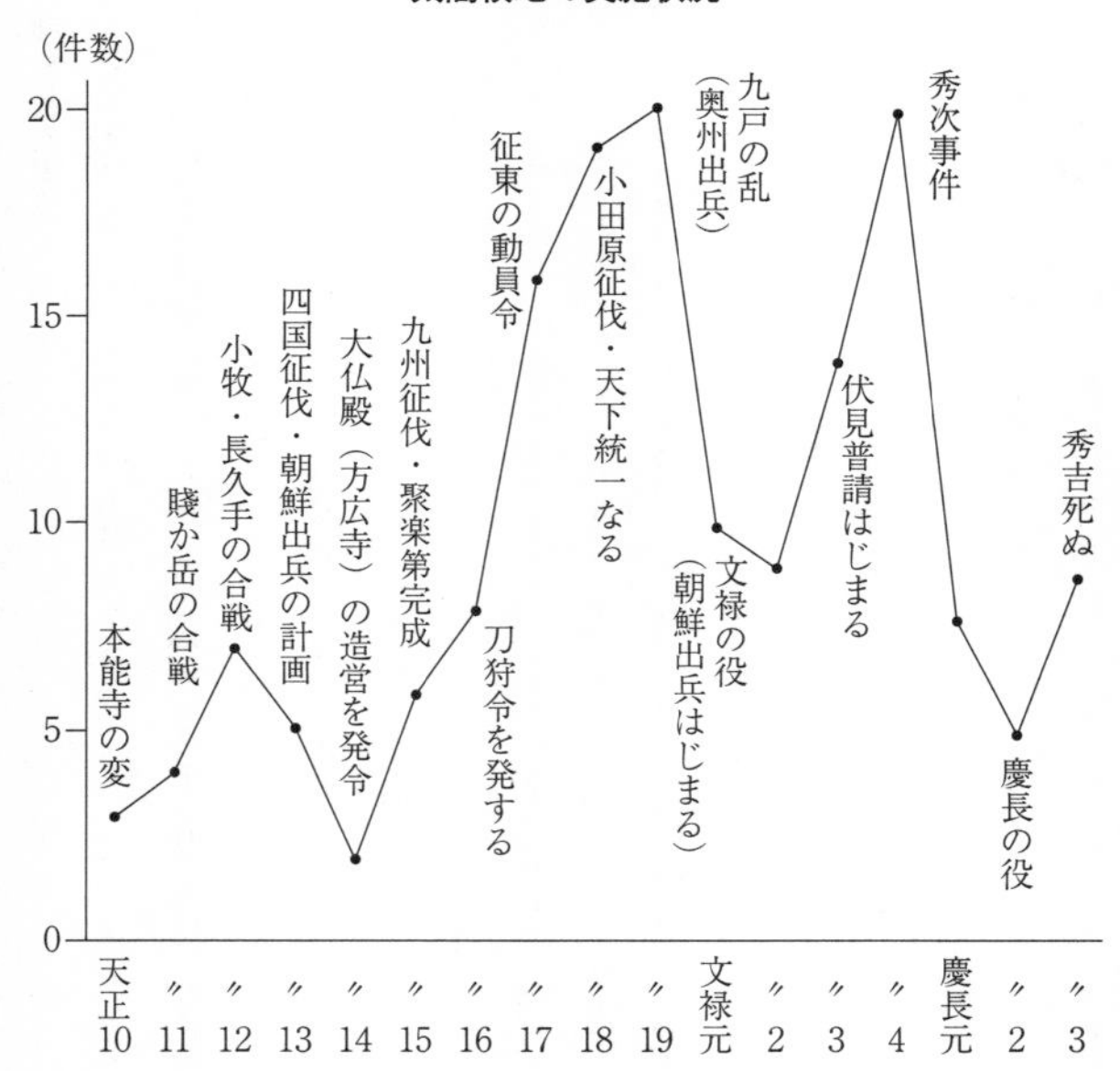

禄元）春、個別の人身把握をめざす戸口調査のための人掃い令を全国的に発令した。指令を受けた毛利家では、「当関白様より、六十六か国へ人掃の儀、仰せいだされ候」といったように、新関白秀次の名において、領国内にこれを具体化していく。その人掃いとは、

家数・人数、男女・老若ともに、一村切りに書き付けられるべきこと。付奉公人は奉公人、町人は町

人、百姓は百姓、一所に書出すべきこと。

と指示されたとおり、武家・奉公人・町人・百姓など諸身分を峻別しつつ、検地によって確定された「一村切り」単位に、兵・商・農の一人ひとりの人別把握をめざすものであった。しかも、「一日も早々、家数人数帳にお作り候て、お出しあるべく」といそがされていた。

かつて毛利領国のうちであった厳島神社には、検地帳とともに、この指令を受けてその年ただちに作成された、社領の村むらの家数人数帳の数かずが、いまも伝えられている。そこにはたとえば、

家一間　又衛門並ニ女房　下女　男子　助二郎　合五人

家一間　源衛門（年、六四、五）並ニうば　赤子　合三人

というふうに書きつらねられ、六〇歳以上の老人には、とくにその年齢が注記され、幼児は「赤子」と表記され、しかもこの帳面のうちのある男たちには、しばしば別の筆跡で、大きく「唐渡（からわたり）」などと書きこみがされている。

この書きこみだけをみても、この人掃い帳・家数人数帳が、兵・農の一人ひとりの人別把握をめざすだけでなく、より直接的に、民衆の夫役徴発のための態勢づくりをめざし、現にその台帳として機能させられていたことが歴然としてくる。とくにこの「唐渡」とい

う別筆の書きこみは、この人掃い令にひきつづいて出されたと推定される、

　在々村々より、奉公人、侍・小者、いかほど相立ち、残る人数いかほど有のよし、帳を作り、出すべし。


という、臨戦下の徴兵の状況の実態調査令にもとづいておこなわれたことは疑いない。

　こうした人掃いの実施報告は、西国だけではなく、遠国といわれた陸奥の伊達領からも提出されていた。一五九二年夏に政宗の代官石田宗朝は、自分の知行地について「奉公人、侍・中間（ちゆうげん）、百姓、舟人」にわたる調査を完了し、「村むらより帳を一帖ずつ作り立て」、これを「政宗分国中の帳」といっしょに京都（豊臣氏）に届けよう、と明言している。この調査は、まさに伊達軍の動員と並行して、分国中に強行されたことが知られる。

　こうして秀吉権力によって握られたこの帳面は、やがて民衆の徴兵台帳とも、欠落を追及するさいのブラック・リストともなった。翌年春、「高麗へ召し連れ候船頭・かこ（水夫）ども相煩い、過半死」という悲惨な状況がおこったさいにも、秀吉権力はただちにこの台帳により、「浦々に相残り候かこども、ことごとく相改め、かみ（上）は六十、下は十五を限って補充を早急におこなえ」という徴発の態勢をとることができた。

　総じて、検地と人掃いとが、秀吉政権を支え、民衆を支配抑圧する体制の基礎として、はたした役割はまことに大きい、といわなければならない。豊臣政権が、この人掃い令に

さきだって、前年八月に発令した身分統制の法令、すなわち、(1)士・農・商の身分の確定、(2)農民の土地緊縛、(3)侍の主従関係の固定の三か条は、まさにその体制の原則の確定であり、下剋上の社会に法的にとどめをさすものであった。問題はそれがこれまでにみたように侵略態勢のもとで、具体化され強行されている点にある。

大陸侵略への道

日本から唐国までという大陸出兵の構想が、秀吉の朱印状という公文書によって、はじめて公言されたのは、紀州の雑賀・根来一揆の鎮圧をはたして、秀吉が関白の地位についた直後、一五八五年(天正十三)秋のことであった。最後の一向一揆の鎮圧による、天下人(びと)としての秀吉の政治上の地位の確定、そして大陸侵略構想の公表、という二つの画期の一致、つまり国内統一と大陸侵略とは、秀吉政権成立のはじめから、分かちがたい関連をもってあらわれていた。

あくる一五八六年(天正十四)夏、その大陸出兵構想は、九州制圧のための動員態勢の強化とまったく同時並行的に、「高麗御渡海」へと焦点がしぼられていき、一五八七年(天正十五)夏、秀吉の九州制圧の終結とともに、対馬(つしま)宗氏を介して、ついに現実的な朝鮮国王との交渉へと踏みこんでいく。

一五八八年（天正十六）、秀吉は前年からひきつづき、西国大名を総動員して肥後国一揆の鎮圧と検地を強行し、加藤・小西両将を大名として配置するなど、九州を「五畿内同前（然）」とする出兵態勢を強化しながら、一方で刀狩りを発令して、民衆の武装解除をめざした。「いらざる道具あいたくわえ、年貢所当を難渋せしめ、一揆を企て」と同法令で明記しているとおり、それはあきらかに、中世領主から名主百姓までを包みこんで蜂起した、肥後の国一揆の手痛い体験を直接の契機としていた。民衆の武装解除と侵略態勢の強化、統一・侵略の一体性はこうしてさらに深化していく。

そして、朝鮮国王を従属させようという要求が拒否されると、秀吉は西国大名を侵略にむけて温存しつつ、一五九〇、九一年（天正十八、十九）と東国大名を総動員して、小田原攻め、奥羽一揆の鎮圧を強行した。さきにみた九一年八月付の身分法令は「去る天正十八年七月、奥州へ御出勢より以後」を法の発効時限、つまり天下統一の画期として銘記していたが、その統一の総仕上げとして、身分法令の発令の直後に、侵略への動員令が発動されたという事実も、まことに示唆的であった。これまで統一・侵略を一体として推し進めつつ、みずからをかたちづくってきた秀吉政権にとって、これは、いわばいきついたところの避けがたい到達点であった。

「際限なき軍役」と佐竹氏は嘆息したが、このようにおしとどめがたい戦時の緊張をつくりだし、臨戦態勢をとりつづけながら、領土拡張をめざして強行される侵略戦争は、しかし、まもなく朝鮮民衆の抵抗と犠牲によって痛撃をこうむり、かえって秀吉政権をその根底からゆるがすことになる。

2　農村の荒廃と抵抗

名護屋陣中の抵抗と弾圧

遠国常陸から、三〇〇〇名の佐竹軍が「限りなき辛労」を重ね、くたびれはてて肥前名護屋の本営にたどりついたのは、一五九二年（文禄元）四月二十二日のことであった。まことに「ふしぎに今日まで命ながらえ申し候」という空前の長旅であったが、すでにそこには、血なまぐさい戦場の緊迫がもちこまれていた。

高麗のうち二、三城せめ落とし、男女いけ取（生捕）、日々に参り候よし、首を積みたる舟も参り候よし申し候。これは見申さず候。女男はいずれも見申し候。さてさて不思議なるご世上にてはこれなく候や。

日本軍の朝鮮での行動はすでに、佐竹軍など遠国の軍団が名護屋に到着するよりも一週間ほど前、四月十三日に開始され、その犠牲となった朝鮮の人びとの首や捕虜となった男女の民衆が、続々と日ごとに舟に積まれて名護屋へ送りつけられてきている、というのである。着陣に安堵するまもなく、この惨状に直面した佐竹家中の平塚滝俊という侍は、「からいり（唐入）、程あるまじ」と緊張し、そうなったらもう二度と帰国して故郷の方がたに対面することもあるまいと覚悟し、名護屋にいたる見聞と感慨を一通の長い手紙に託して、国もとに書き送ったのであった。

おなじ佐竹陣中に、勘定方をつとめる大和田重清という侍がいた。かれはその職掌がら、この陣中にあって、じつにまめに日記をつけて、在陣中の大名の勘定方のうちわのやりくり、日々の事件などをこまごまと記していた。

六月九日、……陣家へ汁ふる舞う……北御殿へ馬の礼に参る。はた物見物する。風呂にはいる、

七月十四日、鳥唱（な）きて後、雨ふる、止みて以来、風になる。江戸崎の者、火あぶりにおこなわる。ナンバン（南蛮人）仁の舟懸る。三様お供して見物する。

七月二十三日、……酒あり酌あり……菜飯あり、大酒に成る。……牛ころし二人はた物に上がる。

一見してなにげない陣中のあけくれを綴っているのだが、そのなかに「はた物見物する」「江戸崎の者、火あぶりにおこなわる」というような記事が散見する。「はた物」はハリツケであり、「火あぶり」はそれにもまして残酷な処刑である。それを見物した、とこ

ともなげに書きとめている。見物人を集めておこなわれたハリツケというからには、これは軍紀のひきしめをねらう見せしめにちがいない。それはまた民衆の抵抗のいけにえでもあった。

その年の暮れ、大名の佐竹義宣は国もとへつぎのような指令を発した。

ここもとよりも、夫（人夫）両人欠落（かけおち）候。一人はくにい（国井）の夫、一人はおつつみ（小堤）の夫、欠落候あいだ、そこもとへまかり越し候わば、すなわち成敗いたすべく候。……成敗致しても致さず候ても、別の夫を申しつけ、正月は差し越すべく候。

陣中から人夫二人が脱走した。水戸城下の近郊の村の者だ、郷里に立ち戻ったら、ただちにつかまえて処刑せよ。ともあれ、かわりの人夫が必要だ、大至急送れ、というのである。

佐竹軍の在陣総数は「御軍役二千八百六十九人也」と、豊臣の奉行のもとに公式の届出がされていた。そして、着陣いらいしばしば「御人数しらべ」がくりかえされ、六月二十日には「人しらべの帳」が作られ、その四日後にまたしても「御人調の帳」に、一人ひとりの判（印・サイン）をとれ、と帳簿と現員の再点検が奉行から指示された。

御人調の帳を直さる。何れも判（はん）をつかまつるべしと御催促につき、小者・夫までのはいん、造りてすえる。はいんの写しをして置く……。

陣中で佐竹氏の勘定方をつとめた大和田重清の日記は、どうやって小者から人夫にいたるまでの員数のつじつまあわせをやりくりしたか、その内幕をあからさまに伝えている。豊臣の権力は人夫一人の欠員も許さないきびしい軍役統制を大名の上に加え、その強制はそのまま転嫁されて、一人ひとりの小者・人夫の果てにまでおし及ぼされた。さきにみたほかの大名の例から推測して、佐竹軍に夫役動員された一般民衆は一五〇〇名以上にものぼっていたにちがいない。はた物・火あぶりとあいつぐ弾圧のなかにあっても、なお人夫・百姓たちは脱走をあきらめず、故郷にむかってひた走った。「主水(水夫)一人はしり候て、あぶられ候こと、見物申し候」と、これはおなじく従軍した肥前鍋島領の侍の日記の一節であるが、その例はほかにもけっして少なくない。

欠落禁令

ところで、このような民衆の抵抗は、豊臣政権にとっても、動員態勢の当初から予測しなければならない事態であった。すなわち一五九二年（文禄元）正月、関白秀次は動員態勢下の民衆統制を目的とする五か条の掟書を諸国に発令していた。すなわちその冒頭の第一条のはじめに、

唐入について、ご在陣中、侍・中間・小者・あらし子・人夫以下にいたるまで、欠落

つかまつる輩これあるにおいては、その身のことは申すにおよばず、一類ならびにあい抱え置く在所、ご成敗を加えらるべし。……ただし、類身たりといえども、告げ知らするにおいては、その者一人はご赦免なさるべし。

陣中からの欠落つまり逃亡は、侍から中間・小者・あらし子・人夫の果てまで、当人はもとより、類族・在所ぐるみ死刑だ。ただし、同類であっても、逃亡者を密告してきたものだけは赦してやろう、というのである。類身・在所つまり血縁・地縁に連帯責任をおしかぶせ、同時に、連帯を裏切る密告の奨励までして、民衆の逃亡を阻止しようというがんじがらめの構えである。権力はひきつづきその手に、人掃い帳という、村ごと家ごとに詳細をきわめた台帳を握る。しかも、第四条では、

ご陣へ召し連れ候百姓の田畠のこと、その郷中として作毛つかまつり遣わすべし、もし、荒らし置くにいたりては、その郷中ご成敗なさるべき旨のこと。

と、検地帳面に各請人として登録された農民を徴発したのち、田畠の耕作も郷中に責任を負わせた。この措置は、留守宅にのこされた家族への援助のための配慮などではなく、田畠の荒廃によって取り立てる年貢の減少するのをふせぐためであった。しかし、はた物・火あぶりという弾圧は、このような掟が一片の紙きれにすぎなかったことを暴露した。

文禄も二年目が明け、佐竹軍などの名護屋の滞陣も、やがて一〇か月を過ぎようとする

ころ、前線の敗色はもはやおおいようもなくなっていた。渡海へのはりつめた日々を重ねながら、かえって厭戦の気分はおさえようもなく人びとの心をとらえ、脱走・欠落は慢性化しはじめていた。欠落の抵抗は組織されたたたかいにはいたらなかった。しかしそれさえ、もはや個々の大名まかせにしてはおけなくなってきた。その年の正月、秀次は前年の五か条を再令し、さらに二月なかば、こんどは陣中の秀吉から人留番所（ひとどめばんしょ）の設置指令が、諸国に伝えられた。

在陣の上・下の者のなかに、退屈して逃走するものがあるという。以後、通行証なき者をいっさい通してはならぬ。もし、不審の者がいたら、搦（から）め取って連行せよ。かくまったりしたら、その村ぐるみ死刑だ。人留番所を作って番衆で固め、高札を立てて、この旨をひろく徹底させよ。

「在陣上下」「退屈逃走」ではじまるこの告示は、しかし、陣中のみだれをみずから天下にむかって暴露し、宣伝したにすぎなかった。

国もとの腐敗と抵抗

こうして名護屋の本陣に、退屈逃走というかたちをとった、厭戦と抵抗がひろがっていたとき、大名たちの国もとの町や村でも、残留する家臣たちの腐敗や、農民たちのより積極的な抵抗が、おさえがたく起こっていた。

水戸の城下町に「人のうりかい、ばくち、けんくわ」を取り締れと、大名がはるか名護屋陣から国もとへわざわざ法度を下していた。大名本拠地の町の人びとのあいだにさえ、大軍を戦場に送っている非常事態を支えよう、という緊張がまったく欠如していたからであろう。そればかりではなかった。あの「三ケ一」年貢を百姓からじかに徴発する役にある村むらの郷中政所が、百姓から取り立てた分をピンハネしたり、ごっそりと横領したりするという不正はあいつぎ、さらに政所から上納された年貢も「いずれの奉行の者ども、わたくしをいたし候」とか「奉行の者の徳分(とくぶん)ばかりに成り候」と報じられた。腐敗は、下は村の政所から上は城内の奉行たちにいたる、権力の末端から中枢にまでひろがっていた。とうぜん名護屋への補給は停滞し陣中は窮迫し、厭戦気分はいよいよ強まっていく。

民衆がこのような支配層の腐敗ぶりを見すごすはずはない。これは、名護屋に着陣してまもなく、大名義宣が国もとに出した指令の一節である。

> 郷中の百姓ども、年貢をあい済まさず候わば、一郷も二郷も、めこ(妻子)同前に、はた物にあげ候て、その郷中亡所にいたし候ても、苦しくあるまじく候。また、とかくむざと致したる取沙汰(とりざた)をもすべく候あいだ、これまた見合に成敗いたすべく候。

百姓が年貢納めを拒んだら、一郷でも二郷でも村ぐるみ、妻子ともどもハリツケにしてしまえ。その村中が廃墟になってもかまわぬ。あらぬ流言をなすものも見つけしだい処刑せよ、というのである。抵抗・流言は、現実のものとなって、国中にひろがっていた。右の指令から半年あまりのち、

百姓ども、高麗へ渡り候えば、二度とかえらぬものと心得候て、無用のことを言い立て、年貢済ますまじきと、すいりょう（推量）候。郷中年貢も、済ましそうの郷より、とかく無用のこと申し立て候て、済まさず候郷を、二、三郷も、女おとこ（男）によらず、その一郷のものを残らずはたものにあげべく候。かくのごとく、あらぎ（荒気）に申し付けず候ては、あい済むまじきとすいりょう候。そこもとの郷中のもの、年貢もこれあり候を、ただただいろいろのことを言い立てかけて致し候て、済まし候わずと、たしかに聞き及び候あいだ、太田郷・水戸郷両郷の者、四、五郷も、かならずかならずはたものにあげ申すべく候。また、給人三ケ一の儀も、一向（いっこう）こと済み候わず候ように、その訴え候、是非なき次第に候。

百姓たちは、佐竹軍など高麗（朝鮮）に行ってしまえば、もう二度と国もとへは帰れまいと流言し、年貢など納めまいぞとささやき交わし、役人がのりこんできても、ただただいろいろのことを言いつのって、四、五郷ぐるみで抵抗しようとする。大名本拠地の村々でさえ、そうだった。

この侵略戦はいったい民衆にとって何であったのか、日本民衆は何をしていたのか、と日本の内がわの階級の対立にそくして追及していこうとするならば、この東国の北隅、佐竹領の百姓たちがこの侵略戦のゆくえにたいして示した、「高麗へ渡り候えば、二度とかえらぬもの」という言葉は重大である。その主体は、おそらく村むらから強制的に戦陣へかりたてられていった人びとを、おし包んでいたにちがいない絶望感を、逆に侵略戦を批判する流言として、鋭く権力にむけて放っていった、村びとたちにほかならなかった。現に国元では年貢拒否があいつぎ、前線では大名が「いずれも餓死におよぶべく」という危機感をつのらせていた。

戦国の農民たちのたたかいが、そのもっとも高揚を示した惣百姓ぐるみの侘言・逃散のばあいでも、個々の領主や代官を相手どった、年貢減免や代官罷免を要求する一村かぎりのたたかいであり、ついにその局地的・分散的なかたちをのりこえることはなかった。それにくらべても、広域化しつつあったこの事態のもつ意味はまことに大きい。

国中在々すいび

総軍役の過半を百姓夫役の徴発によってまかなうことを前提とした動員態勢とは、農村に残った農民ことに小農民たちにとって何であったか。

一五九二年（文禄元）正月の関白秀次朱印状は、さきに述べたように、開戦にさきだって、早手回しに、「その郷中として作毛を維持せよ」と、前線に徴発されていった百姓の田畠の耕作を郷中の連帯責任としておしつける、荒田対策を指令していた。だが、はたして農民たちはこうした権力の期待にそうような行動を全面的に示したであろうか。

戦争を起こしたあくる年、ほかならぬ「上様ご生国」といわれた尾張で「国中在々すいびせしめ、田畠荒れ候」といわれるような、農村の荒廃ぶりが政治問題化していた。この事態に対処しようとした秀吉自身による、

百姓めいわくつかまつらざるように仰せつけられ、給人ぐんやくをも半役に仰せつけられ、給人も百姓も成りたち候ように。

という指令の骨子をみれば、「国中在々すいび」の原因が「給人も百姓も成りたち」ようもないほどの軍役の重圧にあったことは明白であろう。

その年の暮れにかけて、秀吉が尾張国中に実施した調査によって、荒廃に帰した田畠や住む農民もない空き屋敷がつぎつぎと判明し、その再開発のために、全国から流浪の陰陽師たちが農村労働力としてこの国に狩り集められることになった。「在々すいび」はたんなる小農民の窮迫だけにとどまらず、大量の耕地の荒廃、つぶれ百姓つまり小農民の没落を生みだし国中にひろがっていた。しかし領主がわは、別の労働力の投入という、目さ

きだけの対策でこの事態を切りぬけようとしていた。

おなじころ薩摩の太閤蔵入地（秀吉直轄領）でも、「彼の在々の儀、代官をいたすについて、人夫多くつかわれ、百姓走り候ゆえ、物成（年貢）少なく」といわれた。代官をつとめる国衆が百姓に過重な夫役をかけ、百姓の村からの逃亡を頻発させていた。侵略軍の主鋒として出動している加藤清正の領内（肥後）でも、

百姓ども毎年未進つかまつり、おちかかりに成り候えばくるしからずとあい心得、難渋せしむ。

といわれたような、農民たちの年貢拒否の抵抗が公然とひろがっていた。また豊後では、大友氏が一五九二年（文禄元）夏に改易されると、百姓たちの大逃散が起きていたが、そのなかで山口玄蕃によって強行された太閤検地によって、野津院の赤迫村（大分県大野郡）でも、全耕地一五九筆の四二パーセント、全石高の約三〇パーセントが失人・明屋敷というありさまが判明していた。

小農民の逃亡をおもな内容とする、農村の荒廃は全国的な傾向であった。一五九六年（慶長元）初夏、諸国荒田対策の指令が、太閤様御下知つまり秀吉じきじきの命令として、ひろく諸大名に伝えられている事実は、そのことのなによりの証明といえよう。指令の実施にあたった毛利氏は、これを「荒田ならびに人沙汰」とよんだが、まさしくこの荒田対

策五か条は「田地あれ」（一～三条）と「百姓ちくでん」（四・五条）とを一体不可分のものとして問題とする、第一次戦（文禄の役）後の総合農村対策、という性格をおびていた。

荒田というのは、関係条項の付記のところに、

> 百姓として荒らし置き候わば、百姓曲事。能わざる年貢を申しかけ候ゆえ田地荒れ候わば、それは給主の曲事。

と銘記されるとおり、百姓自身の耕作放棄と給主（知行人）の重課に起因するつぶれ百姓との結果にほかならなかった。

人沙汰の条項は、まず「諸村百姓ちくでん」を「御法度」として禁断し、これを他村で雇い入れることを禁止し、ついで年貢を納めず「逐電の者」は「盗人同前（然）」として処刑せよと定め、ただし、年貢を半分でも三分の一でも納めていたら、逃亡しても憐みをかけよ、という。ここに「御法度」といっているのは、この指令の末尾に、

> 先年、ご検地のとき、その所の帳（検地帳）に付き候百姓は、たとえ由緒候とも、他所へまかり退き候こと、御大法にて候。

とくりかえしダメ押しされている「御大法」とおなじことである。ふつう身分法令とりわけ農民の土地緊縛令とよばれ、検地政策により新たに名請人として検地帳に法定された小農民にたいする、豊臣政権の政策の基本原則を確立した、画期的な法令として知られる、

あの一五九一年（天正十九）令をさしている。

戦時下の農村荒廃のひろがりは、個々の領主の対処できる段階を超えて、この豊臣政権の土地・農民政策の土台を掘り崩し揺り動かそうとする形勢を示していたのであった。この荒田対策令は、そうした荒田を個々の領主権のもとから没収し、秀吉のもとに集中することによって、検地帳に新たに名請人として登録された小農民の生産諸条件をめぐるたたかいと、それに根ざす耕地の荒廃に、なんとかして対処しようとするものであった。

反乱への条件

一五九二年（文禄元）夏、名護屋の本陣にいた秀吉が朝鮮の王都陥落の報に狂喜して、みずからも渡海しようとしたとき、奉行の浅野長政はこれに反対して、

みずから渡海あらんは、国家の亡ぶべき端なり。今日、船を出したまわば、明日はかならず、国ぐにに凶徒おこるべし。しからば、進みては、かの国を討つことあたわず、退きては、賊徒を征せんこと難(かた)からん。

秀吉が朝鮮に行ってしまったら、たちまち日本国内に反乱が起こるだろう、そうなったら国家の滅亡だ、と主張したという。しかし、この浅野家譜の説はじつは誤伝で、徳川家康と前田利家が石田三成らの積極進攻論をおさえ、渡海の中止を求める天皇の親書を受け

入れるかたちをとって、秀吉を思いとどまらせた、というのが真相らしい。

しかし、この渡海中止が公表されてからわずか二週間後、薩摩島津家の侍、梅北国兼ら七〇〇余名の人びとが、朝鮮出兵を拒否して名護屋本営の襲撃を企て、まず加藤清正の不在をねらって、肥後の佐敷城に襲いかかり、攻め落とすという事件が起こり、秀吉を脅かした。この一揆に「太閤大いに驚き諸将を集めて評議せられ」た、と浅野家譜はいう。梅北らはついで同国八代(やつしろ)城に転進し、ここでむなしく謀殺されてしまい、やがて浅野長政が秀吉の命を受けて、戦後の処理にのりこんでくる。

この薩摩国衆梅北らによる一揆の背後には、島津氏や肥後の旧族阿蘇氏らも動いていた形跡がある。さらに一揆が佐敷城を襲撃したさいには、じつに佐敷城下の町人・百姓たちまでが、この反乱軍のがわに、なだれをうって加担していった、という。このような一連の事態の示す、国や身分・階級を超えた一揆のひろがりと底の深さは、まことに注目にあたいしよう。「国ぐにに凶徒おこるべし」という情勢が、現実のものとしてひろく潜在していたことを、否定するわけにはいかない。

3　朝鮮民衆の抵抗と犠牲――「故郷忘じがたし」

高麗日記

一五九二年（文禄元）三月の終わり、伊万里（いまり）の津を船出した鍋島軍の侍、田尻鑑種の一隊は、途中、壱岐（いき）で水夫の火あぶりをまのあたりにして、戦いへの緊張を強めながら、四月二十七日夜、釜山海に入港。あくる朝、「日本の船、数千艘かけならべ」ひしめくなかを上陸した。ただちに釜山海城におもむけば、すでにそこは、日本軍の先鋒小西行長・宗義智らの軍に占拠され「召し崩され、唐人討ち果たされ」た後であった。その一週間ほど前、名護屋本営で佐竹軍の侍が見聞した「男女いけ取り」「首を積たる舟」は、おそらくこの辺の戦いの犠牲者たちであろう。

さて、あくる日、田尻隊は早くも「唐人あまた引取り、夫丸にめしつれ」、つまり数多くの朝鮮民衆をつかまえて人夫として徴発し、すでに陥落の伝えられる都（ソウル）にむかう。五月六日、東海岸から慶州へはいると、この古都でも「見苦しける空き陣にはいり、少し休まんと候えども、のみ・はい多く、むざむざ」として、いたるところ戦火に荒廃した村むらをみる。同七日、野陣を「唐人」に襲われながら、村むらから「牛・馬・粮」を掠奪し、十日にも「山家」の宿営で「唐人数百」を撃退しながら、十三日、都にはいる。

このあとさき、しばらくのあいだ、田尻の日記は「唐人ことごとく打果」とか「数百万人の唐人ども皆みな逃失」などと、「日本衆」の圧倒的な戦勝、優位の形勢を誇示し、「神功皇后」いらい「日本の神力」かくのごとし、と勝利に酔いしれる。

民衆反乱

緒戦における日本軍圧勝の原因はどこにあったか。連勝の報あいつぐなかで、みずから渡海計画を練っていた秀吉は、六月三日、全軍一三万人に及ぶ前線の「先手備」「次之備」の編成を指令したさい、「日本弓矢きびしき国」でさえ、自分はわずか五百騎・千騎の軍で天下統一をはたした、いまこれほどの大軍をもって「大明之長袖国」に攻めかかるくらいなんでもなかろう、と言い放っていた。

ここには、明を「長袖国」つまり公家の国家とみなし、日本(みずからの統一権力)を「弓矢きびしき国」つまり武家領主の国家とする、秀吉の気負った心情が素朴に語られていて興味をひく。たしかに一世紀にわたる「弓矢きびしき」戦国争乱をたたかいぬいた日本軍は、集団的な足軽戦法と鉄炮技術とを戦術の中核にすえて、きたえあげられており、それが日本の鳥銃として朝鮮軍を恐れさせたことは事実であった。

これにたいして、「長袖国」の明に藩属する李朝では、王朝の官人層が南人系・北人系に分裂して、陰湿な党争と激しい農村収奪をつづけていた、という。そのため日本軍の侵入開始とともに、慶尚道では「守令・辺将大半散亡」「軍卒散亡」「群聚為盗」といわれた。行政・軍事の機構はたちまちに壊滅して、いわば無政府状態におちいり、官軍から脱走した軍兵・民衆は、白昼から王朝の官倉を襲って穀物を奪い取り、「奴僕」もまた「殺主」解放へのたたかいを起こしていた。

こうして慶尚道の各地では、王朝官人・奴隷主にたいする、良人・奴婢など広範な民衆の反乱が起こっていく。日本軍の侵入の遅れた隣の全羅道でも、道都陥落（五月二日）の報が伝えられるころから、「厭憚赴戦」「軍人作乱」といわれたように、官軍は崩壊し、軍隊が先にたって官舎・刑獄などの支配機関を襲撃し掠奪する、という反乱の状況となっていく。

さらに朝鮮北辺の咸鏡道では、日本軍の侵入をまたずに民衆が蜂起し、監司・兵使ら文武の最高官を捕えて斬殺した。またいたるところで「将吏」を追放し、あるものは「倭国（日本）の新主を立て、国政の改革を」という目標をかかげて、日本軍を解放軍として迎えようとするような形勢を示した。正史『李朝実録』さえ「武吏侵虐、怨国最甚」と記したように、これは日本軍の侵攻による行政軍事機構の動揺をねらった、李朝支配階級にたいする民衆反乱の一つのかたちであった。

奴婢層をふくむ民衆諸階層の投降もあいつぎ、日本軍はこれらの人びとを、「さるみ」とか「順倭」などとよんで、侵略の手先に利用し、「開倉」「不殺」つまり官倉をひらいて米穀を施し、従うものは殺さない、というような宣伝をくりかえした。

朝鮮民衆は、官人・両班（地主）らの長年にわたる搾取・抑圧・緊縛からの解放をめざして、民衆反乱を起こし、日本軍は、李朝支配のこうした内政混乱に乗じて、緒戦の大勝をかちとっていったのであった。

還住令

しかし、やがて夏の終わり、加藤清正軍に属して咸鏡道にはいるころから、田尻の日記の調子は暗転する。なによりも、兵粮の欠乏が決定的になってきたのである。海峡の制海権は、李舜臣（りしゅんしん）のひきいる朝鮮水軍に奪われ、たんなる輸送船団にすぎなかった日本水軍は壊滅し、日本からの兵粮補給はほとんど絶望的となっていた。のびきった補給路は、しだいに対日抗戦に集中しはじめた朝鮮民衆の反撃によって、いたるところで切断されていった。

去る八日（六月）の頃より、米一円にこれ無き国なれば、粟・ひえなどにて身命をつづけ候、さようの類さえ、今日におよび、はたと粮につまり、夫丸（人夫）以下草臥（くたびれ）、岩の上に腰をかき居りけるところに、山崎三郎兵衛（田尻の家来）ある人に粟を少しもらい、湯をわかし、こしかき（輿舁）などへ飲ませ候。

こうして、日本軍は村むらに「かて（糧）取」と称して、食糧掠奪をくりかえすのだが、もとよりそれだけではわずかな一時しのぎで、根本的な事態の解決にはならなかった。日本軍は村むらにたいして「唐人へおきめ（置目）」といって、加藤清正の名で、

土民ら速やかに帰宅せしめ、農耕をもっぱらにすべきなり。

と指令を発し、田尻はこの掟の内容を、

日々に百人・二百人ほどずつまかり出、札を請け、本家に還住いたすべし。

と記していた。日本軍は戦火を避けて逃れていた一人ひとりの民衆を調べあげ、身分証明を交付して帰村させる方策をとりはじめたのであった。ねらいが窮迫した兵粮問題の解決にあったことは、いうまでもあるまい。

十八日（七月）、六伯（村役人）どもを召し出し、当郡の物成の員数など尋ね極わめ、めいめい人質を取りくつろげ、籠（牢）に押し入れ、当毛の物成など、しだいしだいに催促候えば、形のごとく相い調う（ととの）について、番衆、かて（糧）続き候。山を越え海を渡り隠れ居り候唐人ども、おきめ・ご法度など、きびしく仰せつけらるるについて、みな本家に帰り、城内にぎわい候こと。

村むらをおさえている両班たちを日本軍に帰順させ、その地主たちの口から、良人といわれた村びとの年貢負担のありようをすっかり聞きだし、調べあげたうえで、めいめいに人質を差し出させ、牢にぶちこんでおいては、年貢を納めよと脅迫にかかっていった。これが還住(げんじゅう)策の真意であった。

この時代の李朝の社会構成は、日本のそれと対比して示せば、左の図のようなものであったと考えられる。みぎの方策は、緒戦の段階に公然とあらわれた、両班にたいする良人・奴婢層の農民反乱という、階級のあいだの矛盾の激発につけいった日本軍が、農民層のつきあげにあっている両班地主たちを掌握利用して、農村支配を強行しようとする反動の政策を展開しはじめたことを意味する。

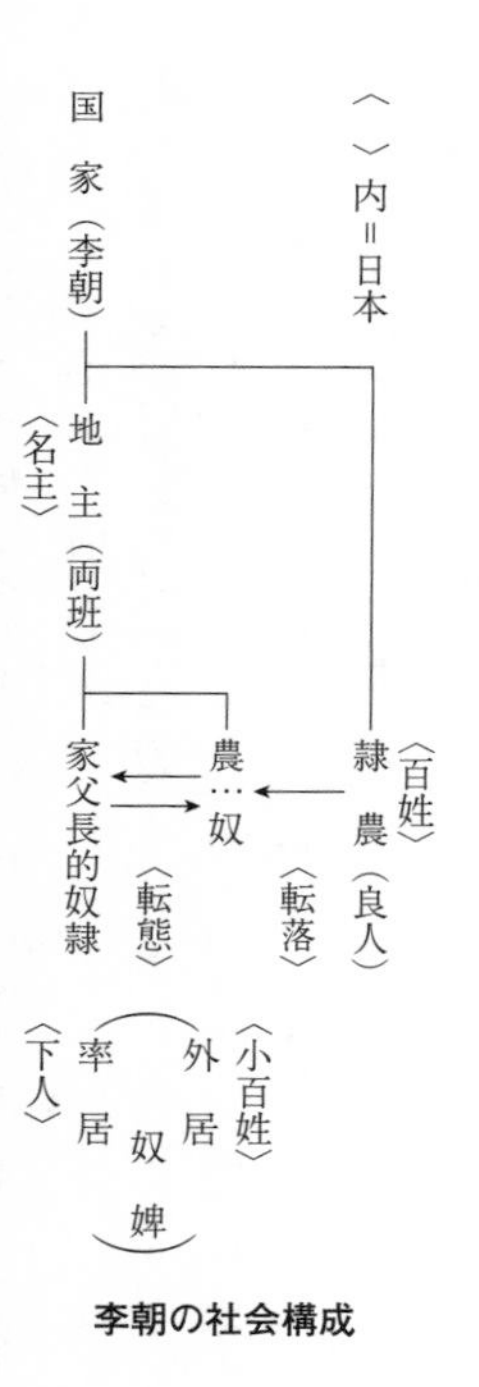

李朝の社会構成

しかし、この政策は、「唐人一揆」と日本軍がよんだ、民衆の反撃にあって、たちまち瓦解する。

十月中旬のころ、はみほんの唐人、一揆をおこし、村むらの検使、数十人うちとり、山の内に引き籠る……。

と、田尻日記はその情勢の一端を記した。民衆は、日本軍の手先になって村民の収奪に手をかした、村むらの検使（両班地主層）たちを血まつりにあげ、階級闘争からさらに、日本軍を「倭奴」「賊」とよぶ抗日へと、そのたたかいを深化させていった。

また、一方、日本軍による「新政」への幻想をうちやぶられた民衆は、両班地主層を主導者・義兵将とし、良人・奴婢層を兵士とする、抗日の義兵を蜂起させた。はん弓・ふしん弓を射かけ、才棒をふり、おめき、叫び、たたかい、馬上より組んで落ち、刀を奪い、勝負をいどむという、多様な抗日のたたかいのなかで、民族の力を結集し、冬の烈凍・豪雪のなかに、いたるところで日本軍を孤立に追いこんでいった。

ここに、検使（両班）たちを討ちとる良人・奴婢層の階級闘争が徹底化するより前に、義兵というかたちで、両班層を主導者として官軍に吸収編成される方向で、抗日というわばば民族の課題が掲げられ、たたかわれることになった。それによって、義兵の運動にほんらいはらまれていた、良人・奴婢層の身分解放のたたかいはそらされ、さらには封殺され、李朝の旧体制をむしろ補強する結果をさえ生みだしていくことになった。このこともまた、日本軍の侵略が朝鮮民衆のたたかいの歴史に刻みこんだ重苦しい遺産であった。

あくる一五九三年（文禄三）正月十日、田尻隊もついに撤退がきまった。十三日は「住み荒らしたる瓦屋に一宿」、十四日「あばら屋に一宿」、十八日「瓦屋の焼け残りたる、見苦しげなる処に一宿」。戦火による村むらの荒廃は、このように、いたるところにひろがっていた。十九日「山々より唐人」に追撃され「手負も歴々」。二十五日、野宿、「中途に唐人数百人打ち出で、山々にすわり」、それからもしばしば「唐人出合い、はん弓、または大石など落とし」かけられ、死地を脱することもしばしば。民衆の民族的な抵抗は豪雪の山やまに拠り、石と棒と半弓とをもってつづけられた。そして田尻父子はついに故郷の土を踏むことなく、病のために異国の土となる。

鼻の請取り状

請取り申す、鼻数のこと。合わせて四百八拾は、たしかに請取り申し候なり。恐々謹言。

これは、一五九七年（慶長二）の再戦に、日本軍先鋒の目付役をつとめた、早川長政という秀吉の直臣が、その年の晩秋、毛利軍の指揮官だった吉川広家に発行した、鼻の請取り状である。目付といえば自軍の戦いぶりに目をひからせる監視役だが、その軍監が、日本軍から戦功の証拠（のちの恩賞の基礎資料）として、かれのもとに朝鮮民衆の一人ひとりの鼻を削ぎ取って呈出させ、請取り証明を発行していた。こうした請取り状は、吉川家に伝えられたものだけで、じつに九通に達する。その実態を、請取り状の発行日付ごとに整理してみると（次頁の表）、わずか一か月余のあいだに吉川軍に鼻を削がれた民衆は、「さるみ」とよばれて日本軍にしたがった人びとをもふくめて、二万人近い数に達する。

さらに、たとえば、同年八月二十一日から十月一日にかけて鍋島勝茂あてに発行された五通の鼻請取り状をみても、その数は五四四四に及び、これに加藤・鍋島軍らの陣立書の末尾に記された「鼻数五四五七」を加えれば、一万余となり、さきの吉川分をあわせれば、吉川・鍋島両家に伝えられた文書の分だけでじつに三万人近い数に達してしまう。いったい全体で犠牲となった人びとの数はどれほどにのぼっていたのであろうか。

請取り状にしばしば「首代鼻」と明記されているのであるが、「首を積たる舟」（文禄緒戦）から「鼻請取り状」（慶長再戦）へ、それは日本軍が朝鮮の国土において孤立・敗色を深めながら、「仮道（途）入明」から、しだいに、頽廃非道の底に転落していったことの証言でもあった。「首にかえて鼻を送れ」、それはほかならぬ秀吉の指令であった。日本国

1597年の鼻の請取り状

日　付	鼻　数	出　　典
8月21日	90	鍋島家文書
8月25日	264	〃
8月27日	170	〃
9月1日	480	吉川家文書
9月4日	792	〃
9月7日	358	〃
9月9日	641	〃
9月11日	437	〃
9月13日	1551	鍋島家文書
9月17日	1245	吉川家文書
9月21日	870	〃
9月26日	10040	〃
10月1日	3369	鍋島家文書
10月9日	3487	吉川家文書
?	5457	鍋島家文書
計	29251	

内の戦場でおこなわれた鼻削ぎの習俗が、外国の戦場へ見境もなくもち出されていったのである。

京都の街にくわしい人なら、豊国神社・大仏（当時の山城善光寺）前に、耳塚とよばれ鼻塚とも伝えられる一基の大型の五輪塔が建てられているのを知っている。朝鮮民衆の顔から削ぎとった鼻は、たんに前線の軍監の前に呈示がされただけではすまず、戦功誇示の証明として、わざわざ舟積みし、海を渡り日本へもちかえって、首実検まがいに秀吉の眼前に積み上げて戦果を誇示してみせていたのであろうか。秀吉はそれらを実検ののち、ここに五輪の供養塔を建てさせ、高野山の僧を招いて鎮魂の仏事を修した、と当時の貴族たちの日記は伝えているが、それは右のような「鼻数」の規模とも無縁ではありえないであろう。

強制連行の記録

佐竹軍の侍は名護屋で「首を積たる船」とともに「男女いけ取り日々に参り」と報じていた。その傍証もまた多い。

老少・男女を問わず、歩けさえすればすべて擄(とら)え去り、歩けぬ者はことごとく殺した。捕虜になった朝鮮の人びとはまとめて日本に送られていった。

これは一五九七年（慶長二）の十月、朝鮮軍に捕えられた福田勘介という侍が、尋問に答えた供述の一部である。ことに重大なのは、こうした大量の朝鮮民衆の連行の目的について、かれがこう証言している点である。李朝の正史「宣祖実録」の記述のままをあげてみよう。

以㆓朝鮮所㆑擄之人㆒、送㆑于㆓日本㆒、代為㆓耕作㆒、以㆓日本耕作之人㆒、換替為㆑兵、年々侵犯、仍向㆓上国㆒矣。

すなわち、秀吉政権は朝鮮民衆を日本に擄え去って農業生産の労働力として投入し、かわりに日本の農民を軍役に徴発し、朝鮮の戦場に送って、「上国」つまり明への侵略軍を強化しようとしている、というのである。日本民衆の大量の戦場（朝鮮）への徴発と、朝鮮民衆の日本への大量強制連行とは、分かちがたく結びついていた。この一点で、侵略戦争が強いる両国民衆の運命は一つであった。

日本各地に連行された大量の朝鮮の人びとのなかには、学識教養をもって諸大名に儒官として仕え、あるいは陶工たちのように、特殊な技能を伝えて名家となったものもある。その運命はまことに多種多様であったが、しかし、大多数の人びとが、社会の底辺のなかに埋没していったことは、忘れえない事実であろう。戦後の日本農村のなかで、これらの人びとはどのようなかたちで同化していったのだろうか。このことは、のちの近世農村の問題を考えるばあい、もっと念頭におかなければならないのではなかろうか。

江戸も田沼時代のことになるが、肥前平戸藩主だった松浦静山は「甲子夜話」のなかで、このように書いた。

予が城下にも、高麗町と称して、一群の人居る処あり。これ祖先宗静公、朝鮮の役に虜として、彼の民を多く率い帰られしものの子孫なり。因て、昔は諸士の城下に勤仕する者の食事を調うことを掌て、至賤の者なり……。

また、静山は領内の名産として知られた平戸焼の陶匠を山あいの村に訪ねたとき、「この祖も朝鮮の虜なり」と記し、

その山半に小祠ありて、鳥居を建て、額を掛たり、標して云、熊川明神。

と、故国の村の神をまつり伝えながら、孤立して生きる陶工たちの姿をえがいている。

このような伝承を後世のつくりごととして読みすてるわけにいかぬ。一六四二年（寛永

十九）調べの長崎の平戸町人別帳は、川崎屋助右衛門という者の女房について、こう書きとめている。

年五十三、右の女房、生国高麗のもの。慶長四年（一五九九）肥後八代に参り、同十六年に長崎に参り、則ち天川（マカオ）へ売り渡さる。切したんにまかり成り、元和二年（一六一六）に帰宅つかまつり、外浦町に参る。竹中采女様（長崎奉行）御代に、同町にてころび、一向宗にあい成り、大光寺を頼み申し候。

一人の朝鮮の童女が日本に連行され、八代から長崎へ転々とし、そこからさらにポルトガル植民地のマカオにまで売りとばされ、カトリックに入信し、ふたたび長崎に戻るが、禁教の嵐のなかに「ころび」（転宗）を強いられて、一向宗大光寺の檀徒として押しこまれ、いまは助右衛門の女房となっている、というのである。

奴隷狩り

長崎の平戸町人別帳には、このような記述が多くみられ、日本に強制連行された朝鮮の人びとがすべて、そのまま日本の風土に同化していったとみることを許さない。ほかにも証言は多い。

一六世紀末に日本へやってきて、長崎にいたエスパニヤ人の商人アビラ＝ヒロンは「日本王国記」のなかで、一五九三年（文禄二）の回想として、こう書いている。

このころ、すでに朝鮮の戦争は大いに激しさを加えていた。すでに十万を超える将兵がかの地へ渡っていて、この王国（日本）へも捕虜を満載した多数の船を運んできた。

わたくしの見たところ、捕虜はじつに安い値段だった。

と。また、一五九七年（慶長二）、あたかも第二次侵略のさなか、世界一周の旅の途中にフィリピンから日本商船に乗って、おなじ長崎に立ち寄ったイタリア（フロレンス）人のフランチェスコ＝カルレッティも、またその見聞録のなかで、「朝鮮、とくにその沿海諸地域から、年齢の老幼を問わず、いとけない子供たちをも含む、おびただしい数の男女が奴隷（slaves）として連行されてきており、この人びとはすべてどれもこれも、ひどく安い値段で売り払われていた」と証言している。

しかも、カルレッティ自身も、その五人を一二スクーディあまりの値段で買い取っていたのだ。やがてその五人の奴隷たちは、かれに洗礼を授けられたのち、いっしょにインドのゴア市に連れていかれた。うち四人はそこで解放されたが、あとの一人は一六〇六年（慶長十一）、はるばるフロレンスに連れていかれ、さらにのちにはローマに住むようになった、というのである。

長崎はじつに東アジアの大奴隷市場のひとつをなしていたのではないだろうか。カトリック宣教師たちまでがこうした奴隷売買に関与し、ことに世界の植民帝国ポルトガルの商人たちは、日本の銀をねらうとともに、こうした奴隷売買に群がる人買い商人であった。中国のマカオ、インドのゴアなどのポルトガル植民都市が、これら奴隷の転売のための大奴隷市場となっていた事実をみれば、あの平戸町人別帳の女がマカオに売られたことの意味も、ゴアで解放されたというカルレッティの奴隷たちが、どのような運命をたどることになったかも、おのずからあきらかであろう。

日本がわの証言も多い。しかし、ここではもはや第二次侵略に従軍した豊後臼杵の一向宗の僧の慶念が記した「朝鮮日々記」の一節を紹介するにとどめよう。釜山海の町は人買いに群がる日本からやってきた諸国の商人どもで騒然とし、「人あきないせるもの」つまり人買い商人らは、朝鮮の国土の奥深く侵入をつづける日本軍の後にぴったり吸い着くように、

後につき歩き、男女・老若買い取りて、縄にて頸をくくり集め、先へ追い立て、歩み候わねば、後より杖にて追い立てて、打ち走らかす有様。

であり、さすがにこれをまのあたりにしては、

かくの如くに買い集め、たとえば猿をくくりて歩くごとくに、牛馬をひかせ、荷物を持たせなどして責むる体は、見る目いたわしく有りつることなり。

と記さずにはおれない惨状であった。

このように日本商人の群がる人身（奴隷）売買は、侵略戦に根ざす強制連行という性格をきわめて強くおびているが、その根底にはやはり、両班地主と奴婢（率居・外居奴婢）の関係を軸とする社会と、そのなかでの良人（一般農民）の奴婢へのいちじるしい転落の傾向をおいて考えなければならない。そしてこの侵略戦がそうした朝鮮社会に進行する奴婢売買、良人の転落にさらに激しい拍車をかけることになったことは、動かしがたい事実であろう。

故郷忘じがたし

こうして日本に連行された朝鮮の人びとは、おそらく五、六万人をくだるまい、という。秀吉自身も「朝鮮人捕置（とらえおく）」もののうち「細工」「縫官」「手のきき候女」など男女の技術者を進上せよ、と前線の大名たちに、朱印状で命じたりしていたのである。一五九八年（慶長三）、秀吉が病死すると、やがて日本がわは朝鮮とのあいだに和平への接触をはじめる。一六〇九年（慶長十四・己酉）五月の慶長（己酉）約条などをへて、徳川幕府は対馬宗氏を介して国交を再開することになるが、これら強制連行者の返還問題は、外交の重要課題となった。しかし、幕末に林家の手で編纂された「通航一覧」など諸記録でたしかめられるかぎり、こうした外交ルートをつうじて、生きて故国の土を踏むことのできた人びとは、わずか七〇〇〇名余りにすぎぬ、という。

これよりさき、一五九六年（慶長元）の晩秋、講和交渉のため明使とともに来日した、朝鮮通信使の黄慎は、その「日本往還日記」にこのように書いた。

通信使の舟が堺の浦にはいると、わが国（朝鮮）からとらわれてきていた男女が、故国からの使者にひと目会いたいと、あらそってやってきた。……やがて、また、われわれの船が出帆しようとすると、わが国の男女が大声で泣きながら、いつまでも追いかけてきたが、その人びとの数ははたしてどれくらいいただろうか。船内の一行も悲しみの涙をこらえきれなかった……。

こうして、数万の人びとは故国の朝鮮国王からも切りすてられ、異土の日本では「至賤」と差別され、またあるものは、住まいまでも唐人町・高麗町として隔離された。また江戸のなかごろ、美作（みまさか）の東一宮村に住む百姓弥三郎は、その祖が二四歳の青年のころ、日本軍の中島某に「人質擒（とりこ）」として連行されてきていらい、すでに四代をへながら、なおその中島家から、かつて助命され百姓にしてもらえた「御厚恩」を忘却することなく「譜代の御家来」としていっそう奉公に励むよう要求され、屈辱的な誓約を書かされていた。このような事実をみれば、百姓として近世農村にとけこんでいったかにみえる人びともまた、多くは差別と隷属を免れえなかったものとみなければならないであろう。

また一八世紀の終わり、寛政のころ、「西遊記雑記」の旅で薩摩焼の陶工の村、苗代川を訪れた橘南渓(たちばななんけい)が、虜囚の日からすでに二世紀をもへたこの村びとの口から「故郷忘じがたしとは、誰人のいい置けることにや」という言葉を聞き、「あまりにも哀れとぞ思いし」、と深く哀切の想いを寄せていた。製陶によって名をなしたほどの人びとでさえ、その後の歴史のなかで、なお差別と隷従から自由ではありえなかったのであった。

4 侵略と民衆意識

仮道入明

この対外戦争のはじめから、秀吉が呼号していたのは「唐入(からいり)」であり、めざすは「大唐の都」(北京)であった。しかし、なぜか、秀吉は東シナ海を渡って寧波(ニンポー)港へという伝統的な交通ルートによって直接に明を攻めるといぅみちをとらず、もっぱら対馬宗氏を仲介として、明に藩属する朝鮮国王(李朝宣祖)にむかって「征明」の先導を求め、ついで「仮道(東)入明」を要求する外交交渉をつづけた。

しかし、秀吉政権によって領国を保障されながら、一方朝鮮交易による経済的な支えを不可欠なものとしていた対馬宗氏の対朝鮮折衝の過程は、秀吉政権内の諸対立とも交錯して複雑をきわめた。ぎりぎりまで交戦回避の可能性をさぐろうとした宗・小西勢力によって「仮道入明」の解釈はあいまいにされがちであった。しかし、明の藩属国にたいすることの要求が、たんなる使節や軍隊の通過問題にとどまらず、軍事基地供与の強要を意味するものであったことは、だれの目にもあきらかであった。

秀吉はすでに一五八七年（天正十五）、九州制圧の段階で、「高麗国王参内」の要求を公言していたのである。秀吉にとって、朝鮮国王はほとんど日本国内の一大名とおなじようにしか認識されておらず、したがって朝鮮侵略も国内統一の延長でしかなかった。朝鮮出兵を「九州同前」と言った秀吉にも日本軍にも、およそ外征とか異民族とかの意識は、まったく欠落していたといわなければならない。占領地の軍政の基本方針として、秀吉は「政道・法度以下、日本置目（おきめ）のごとく申しつけ、百姓召し置き、年貢諸物成を納めよ」と指令していた。これも、外征が結局は内政処理方式のもち出しにすぎなかったことを、はっきりと物語っていよう。

また、日本軍の有力な指揮官のひとりだった安国寺恵瓊（あんこくじえけい）は、高麗人にいろはを教え、髪かたちまで日本風に変えさせている、と語っていた。朝鮮国王がしばしば民間倭語の禁令を発している事実をみても、日本軍のなかに、民族の心ともいうべき母国語についての深い認識はなく、占領下の朝鮮民衆に日本語を強制しつづけていたことはあきらかである。

薩摩の苗代川を訪れた橘南渓は、とらわれの日から二世紀もへた陶工村の人びとが、なおもその工房に古い母国語を守りつづけていた事実に深い感動を寄せていた。わたくしたちはこの事実をあらためて想起し、いろは強制の意味を正しくとらえなければならないであろう。

こうした秀吉の国際（東アジア）認識、したがってかれの侵略構想の内実とその意味を、ことにはっきりと示すのは、一五九二年（文禄元）都（ソウル）の占拠直後という時点で関白秀次に送られた、二十五か条の秀吉朱印状とその関連書状である。この指令はふつう夢の三国国割構想として著名なものであるが、その要点は、天皇を大唐都つまり中国（明）の都北京に置き、関白秀次を大唐関白とし、自分は中国の寧波（日明交易の母港）に移ろう、日本の皇位は皇太子か皇弟に譲ればよい、朝鮮国王は日本へ移し、高麗は秀吉直轄領として諸大名をそこの代官として割りふり、下じもの衆までも知行をいまの十増倍にしてやろう、というものであった。

当時の状況からみて、この構想そのものは、たんなる示威あるいは放言の域を出るものではなかった。しかし天皇の北京遷都という一見してまことに壮大な構想も、じつは、北京（明の都）こそが東アジア世界の中心だという、明にたいする日本の従属意識の裏返しにほかならないのであり、これが秀吉に体現された日本人の対外認識のいつわらざる実情であった。日本がわが明との講和交渉にさいし、その第一条件として明帝の皇女を日本の后妃にと要求しているのも、いわば皇女降縁を願う日本の従属意識のあらわれであったし、明にむかって朝鮮国王を無視した朝鮮南部の四道（京畿・忠清・全羅・慶尚）の割譲を要求しているのも、同様であろう。

しかしまた言いかえれば、この秀吉の「唐入」構想は、華夷・中華の思想をもって伝統的にアジアに君臨しつづけ、室町将軍を日本国王として明の皇帝（天子）に従属させ、日本の中世国家を支えてきた明の冊封体制にたいする、いわば独立宣言的な性格をもったともいえる。そうした行動が「弓矢きびしき」たたかいをつうじて中世国家を解体させた、民衆の力量の高揚に支えられていたこともたしかであろう。

だが、現に知行を「十増倍」と呼号し、領主階級の欲求にしたがって強行された「高麗陣」の侵略は、日本の民衆の軍役反対を抑圧し、朝鮮の民衆とその国土を荒廃させ、民衆の階級闘争の芽をむしり取り、その犠牲のうえに日朝の支配階級の権力の強化・再編を推し進めるという方向で、やがて東アジア世界の歴史に激動をもたらすことになった。

神国意識と天皇

しかも、日本人をとらえていた侵略戦のイデオロギーのありようを知ろうとするなら、

「高麗日記」の田尻という侍が、緒戦の連勝に酔いしれながら、そのかみ神功皇后、新羅を退治していらいの日本の神力をみよ、と宇佐八幡宮によせて、特異な意識のたかぶりを示していたことを、見逃しにはできない。また、肥前松浦領の吉野甚五右衛門という侍も、従軍の「覚書」の冒頭に、「日本は神国なり」とはっきりと記し、「神功皇后、女帝の身として三韓をきりしたがえ給いしより以来」の壮挙だ、とあからさまな神国意識をむきだしにしているし、戦場におもむくことのなかった佐竹領の大和田重清も、肥前名護屋から国もとの常陸へ引きあげる道すがら、長門の「神宮皇后」に参詣した、とその日記に書きとめていた。

こうして「神功皇后」を媒介にして語られる神国意識が、秀吉政権が「日本書紀」をテキストとしてにわかじこみで上から植えつけ、押しつけたものであった、などと考えられるであろうか。たとえば、このような意識をあからさまにした肥前地方の侍たちのばあい、まだ秀吉権力の九州侵入以前のころ、かれら同士の契約や約束ごとを、神の名にかけて誓う起請文の神文を記すさい、かれらのほとんど（五四通のうち四五通）がその国の「八幡大菩薩」の名をあげている、という。この事実は、田尻の日記も記しているように、かれら広範な領主諸層のあいだに、「応神天皇」とその母神の「神功皇后」への信仰を中核とする、八幡信仰が根強くひろがっていたことを示唆する。

とすれば、秀吉政権による朝鮮侵略戦にさいして、「三韓征伐」伝説の中心としての「神功皇后」への信仰が、新しいかたちをとってよびおこされ、神国意識として侵略イデオロギーとして動員されるような素地が、伝統的におそらくは侍から百姓たちのあいだにまで、すでにひろく存在していたと予測しなければならない。すべては今後の課題だが、中世社会の底に根づいていた「三韓征伐」的神国意識のあり方を、わたくしたちはあらためて民衆意識の問題として見つめ直す必要があるのではないだろうか。

一七世紀半ば以降になれば、熊沢蕃山・山鹿素行・新井白石ら知識人のあいだに、「日本書紀」（神功皇后伝説）と秀吉の朝鮮「征伐」とを一体にした、朝鮮蔑視観がはっきりとあらわれだし、それがさらに林子平や吉田松陰らをへて、近代の征韓論へとつらなっていく、といわれる。とすれば、中世末の侍など支配階級の人びとを「神功皇后」の幻影がいかにしてとらえていったかは、わたくしたちの歴史的な朝鮮認識の再点検のためにも、重要な課題とならざるをえない。

ところで、秀吉は外征計画を押し推める過程で、しきりに天皇の名を意識的に口にするようになっていたことも、見逃すことはできない。たとえば一五八七年（天正十五）夏、肥後の陣中から、都にいる妻の北政所（きたのまんどころ）にあて、

こうらいの王まで、日本の内裏（だいり）へ出仕申すべきよし、早船をしたて、申しつかわせ候。

出仕申さず候わば、らいねん成敗申すべきよし、申しつかわせ候、唐国まで手に入れ……。

というような手紙を書いていたし、またおなじころ本願寺にあてても「高麗国王、参内すべきの旨。申遣わし候」と報じ、対馬の大名宗氏にも、このたび九州で勅定にそむいた凶徒を成敗したが、高麗の国王も日域に参洛しなければ、ただちに御誅伐が加えられよう、と公言した。そのあげく、あの天皇北京遷都を言いだし、あくる年の講和交渉にさいしても、わざわざ特使を名護屋から京に派遣して勅許を求める、という手続きをとったのである。

このような秀吉の内外への宣伝的なやり方をみれば、あきらかに天皇の名は、かの神国意識に基礎をおくかたちで、侵略戦争を支えるイデオロギーとして動員され、利用されていたことを認めなければならないであろう。

〔『日本民衆の歴史』3、三省堂、一九七四年、収載〕

三　戦場の奴隷狩りへの目——山内進『掠奪の法観念史』によせて——

I

山内進氏の大作（東京大学出版会、一九九三年）の書評を、歴史学研究会編集部があえて門外漢のわたくしに託されたのは、西洋中近世法史の大きな成果を、日本の「豊臣の平和」に引きつけて語れ、というのであろうか。かつてわたくしは、西欧中世史の復讐論や平和論にも何がしか学びえて、中世の「自力の惨禍」の克服を機軸として、「豊臣の平和」を構想したのであった。

だからわたくしは、中近世ヨーロッパの法観念の追究を、「戦争の惨禍」の圧倒的な記述をもって開始し、第一章掠奪、第二章人の掠奪、第三章物の掠奪、第四章敵、へと展開する、力みなぎる本書を、深い共感をもって読み進め、数かずの反省と啓示とを得ていたのであった。以下、もっぱら日本中世史への問題提起の書として、本書に学びえたところを、率直に記そう。

Ⅱ

まず反省から。先にわたくしは「豊臣の平和」を論じたとき、自力の抑制と安穏をめざす社会の動向を、日本中世法史の達成にそって、喧嘩両成敗（自力抑制）の法の一貫した展開、という筋道でとらえようとした（『豊臣平和令と戦国社会』東京大学出版会、一九八五年）。だが、戦争の時代たる日本中世の戦争＝自力の惨禍について、本書ほどの深刻な実態認識を欠いたため、平和実現の史的な意義をじゅうぶん説得的に展開しきれなかった。

ついでわたくしは、戦時の「物の掠奪」と村の隠物（かくしもの）習俗の関連を追い、「村の城」を村の生命維持の仕組みとしてとらえながら、「人の掠奪」の惨禍を追究しきれなかった（「村の隠物・預物」『ことばの文化史』中世1、平凡社、一九八九年）、等々である。

Ⅲ

本書から得た啓示はさらに多い。本書は、戦時の掠奪を中近世ヨーロッパ世界の法観念の象徴とみなし、①それが中近世ヨーロッパ世界で、完全に合法と観念されていた事実を検証するとともに、②戦時掠奪と中世的軍隊の特質（武装自弁・傭兵制）のあいだには（慢性的な飢餓状況を媒介に)、必然的・構造的な関連があったことを指摘し、③この掠奪観は、やがてキリスト教的な正戦論によって公然と正当化され、④さらに生命の不可侵観(殺害より奴隷がまし)によっても容認されるが、⑤近代の前夜に、復讐や戦争の暴発に抑制を求める、「神の平和」運動の思想を結晶させた、普遍性をもつ実定教会法をつうじて、掠奪を合法とする中世がついに克服される、という。近代的な法観念の形成への壮大な序曲である。①〜⑤は、ただちに日本中世史の課題となる。

なお、本書のもとになった「初期近代ヨーロッパにおける掠奪とその法理」㈠が発表されたのは、一九八七年三月のことであった。その掠奪論の影響下に、日本史の領域で「戦争の惨禍」を本格的に追究したのは、わたくしの知るかぎり、同年十一月に出た高木昭作「乱世」(『歴史学研究』五七四)ただ一編にすぎない。

高木「乱世」は日本の戦場でも、人や物の掠奪は合法とされたこと、掠奪と兵粮自弁の軍隊とのあいだには不可分の関係のあること、などをするどく指摘していた。だが諸他の戦争論は、高木氏の発掘した一七世紀前後の事例を中世に検証しようとせず、苅田・放火など戦争の惨禍にふれても、苅り働き・焼き働きなど領主の戦術論に矮小化し、いま盛んな戦国禁制論も「人の掠奪」を真っ向から追究するにいたっていない。

戦時掠奪の習俗とそれの正当視は、中世ヨーロッパ世界だけに固有のものではなかったようである。日本中世の初め、武士の行動は常に狼藉・濫妨の語とともにあり、「勇士は武威に募り、人庶の財宝などを奪い取って、世渡りの計となす」という吾妻鏡の言葉どおり、狼藉・濫妨は勇士＝武士の当然の行為とみなされていた（五味文彦『武士と文士の中世史』東京大学出版会、一九九二年）。

戦国初め（一五世紀末〜）の戦争もおなじで、畿内で①「地下人、男女をいわず生取」（旅引付）、東国で②「男女を生取り……悉く甲州へ引越……二貫、三貫、五貫、十貫にても、身類（親）ある人は承（請）け申」（妙法寺記）、③「小田開城、カゲトラ（上杉謙信）ヨリ、御意（ぎょい）ヲモッテ、春中、人ヲ売買（うりかい）」（「別本和光院和漢合運」）という様相を呈していた。①②＝戦場での人の掠奪は戦争の常であり、③＝戦場での売買や、②＝買戻（身代金）習俗まで随伴していた。

戦時の「人の掠奪」は、あきらかに戦争の惨禍の中心をなし、その規制が軍規維持の課題となった。戦場の村むらに交付された禁制は、「軍勢甲乙人等、狼藉・濫妨の事」の文言が主で、「一切人取の事」とか「男女・牛馬一切取るべからざる事」など、「人の掠奪」禁止が明示される例は、たしかに少ない。

だが、戦場での人の掠奪が、「乱妨取の男女」とか、「男女乱取」「男女濫妨」「濫妨人」等と呼び習わされるのをみると、「濫妨」は主に人の掠奪、「狼藉」は物の掠奪を合意していた可能性が大きいのである（高木「乱世」）。

濫妨や「人の掠奪」を規制するといっても、それは禁制の請求や交付を踏絵として、戦場の村むらが「敵地」か「味方の地」かを、大名軍が識別するためであった。敵地での「人の掠奪」は正当とされ、ただ「下知なくして、男女乱取りすべからず」とか、敵地以外の「男女濫妨」は無効、などと軍紀にそった秩序ある掠奪が求められたにすぎなかった。戦場での掠奪はあきらかに当然かつ正当とみなされていた。その習俗と観念は、中世以前から近世初め（元和偃武）にいたる形勢である。「敵」の掠奪の正当観は何に支えられていたかが、中世の正戦とは何か、と併せて問われなければなるまい。

V

このような見通しに立つとき、「奴隷の発生原因の第一は、戦争の捕虜である」という、一六世紀末の日本耶蘇会がわの衝撃的な証言（牧英正『日本法史における人身売買の研究』有斐閣、一九六一年）も、もはや西欧的な偏見として見過ごしにはできまい。これまで、日本中世末の大規模な奴隷貿易も豊臣の人身売買禁令も、たんに人身売買習俗一般の問題として論じられ、「よろずあき人（商人）きたり（来）しなかに、人あきなひ（商い）せる物（者）来り、奥陣よりあと（後）につきあるき（歩）男女かひ（買）取」という、戦場の奴隷狩りも、軍と奴隷商人とのあきらかな癒着も、朝鮮侵略下の特例に矮小化されてきた。だが国内の人身売買と戦時の「濫妨取」習俗や軍隊のあり方との構造的な関連も、軍隊を取巻く商人団の存在も、疑う余地がない。

高木氏は掠奪と兵粮自弁の関連に言及したが、軍隊の傭兵構成も問題である。戦国の村が徴兵に「夫同前の者」ばかり出し、夫役に日用＝日雇を代替させ、厳禁されている事実（小稿「村からみた戦国大名」本書＝一五一頁以下）、大名の夫役に買夫をあてるシステムが、一七世紀初めには確立していた事実（木越隆三「郡役と村の日用」『北陸社会の歴史的展開』能登印刷出版部、一九九二年）なども視野にいれた、幅広い検討が求められる。

VI

西欧では「人の掠奪」が生命の不可侵観（捕虜は殺すより奴隷に）によって容認されていた、という。日本中世でも「飢饉相伝の下人」という語は、犯罪奴隷の下人化とともに、餓死・刑死よりは奴隷にというぎりぎりの生命維持を「いのち助かる儀」として正当視する習俗の存在を示唆し、鎌倉・江戸幕府の示した飢饉下の人身売買公認策も、この習俗に依拠していたとみられる。極限の戦時下にも奴隷（殺害よりは下人）化を正当とする、生命不可侵観がなかったかどうか、本格的な追究が求められよう。

Ⅶ

さいごに、掠奪を正義とする中世的戦争観をついに転回させた力は何か、である。その機軸は、地域的なラント法にではなく、普遍性ある実定キリスト教会法の展開に求められる、という。これまで日本中世史で、領邦の治安立法たるラント平和令は、一揆の法・分国法（それらを貫く喧嘩両成敗法）と関連づけてとらえられ、豊臣平和令（惣無事令）は、一揆の法・分国法の地域分散性を克服する、いわば全国平和令として構想された。そのさいわたくしは、分国＝地域から全国への平和令展開の機軸を、中央権力の調停権能に求め、天皇大権で説明することを慎重に避けた。しかしいま、そこに批判が寄せられている。

だが中世の天皇は、つねに正戦＝公戦と公然たる暴力のがわにあり、その他は私戦として排斥された。しかし秩序ある戦争（つわものの道）は、つねに私戦のがわにあったのである（鈴木国弘「東国武士団の「社会」と鎌倉幕府——「もののふの道」「つわものの道」展開史論——」日本大学人文科学研究所『研究紀要』四三、一九九二年）。いかに天皇が平和の機軸たりえたかは、なぜにキリスト教的な実定教会法が西欧近代の戦争法の形成に力をもちえたかとともに、なお史学の課題でありつづけるだろう。天皇もキリスト教も、人類史の視点からは、自明の説明たりえないからである。編集部の注文によるとはいえ、日本中世史からの偏った書評に、著者と読者のご海容をえたい。

〔『歴史学研究』六五七、一九九四年、収載〕

あとがき

戦国という時代にひかれて四〇年余りになる。

中世も終わりの動乱の世紀が、どうすればその素顔をみせてくれるか。激動の敗戦後まもなく歴史を学びはじめただけに、わたくしの関心はこんな他愛もないものだった。それに、ナゾ解きの対象も、それを見る目も、いつも現代という時代に教えられて、おのずと決まった。なるほど、歴史はいつも現代史か、とふと納得したような思いがある。

そんな折々の小文ばかりを、小さな文集にまとめて、〈戦国史の視座〉の曲折をふり返ってみよう、というのである。もう還暦も過ぎたのだから、と校倉書房の山田晃弘さんが機会を与えられた。勿体ないことである。ただ、文集の内容は、そんな大げさなものではないから、〈戦国史をみる目〉と呼ぶことにした。

なぜ戦国にひかれるのか、と問われても困る。あるいはこの乱世に、切れぎれになった権力のはざまから、ムラが生きいきした姿をのぞかせるからだろうか。わたくしはもと山奥のムラ育ちである。
〈女性・一揆・侵略〉の三つの章には、現代にひたむきに学んだ、わたくしの初心がある。〈村からみた戦国大名〉の章は、村の城と大名の危機管理が焦点である。村だって自前の武装と城をもって自立していたし、大名にも世に果たすべき責務があったに違いない、といまも考えつづけている。〈民衆はいつも被害者か〉の章も、同じ思いの延長であるが、歴史のなかの民衆が戦争と平和にどうコミットしたかをみつめ、刀狩りによせて、〈みじめな民衆〉像への疑いを率直に述べた。これもムラ育ちゆえの屈折だろうか。

還暦といっても、わたくしの〈歴史をみる目〉はまだ拙く、曲折もあるが、この文集で関心をよせた、女性・一揆・侵略も平和も危機管理も、いまなお現代史の真っただ中にあることを、あらためて感じている。一個の懐古談だけでは済まされないのである。

だから、これから後、この文集の主題はどう展開するのか、せめて結びにこんごの展望を書け、と山田晃弘さんがいう。これからの見通し、といわれても困るが、ナゾ解きの楽しみならある。

その一つは、〈歴史のなかの危機〉論である。〈中世の生命維持の習俗〉といってもいい。この小文集の関心をうけて、飢饉や戦争など、イザというとき権力の〈危機管理（クライシスマネージメント）〉を呼び出す、世の中の〈生命維持の習俗（サバイバルシステム）〉の魅力が、いまわたくしをひきつける。中世が飢饉・疫病・戦争のあいつぐ時代だったことを、これまでわたくしは、あまりにも軽く見過ごしてきた。その反省は深い。それは、いま地上から〈発展〉の光が薄れ、天地にも異変の兆しがあるのを、どこかに感じるからだろうか。だが、それだけに、〈歴史のなかの危機〉〈生命維持の習俗〉というような主題は、いつかわたくしの楽しみを超えてしまうかもしれない。

そんなナゾ解きの一端を、私は「村から見た領主」（週刊朝日百科『歴史を読み直す』13）・「生命維持の習俗三題」（『遥かなる中世』14）というふうに、少しずつ書きついでいる。

もう一つは、〈逆光のなかの戦場〉論である。〈裏からみた戦場〉論といってもいい。この文集のさいごに紹介した山内進氏の大作『掠奪の法観念史——中・近世ヨーロッパの人・戦争・法』をたよりに、まぶしい逆光をすかして、日本中世の戦場をみると、ぶあつい濫妨狼藉（らんぼうろうぜき）と無頼（ぶらい）の世界が、くっきりと浮かび上がる。そのうえ、あいつぐ飢饉と戦争の惨禍のかげに、中世日本の戦場が生命維持装置として、意外な役割をになっていた様子もみえてきて、わたくしを落ち着かなくする。

いったい、中世の戦場とは、何だったのか。そのナゾ解きのために、「戦場の奴隷狩り・奴隷売買」（『中世内乱史研究』15）・「戦場の商人」（『戦国史研究』28）と書きつぎ、いまわたくしは〈雑兵たちの戦場〉論に熱中している。

こんなふうに、〈戦国史〉の魅力はつきることがないし、いまの世の風のふとした気配に、歴史への新たな期待を感じて、過去にも未来にも向けた新しい〈みる目〉を、あれこれと模索するのも、楽しみなことである。

洞圭一さんをはじめ校倉書房の皆さんは、この拙い小文集をまとめる機会を与えられ、本づくりに根気よくつきあって下さった。あつくお礼を申し上げたい。

一九九四年秋　母の米寿に

藤木久志

付　録　戦国安治文書の魅力

はじめに――安治区有文書の楽しみ

安治（あわじ）（滋賀県野洲（やす）市安治）の古文書にひかれて、いくど足を運んだことだろうか。まず私がひかれたのは、安治が(1)〈織田信長研究〉の拠点だったからである。一二〇余点もの中世（徳川以前）の古文書は、ほとんどが信長のころに集中していたし、安治の地は信長と安土城の直轄領でもあった。

やがて安治の文書は私に、(2)〈戦国の湖の村の素顔〉を見せてくれるようになったし、さらには(3)領主の変り目は村の世直（よなおし）のときという、〈村の世直（よなおり）の世界〉の深い奥行きまでも、かいま見せてくれるようになった。私はこうして安治に学びえたことを、そのつど書き物にした。

この報告書で私も、戦国安治文書のつきせぬ魅力の一端を、(2)の〈戦国の湖の村の素顔〉と、(3)の〈村の世直の世界〉によせて少し語り、長いあいだの学恩に深い感謝をささげたい。[1]

戦火を生きぬく安治

安治はいつも、織田信長の激しい行動がまき起こす、変動のさなかにあった。人々は戦火の日々を、どのようにして生きぬいていたか。もと安治に伝わった〈惣中の掟〉にふしぎな申し合わせがみえる。天正一〇年（一五八二）一一月二五日のことである。

一、①らんとゆき候とも、②里中・浦等々いづかたに、③道具ともおき候とも、④少しも取り申すまじき事、[2]

初めの①が難解で、わかりにくい掟だが、およそ、①何かのとき、②ひとが村の内外のどこかに、③道具などを置いても、④けっして取ってはならぬ（もし取れば処罰する）、と取り決めたものらしい。いったいこんな掟が、なぜ必要だったのか。

②の「里中」は〈安治の集落〉のことらしい。中主（ちゅうず）町役場にある、明治六年（一八七三）の安治の地籍全図をみると、集落の密集する一帯が里之内である（『近江国野洲郡安治

区有文書目録』一八四頁、図6参照)。だから「浦等々」というのは〈湖岸などよその村々〉のことにちがいない。

①「らんとゆき」は、学界でも意味未詳とされてきたが、『邦訳日葡辞書』で「ラン」の項を引くと、「ランガイク(乱が行く)」という、「らんとゆき」そっくりの用例があった。「戦乱が起こっている」という意味だという。戦国にはよく使われた言葉らしく、しだいに文例が集まって来た。[3]

a たとえ乱等・飢渇・水損行き候とも(もし戦乱・飢饉・水害になっても)

b 去年までは大乱行き(去年までは大乱がつづいて)

c 五百年も乱行かざる国なり(五〇〇年間も戦乱のなかった国である)

d らんの行くごとく(まるで戦争が起きたように)

ここにみえるa「乱等…行き」(乱が起きる)、b「大乱行き」(大乱になる)、c「乱行かざる国」(乱のない国)、d「らんの行く」(乱になる)など、どれも安治の①「らんとゆき」と、じつによく似ている。「らんとゆき」はポルトガル語の辞書のいう通り、〈戦争になる・動乱が起きる〉という意味で、よく使われた戦国の流行語だったのだ。

天正一〇年一一月末の安治で〈乱が行く〉といえば、その六月に起きた本能寺の変の激動の余震しかあるまい。安治は安土城の城領でもあったから、村人は信長のとつぜんの死後の戦乱に身がまえ、それが〈乱が行く〉の掟になったのだろう。

ところで、その直後の天正一一年正月、安土の城下でも、この安治の掟とそっくりの「定」が出されていた。[4]

> ⑤こんど一乱の刻、⑥方々の預物・質物などのこと、⑦その主の家、放火においては、是非に及ばず、⑧ただし、相残る家、申しごとこれあるにおいては、⑨奉行に相断り、糾明をとげ、証人次第、それにしたがうべきものなり、

⑤こんどの戦争のとき、⑥よそへ預けた〈預物・質物〉の返却問題について、⑦預け先が戦火で焼けたばあい、〈預物・質物〉の返却は免責される。⑧ただし、預け先が戦火に焼け残って、もめた場合は、⑨奉行を通じて実情を調べ、第三者の証言に従って処理せよ、というのである。

天正一一年正月の安土城で〈こんどの一乱〉といえば、やはり本能寺の変後に起きた安土城の争奪戦にちがいない。その戦火のさなかに、安土城下町の人々が、必死に〈預物や

質物〉を郊外のあちこちに預けた。〈預物〉というのは、町の人々の家財のことで、〈質物〉は町の金貸たちが預かった質草であろう。

ところが、戦争が終わって、その〈預物や質物〉を返してもらう段になって、トラブルが続出した。預かったが戦火に焼けてしまった、いやそんな筈はないともめて、裁判沙汰があいついでいた。この定めは、その紛争を裁く目安を示したものらしい。⑦の原則など、いま一般の損害保険で、噴火・地震・核事故を原因とする災害には、保険金の支払が免責されているのと、よく似ている。

安治の①「らんとゆき候とも」は、この安土の⑤「こんど一乱の刻」とそっくりだし、安治の③「いづかたに道具ともおき」は安土の⑥「方々の預物・質物など」と同じことではないか。田舎の安治でも、町場の安土でも、戦火が迫ると、人々はみなよそに預け物をして、自分の家財をけんめいに守った。

それは広く戦争の世の習わしであったらしく、奈良の戦国誌にも、こんな話がみえる。

e　奈良・田舎諸方の隠物…子を逆さに負うと申すは、この時節なり、
f　新二郎方より、預物数多来り…奈良中ことごとく以て逃散…、

e「子を逆さにおんぶする」ほどの戦乱のパニックの中で、町でも村でも人々は、戦火を避けてよそに家財をかくした。f新二郎という男は、奈良の寺に六九個もの荷を預けた。それを隠物とか預物と呼んだ。寺は有力な隠物・預物の場であったらしい。だが同じ戦国誌には、「道具を預け申し候ところ、皆もって抜きて取る」というような、預物ばかり狙って盗み出す話も少なくない⑤。

隠物・預物が習俗になっていればこそ、それを狙って盗んだり、戦火の免責を悪用してネコババする、そんな悪い奴がどこにもいた。だからこそ、安治の掟④「少しも取るまじき事」は、そんな預物ドロはゆるさないぞ、と村中にきびしく宣言した。〈らんとゆき候とも〉の掟の裏には、戦争の不安におびえながらも、自力で家財を守ろうとした、戦火のなかの安治の人々の姿と、いかにも戦国の世らしい、〈預物の習俗〉が秘められていたのであった。

湖のナワバリ争いのなぞ

また安治の文書は、湖に生きた村の姿を親しく語る。戦国の安治は、同じ湖岸の須原村や野田村と、蘆刈や磯海のエリなど、湖のナワバリを激しく争い、自力で村の権益を守ってきた。もしよその村が、安治のナワバリに侵入したら、

a　一味同心して、実力であいてを追い出そう、
b　手柄をたてた者には、村から褒美をだそう、
c　もし村人に犠牲がでたら、その子孫には、長く村の課役を免除しよう、

と「惣中」として申し合わせていた[6]。

村は全員一致で行動する〈一味同心〉をたてまえとし、自力で武装して、武力に訴えるのもいとわず、手柄には報奨を、犠牲には補償を与える、という仕組みまでも作り上げていた。このような自力の村を、惣とか惣中といった。

ただ、武力でナワバリを争うといっても、湖岸の村々が、果てもなく流血の争いを重ねていたわけではない。ナワバリ争いの裁判の裏にも、意外な歴史が秘められていた。安治村は近くの須原村と蘆を争って、「安治村申し上ぐる条々」という訴状を書いたとき、こう強調していた。

安治と須原の蘆のナワバリ裁判は、これでもう四回目になります。しかし、先に裁判に訴え出たのは、いつも決まって須原の方でした。

①〈永原殿のとき〉　「須原村の衆、新儀を申し出す」

②〈佐久間殿のとき〉　「須原衆何かと申す」
③〈上様御代官のとき〉「また須原衆申し上ぐ」
④〈進藤様になって〉　「(須原衆)こと新しく申し上ぐ」

というように、領主が目まぐるしく変る度ごとに、いつも須原村は裁判を起こしてきたのです。今度も訴え出るに決まっています、と。

この訴状は下書きらしく、後半が欠けているが、安土落城の後にまた村々の領主が変ると、安治も須原に対抗して、急いで行動を起こそうとしていた。いつも裁判に勝ってきた安治も、領主が変れば安心してはいられなかった(7)。

この安治のいう通りなら、湖岸の村々はむやみに裁判を起こしていたわけではなく、前の領主で敗訴した村が、領主の変るごとに起こした、失地回復の訴訟だったことになる。前の領主の裁判で負けた村にとって、領主が変るのは、きっと〈世直(よなおり・よなおし)〉のチャンスだったのだ。

〈領主の変るときは世直のとき〉という意識が、ひろく戦国の人々に共有されていなければ、領主の変るたびに、湖岸の小さな村々が、自分の権益を主張して行動を起こすはずがない。

安治中世文書の秘密

〈領主の変るときは世直のとき〉という意識は、ほかの安治文書で証明できるだろうか。安治の古文書の不思議な残り方に、私はひかれる。安治の中世文書は、明応六年（一四九七）から文禄二年（一五九三）まで、ほぼ一世紀にもわたり、土地台帳類の断片（断簡）を含めて、延べ一二〇点を超える。ところが、なぜかそのほとんどが、信長前後のごく限られた時期に集中し、とくに、

ⓐ天正八年（一五八〇）九月〜九年〈安治区有文書二四〜六九〉

ⓑ天正一〇年（一五八二）九月〜一一年〈安治区有文書七〇〜九六〉

の二つのピークに、約八〇点が集まっている。それは、安治の地域が、信長を取り巻く戦国末の歴史の変動に深く関わっていた、という証(あかし)である。

まずⓐの時期（天正八年九月〜）は天正二年（一五七四）いらい信長の重臣で、野洲(やす)郡・栗太(くりた)郡の領主だった佐久間信盛父子が、戦場で怠けたという理由で、とつぜん追放された直後の時期である。

旧佐久間領の没収に当たった安土の奉行衆は、村々に命じて、もとの年貢や課役の内訳を、詳しく申告させた。それが、安治にたくさん残る天正八年の「指出(さしだし)」（土地台帳などの

中告書）の類である。一方、湖岸の村々も、領主の変ったというので、再び湖のナワバリを争う、訴え（申状）を提出した。蘆のナワバリ裁判の書類や村掟が、翌九年四月に集中するのは、そのためである。

ついでⓑの時期（天正一〇年九月〜）は、本能寺の変で信長が急死した直後の時期である。この時も安土奉行の指示で、安治村は年貢や課役を申告（指出）したし、ナワバリを争った訴状類や村掟も、翌一一年正月に集中している。

新たに入ってきた領主は、村ごとに納め物の内訳を申告させて、村々と互いの関係を再確認し、契約を結び直す必要があった。これが「指出」あるいは「代替り検地」で、領主のとるべき大切な〈代替りの手続き〉であった。一方、村の裁判沙汰も同じことで、〈領主の変り目は世直のときだ〉というのが世の通念で、これこそ、ナワバリの確認や失地回復を求めて、村の側から裁判沙汰を起こす理由であった。上からの差出の請求と、下からの裁判の請求が、領主の変り目にみごとに連動しているのは、そのためであった。

逆にいえば、〈指出と裁判の関係書類〉こそは、激しい領主の変動と契約更改のたびに必要となる、村の最重要書類だった。それこそが、安治の中世文書に〈指出と裁判の関係書類〉が集中して残された、いちばんの理由であったに違いない。

領主の変り目は世直の時

〈領主の変り目は世直のとき〉であったことを、安治文書のピークⓐ群は、もっと詳しく語ってくれる。領主の佐久間氏が追放された直後のことである。

①信長の重臣丹羽長秀は、旧佐久間領を接収する奉行人に指示した。村々に貸し付けた信長御蔵米を調査せよ、貸しはいっさい破棄しない（借米・未進いっさい御捐なし）、下々が何か言ってきても、認めてはならぬ（下々として何かと申され候とも許容あるべからず）と。八月五日、代官はこれを兵主郷に伝えた。領主は変ったが、村々に貸した蔵米は帳消しにしない、というのである。

②なぜ信長重臣はわざわざこんな通告をしたか。一一月三日、奉行人にあてた、信長の朱印状が、その裏を明かす。

佐久間甚九郎（信盛の息子、定栄・正勝）家中の借銭・借米の事、ことごとく棄破せしめ…いっさい、その沙汰に及ぶべからず。もし違乱の輩これあらば、成敗を加うべし…。

これまで領民が佐久間信盛の息子（甚九郎、定栄・正勝）から借りた借銭・借米はすべて帳消しにする。いっさい取り立ててはならぬ。もし違反したら処刑する、というのである。①八月の指令にいう「御捐」はふつう棄捐といい、②一一月の指令にいう「棄破」と同じ、破棄とか帳消しという意味である。

①と②の二つの指令は、いずれも年次を欠くが、ともに佐久間追放の直後（天正九年か）にとられた一連の措置とみられる。②前領主が貸し付けていた借銭・借米はすべて破棄する。ただし①の信長の蔵からの貸付とその未進（こげつき）分は除く、という以上、明らかに②の破棄が原則で、①の除外は特例だから、②は天正八年令で、①は翌九年令かもしれない。(8)

いずれにせよ、領主が潰された直後に、旧領主の債権いっさいを破棄する、〈徳政〉が発動されたのである。いま日本中世史の研究者は、これを〈代替り徳政〉と呼んで、〈災害の徳政〉・〈戦争の徳政〉とあわせて、注目している。

たとえば、中世から近世にかけて、人々は銭や米を貸して、証文をとるとき、あらかじめ、頻繁な徳政があることを想定して、その証文に、

a　たとえ戦乱・飢饉・水害になって、徳政が行われても、

b　たとえ地頭・代官・大名が替って、徳政が行われても、

などと明記させるのが通例であった。たとえ徳政が行われても、この借金だけはかならず返します、と誓わせたのである(9)。それほどに当時の人々は、みな〈戦争・飢饉・水害や領主・代官の交替は徳政の時〉と考えていたことになる。

だから、佐久間追放を知って、野洲郡・栗太郡など旧佐久間領の人々は、とうぜん〈さあ徳政があるぞ〉と期待した。信長が②の徳政を公表する前に、まず①で「下々(しもじも)が何をいってきても、許容するな」といったのは、人々の徳政要求が、信長の貸し付け分にまで及ぶのを、食い止めようとしたのであろう。安治村も五条村にあった蔵米や城米などを、田植え前などに、よく借りていたから、信長の蔵米にも帳消しを期待するのは、とうぜんであった(10)。

ただし、②一般の貸し借りは徳政の対象になるが、①大名蔵米は除外されるというのは、信長の独断ではなかったらしい。これより二〇年ほどさかのぼった永禄三年(一五六〇)二月、南関東の大名北条氏康(ほうじょううじやす)が、大飢饉のさなかの代替りに出した徳政令にも、ほとんど同じ方針が貫いていた(戦国遺文六二三)。

徳川幕府も大名の国替(くにがえ)に当たって、遅くとも慶長一三年(一六〇八)以降、①種貸(たねかし)(大名蔵米の貸付分)は返せ、②年貢の滞納分は帳消しにする(年貢の未進分は棄捐する)と指示していた。明らかに江戸時代でも、〈代替り徳政〉はあって当たり前、というのが世の通念であった。①②の代替り徳政の原則は、このあとも幕府の国替法度の骨子として、ながく受けつがれて行く。[11]

信長が安治の一帯に出した、①②のような〈代替り徳政〉の方針は、中世の〈代替り徳政〉から、近世の〈国替の徳政〉へ、二つの時代の徳政を橋渡しする大切な位置を占めていたことになる。

おわりに――安治文書は世直の記念碑

信長の重臣は蔵米の徳政を拒否したとき、「たとえ下々の者が何か言ってきても、認めてはならぬ」といった。もし世の徳政願望を裏切れば、下々も黙っていない。権力者もそうした現実の厳しさを、覚悟していたのである。

一方、安治の人々は、こうした信長の徳政のやり方を、じっと見つめながら、天正八年九月いらい、村が領主に出す人夫の数の申告、田や畠の申告など、指出づくりを進め、つぎの正月、〈田畠・浦役・郷役・上がり物の申告に虚偽はない〉という誓約書を提出して、指出を終えた。

しかも、これと並行して村々は、新しい領主に公平なナワバリ裁判を請求し、翌春には安治勝訴の判決をかちとっていた。[12]公平な裁判もまた、村の求める徳政の一環であった。

大名の徳政・村の指出・村の裁判は、領主と村が緊張のなかで交わした、厳しい取引きであり、互いの力わざに他ならなかった。

こうして、安治の多くの中世文書群は、〈領主の変るときは世が直るとき〉という、領主と村の意外な緊張に満ちた、〈世直の世界〉を背景にして生み出され、つぎの世直に備えて、大切にされてきたのであった。

しかもそれが、とくに信長以後に集中して遺されたのは、〈信長以後〉こそ〈新しい世界の起点〉、と考えられた結果であろう。〈信長以後〉は安治の人々の目に、大きな歴史の区切り、として映っていたに違いない。

（1）引用する安治区有文書の番号は、調査団の目録による。河崎幸一氏のご苦労に深謝する。なお本文書群にふれた私の書き物は注に記す。

（2）「定　条々掟目之事」三か条の第二条、もと安治区有文書、宮川満（一九六三）『太閤検地論』Ⅲ・二〇一号、四三五頁。なお藤木（一九八八）「村の隠物・預物」『ことばの文化史』中世1、平凡社、参照。

（3）a天文七年三月一〇日、佐奈五桂宿職売券『伊勢神宮文書の世界』

b天正二年閏十一月二八日『最勝光院方評定引付』

c天正九年九月一七日『多聞院日記』
d天正一九年二月二日『晴豊公記』

（4）安土山下町あて、八幡町共有文書（影写本による）。

（5）以上『多聞院日記』による。ｅｆは天文一一年三月一七～一九日条、預物盗みは天文一二年九月一〇日・天正二〇年七月五日条など。

（6）ａｂは（1）の「定」第一条、ｃは文禄二年四月一六日、安治村惣代連署諸役免許状案（安治区有文書二一八）。

（7）年欠（天正一一年正月頃か）安治村申状案、年次比定は天正一一年正月二一日、安治村惣代申状案を参照（安治区有文書八七・八八・八五）。
なお藤木（一九八九）「村の当知行」『戦国期職人の系譜』角川書店、同（一九八七）「境界の裁定者」『日本の社会史』2、岩波書店、参照。

（8）①八月五日、宮野政勝書状写（安治区有文書六八）
②一一月三日、織田信長朱印状写（安治区有文書五六）
この分析は中口久夫氏（一九八〇）「一文字の難字」『日本歴史』三八八に多く学んだ。なお中口氏は①②とも天正九年に比定される。

（9）藤木（一九九四）「村から見た領主」『歴史を読みなおす』一三、朝日新聞社、参照。

（10）天正一〇年正月安治村惣之帳、安治村惣中御蔵米借米返弁日記（安治区有文書七〇・八〇紙背）。

（11）条令三『大日本史料』一二―五、御制法七、八二六頁。なお（9）の小稿参照。蔵米の徳政除外は種子農科・種借（危機管理費）という特性に由来するか。

（12）たとえば、安治区有文書のうち、二四（人夫指出）、二五～四〇（田地指出）、四一・五一（畠地指出）。五八（指出申状）、五七・五九～六三（裁判関係）など。

〔『近江国野洲郡安治区有文書目録　戦国・近世の湖の村の素顔』中主町教育委員会、一九九五年三月、収載〕

【編集部付記】本書収録にあたっては、藤木久志氏を偲ぶ会実行委員会編『戦国の村を歩いた人　藤木久志――略歴と著作目録』（藤木久志氏を偲ぶ会実行委員会、二〇二〇年）に収録のものを底本とした。

解説

稲葉継陽

この本と著者について

戦国史研究の泰斗・藤木久志（一九三三―二〇一九年）が、一九七三年から一九九四年までに発表した一七篇の論稿を収録し、一九九五年二月に刊行した『戦国史をみる目』が、同年に発表された論稿一篇を付録として、文庫版でよみがえった。

著者の五〇年以上にもおよぶ研究履歴上の画期は、一九八五年の代表作『豊臣平和令と戦国社会』（東京大学出版会）の発表に見いだせる。同書は、豊臣政権の発した「惣無事令」（大名間平和令）、「喧嘩停止令」（村落間平和令）、「刀狩令」（百姓武器権制限・平和契約令）、「海賊停止令」（海の平和令）を総合して「豊臣平和令」とよび、中世から近世への移行を自力救済（戦争）から平和への全社会的な転換として把握し、それまでの中世・近世史像を一新させることになった。

本書は、「豊臣平和令」論の着想から構築、そこからさらにもう一つの代表作『雑兵た

ちの戦場　中世の傭兵と奴隷狩り』（朝日新聞社、一九九五年、二〇〇五年に新版）へといたるまでの、著者の思考・実践の記録である。それだけに、代表作の背景にある著者自身の発想、研究史や地域からの学び、そして歴史観を、率直に語る論稿が多く収録されている。著者の全一七点の著作のうちでも異彩の魅力を放ち、愛読されてきた一冊である。

歴史をみる「目」とはなにか

二〇一〇年、朝日新聞社のインタビューで、著者は自らの研究上の姿勢についてこう語っている（藤木久志氏を偲ぶ会実行委員会編『戦国の村を歩いた人　藤木久志』二〇二〇年、一四頁）。

歴史は常に現代史です。自分の仕事がこの社会に何の役にも立たなかったなら、それはショックですよ。私は、若い学生たちを教える時も、一人ひとりが歴史をいまつくっている主体なのだということを分かってほしかった。過去を見つめることで現代を見る目が鍛えられる。それが歴史を学ぶ最大の意義ですね。

また、学部・大学院を通じて研究指導を受けた私の経験によれば、「評論家になるな、クリエイティブな仕事をしろ。史料は誰にでも平等に転がっているのだから」、というのが教育者としての著者の口癖であった（本書二〇八頁も参照）。歴史を書くには、無数にある歴史資料（古文書）から対象を選択せねばならない。では、無限の歴史資料＝事実の中から、意味ある事実を選択する基準はなにか。それは、自分自身が「この社会」「現代」をみる「目」、つまり歴史の書き手自身の社会観・世界観以外にはありえない。これが著者のいう「クリエイティブな仕事」の意味するところであった。

著者にとって、「現代」をみる「目」と「歴史」をみる「目」とは、相即不離であった。ただ現在、中世、戦国時代を対象とした研究に限ってみても、多くの研究者が、歴史に「現代」さらに未来を読み取ろうとする姿勢、すなわち著者のいう「目」を失いかけているように思われる。もちろん、それは社会的価値観の変化とも無関係ではない。いまだからこそ、本書が復刊されることの意義は大きい。

一国平和の実現と侵略をみる「目」

一九七四年に朝鮮侵略と民衆を論じたV―一「虜囚の故郷をたずねて」、同二「朝鮮侵略と民衆」には、はやくも、『豊臣平和令と戦国社会』へと繋がっていく著者の気づきが、明確に記されている。それは、秀吉がすでに天正十五年（一五八七）の九州制圧の段階で、国内の大名と同様に朝鮮国王に京都への出仕を要求し、次いで朝鮮の占領地に日本国内の統治方式を適用した事実に示されるように、秀吉・日本軍の外国意識の欠如に規定されて、朝鮮侵略が国内統一の延長上に強行された、との指摘である。

こうして著者は、豊臣政権による国内統合の政治過程と朝鮮侵略とを統一的に把握する「豊臣平和令」論を構想するにいたる。本書でこれに関わるのが、Ⅳ―五「東国惣無事令の初令」である。直接の主題は「惣無事令」＝停戦・国分（領土裁定）令の東国への発令時期の論証（この点は現在も論争が続いている）であるが、末尾での、領土裁定の原則が「中世の領有関係の到達点の現状を基準と」したとの指摘は重要である。諸大名は裁定を受諾して上洛し、秀吉から領有を保障されて服属するか、裁定を拒否するかの選択をせまられ、拒否した場合には、裁定の強制執行ないし領土没収を目的とした武力発動を受けることになった。これが豊臣政権の国内統一政策の基調であり、著者は、朝鮮外交が侵略へと帰結する過程を、「惣無事令＝一国平和令の国外持ち出し」（三〇三頁）の過程と把握したのである。

この点について著者は、侵略を支えてしまった「民衆意識」（三八四頁）を直視するべきだ、との重い課題を掲げていた。この課題に自ら率直に取り組んだ問題作がⅣ―四「民衆はいつも被害者か」だ。豊臣の平和の体制が「民衆」の合意のもとで成立したものである以上、「民衆」もその体制の持ち出し・押し付けによって引き起こされた侵略の加害責任を免れることはできない、というのである。著者は、一国史観や民衆被害者論は世界に通用しないという意味で、「民衆はいつも被害者か」と投げかけたのだ。「戦後が清算しつくされようとしているいま、民衆が戦争の加害（侵略）責任をいかに共有し、いかにその責任をはたすかは、さし迫った課題」（三〇二頁）だと記しているように、それは著者の「現代」をみる「目」にもとづく強烈な問題提起であった。

民衆と統治権力をみる「目」

近代的な参政権を保持する人民＝国民が成立する以前の身分制社会において、統治権力（国家）が強行した侵略戦争の加害責任を民衆にもみとめるという著者の提起は、厳しすぎるようにも映る。しかしそれは、民衆の多数をしめる百姓らが村という身分的・地縁的・自治的共同体を基盤にして、統治権力といわば平和契約を結んでいたという、著者の戦国社会像に立脚した独自の考え方であった。本書のⅢ―一「村からみた戦国大名」、同二「戦国の村と城」、同三「戦国の城と町」、同四「領主の危機管理」、Ⅳ―一「武装する村」、同二「刀狩りをみる目」、同三「廃刀令からの視点」、そして付録「戦国安治文書の魅力」は、そのことをよく示す論稿群だ。

中世後期の百姓は武装して村の生産・治安・領域を維持していた。これは成人百姓男子の名誉の標識としての帯刀＝武装権に裏づけられた自治的権能であり、戦国期には実力行使の手段と権利がひろく村々に分有されている状況があった。中世の在地領主層は、こうした村々を領域的に統治する必要にせまられ、大名家の組織をつくりだす。著者によれば、一向一揆も大名家と共通する組織的特質をもつ政治・軍事単位であったという（Ⅱ―二「一向一揆論」）。

大名家の領域統治の根拠は、激しい人身掠奪をともなう戦乱、それと連動する飢饉や災害から、民衆を現実に保護できるかどうか、つまり村や地域の平和を維持する徳政を実現できるかどうかの一点にかかっていた。それを著者は「領主の危機管理」「領主の存在理由」という。戦乱や災害、それに領主が変わるたびに、百姓は村・地域に結集して、大名領主にいっせいに徳政を要求したのである。こうして統治権力＝大名権力と村々とは、軍事動員、兵粮、勧農、城郭への避難と普請、訴訟興行、債務の破棄、村領域（ナワバリ）の保障などについて、保護と従属の交換関係を形成させていく。それは、互いに実力行使を抑止した、いわば平和契約とでもいうべき関係であった。

このように、大名領国は実力行使が停止された平和領域として立ち現れてくるが、それだけでは大名どうしの領土紛争を否定することはできない。そこで「惣無事令」による、より高次の「天下統一の平和」（二三八頁）の実現が必要とされる。「惣無事」的統一の基礎には、個々の大名権力と領域の村々との「厳しい取引き」「互いの力わざ」（四一七頁）

を媒介とした合意契約が存在したというわけである。

さらに、豊臣政権が自己を形成する過程で発布した刀狩令は、百姓の武器権の凍結（武装解除ではない）と政権の徳政とをもって結ばれた平和契約を象徴するものと位置づけられている（藤木『刀狩り 武器を封印した民衆』岩波新書、二〇〇五年も参照）。豊臣政権の惣無事の体制は、百姓の合意なしには成立しえなかったのである。

以上が、豊臣政権の天下統一を読み解いた著者の学説の大枠である。ときに著者の「豊臣平和令」論は、民衆を戦乱の惨禍から解放した権力と描いて豊臣政権を美化していると の批判を受ける。だが著者が、平和の体制がもつ権力や抑圧と切り離せない多義的な性格を侵略戦争の現場に立って再認識したところから出発している事実は、無視されるべきではない。本書を味読して理解を深めたい。

民衆像の深化と地域をみる「目」

一九七四年、かつての侵略の場で著者はもう一つの気づきを得ていた。日本軍による朝鮮民衆と文化の掠奪の実像である（V—一「虜囚の故郷をたずねて」、同二「朝鮮侵略と民衆」）。それは戦闘員の大半が傭兵的雑兵であるという戦国大名軍隊の構造に規定された日本国内の戦時掠奪の「習俗」が、持ち出された結果であった（同三「戦場の奴隷狩りへの目」)。著者はこの「習俗」を徹底的に検討し、戦国時代の戦場での拉致・掠奪の苛酷な実態を迫力ある筆致で描き出した『雑兵たちの戦場』を発表し、戦場の弱者を掠奪する主体が貧しい雑兵=民衆であった事実を直視した。Ⅰ「戦国乱世の女」での民衆の女性の活写や、Ⅱ―一の講演「わたくしにとっての一向一揆」に表れているように、「ムラ育ち」を自称する著者の民衆像はじつに懐が深かった。さらい、さらわれながらも、懸命に生きる雑兵、女性、子供を具体的に、かつグローバルな舞台で描くことで、「民衆史」の固定観念を克服しつつ、その「民衆」が渇望する「平和」のリアリティを明らかにしてみせたのだ。

さらに読者は、Ⅲ―五「両属論の魅力」、同六「境界の世界・両属の世界」から、思いもかけぬ地域像を知ることになるだろう。一見すると大名領国の狭間に取り残されたかのように映る地域に、「むしろ「境界の世界」ならではの、思いがけない活力と魅力を内に秘め……外の世界にも大きく開かれ」た「自主の活力」(二六二～二六三頁)を読み取っている。その発想と手法は鮮やかというほかない。

著者の学問は、地域社会と民衆の側から出発したのである。すでに一九六〇年代までには上杉氏、佐竹氏、北条氏、毛利氏、戦国法、百姓身分、地主制などについて、精緻な分析を重ねていた(藤木『戦国社会史論』東京大学出版会、一九七四年、同『戦国大名の権力構造』吉川弘文館、一九八七年)。「惣無事令」についての最初の論文を発表した一九七八年、講演「北奥からみた豊臣政権」(『戦国民衆像の虚実』高志書院、二〇一九年、所収)の末尾で、著者はこう述べている。

私どもは、自分の身近な歴史をじっくりと読みとりながら、自分の土地に根ざした歴史の見方から教科書的な見方を検討し直す考え方が当然あるべきだし、自由にやっていけると思う。

著者は「民衆史」や「地域社会論」といった看板を学界に掲げることこそ好まなかったが、伝統的な国家の枠組みに依存するのではなく、地域民衆と地方権力の研究を極限まで深化させることによって、新たな全体史の地平に到達したのであった。その軌跡を本書で存分に追体験していただきたい。

なお、著者の研究と人物を多方面から振り返り、総括した本として、稲葉継陽・清水克行編『村と民衆の戦国時代史 藤木久志の歴史学』(勉誠出版、二〇二二年)も参照していただければ幸甚である。

(熊本大学永青文庫研究センター教授)

藤木久志（ふじき　ひさし）
1933年新潟県に生まれる。1956年新潟大学人文学部卒業。1963年東北大学大学院文学研究科博士課程修了。立教大学、帝京大学などで教鞭をとる。専門は日本中世史。2019年没。著書は『戦国社会史論』（東京大学出版会）、『豊臣平和令と戦国社会』（東京大学出版会）、『雑兵たちの戦場』（朝日新聞出版）、『刀狩り』（岩波新書）ほか多数。

増補　戦国史をみる目

二〇二四年七月一五日　初版第一刷発行

著　者　藤木久志
発行者　西村明高
発行所　株式会社法藏館
京都市下京区正面通烏丸東入
郵便番号　六〇〇-八一五三
電話　〇七五-三四三-〇〇三〇（編集）
　　　〇七五-三四三-五六五六（営業）

装幀者　熊谷博人
印刷・製本　中村印刷株式会社

ISBN 978-4-8318-2671-8　C1121

法蔵館文庫既刊より

価格税別

か-1-1
信長が見た戦国京都
城塞に囲まれた異貌の都
河内将芳著
同時代史料から、「町」が社会集団として成熟していくさまや、戦国京都が辿った激動の軌跡を尋ね、都市民らの視線を通して信長と京都の関係を捉え直した斬新な戦国都市論！
900円

お-1-1
寺檀の思想
大桑斉著
近世に生まれた寺檀の関係を近代以降にまで存続せしめたものとは何か？　家を基本構造とする幕藩制下の仏教思想を明らかにし、近世社会の本質をも解明する。解説＝松金直美
1200円

ふ-1-1
江戸時代の官僚制
藤井讓治著
一次史料にもとづく堅実な分析と考察から、幕藩官僚＝「職」の創出過程とその実態・特質を解明。幕藩官僚制の内実を、明瞭かつコンパクトに論じた日本近世史の快著。
1100円

ふ-2-1
増補
戦国史をみる目
藤木久志著
斬新な戦国時代像を描き、後進に多大な影響を与えた歴史家・藤木久志。その歴史観と学問・思想の精髄を明快に示す論考群を収録した好著の増補完全版。解説＝稲葉継陽
1500円

は-2-1
古代インドの神秘思想
初期ウパニシャッドの世界
服部正明著
最高実在ブラフマンと個体の本質アートマンの一致とは何か。生の根源とは何かを洞察する古代インドの叡知、神秘思想の本質を解明する最良のインド思想入門。解説＝赤松明彦
1100円